本书由河南师范大学学术专著出版基金资助出版

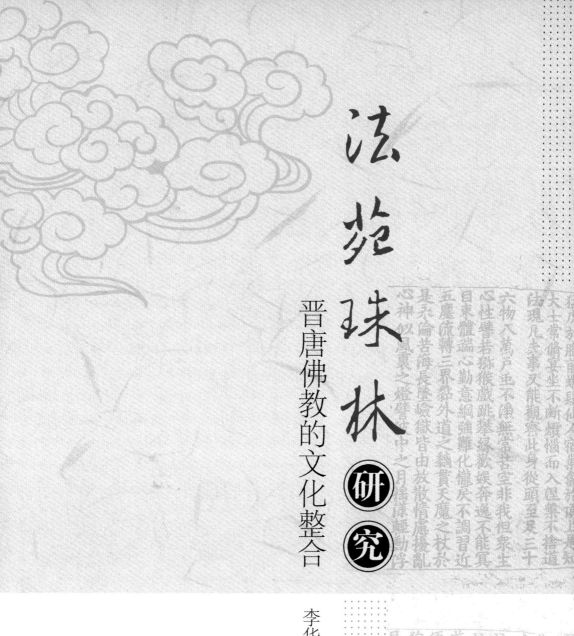

法苑珠林研究

晋唐佛教的文化整合

李华伟 著

中国社会科学出版社

图书在版编目(CIP)数据

《法苑珠林》研究：晋唐佛教的文化整合 / 李华伟著 . —北京：
中国社会科学出版社，2015. 12
　ISBN 978-7-5161-7066-3

　Ⅰ.①法…　Ⅱ.①李…　Ⅲ.①佛教—宗教经典②《法苑
珠林》—研究　Ⅳ.①B948

　中国版本图书馆 CIP 数据核字(2015)第 268414 号

出 版 人	赵剑英	
责任编辑	韩国茹	
责任校对	闫　萃	
责任印制	张雪娇	

出　　版	中国社会科学出版社
社　　址	北京鼓楼西大街甲 158 号
邮　　编	100720
网　　址	http：//www.csspw.cn
发 行 部	010 - 84083685
门 市 部	010 - 84029450
经　　销	新华书店及其他书店

印　　刷	北京君升印刷有限公司
装　　订	廊坊市广阳区广增装订厂
版　　次	2015 年 12 月第 1 版
印　　次	2015 年 12 月第 1 次印刷

开　　本	710×1000　1/16
印　　张	17.75
插　　页	2
字　　数	289 千字
定　　价	65.00 元

序

　　唐代长安佛教，塔寺林立，高僧辈出，宗派隆盛。在佛教义学研究、经典翻译、史学著述、宏宗演教等诸多方面大作迭出，精彩纷呈。大慈恩寺、大荐福寺、兴善寺、西明寺、净业寺、青龙寺等名寺是当时众多大德驻锡所在，一时龙象云集、法门海会、开宗立派、著书立说、东去西求、成就斐然。当时集著述立说、普及传播、精研戒律、参与译经于一身的大德不乏其人，道世就是其中杰出的代表。

　　据佛教史料记载，道世自幼敏慧，12岁发愿于青龙寺出家，刻苦学习，尤偏律部，后以精通律学而闻名于京城。年20依律学大家智首和尚受具。唐高宗显庆年间，道世奉诏参加玄奘法师的译经工作，成为五十大德之一，后来与道宣律师同住皇家寺院西明寺。时道宣弘《四分律》，开创南山律宗，独步天下，道世从旁协助，并著有《受戒仪式》《四分律讨要》《四分律尼钞》等律学著述。

　　道世博通三藏，谙熟外典，深感内学义旨幽深，文句浩瀚，外人难望涯际。始仿《经律异相》，编《诸经要集》1000条，分30部180余目。此后陆续增广更扩展为《法苑珠林》。从显庆末年始，至总章元年完成，历经十载。《法苑珠林》共分100篇，每篇的开始仍是"述意"部，一般援引《诸经要集》原文；每篇末或部末有感应缘，广引故事为证，每则故事都注明出典。

　　《法苑珠林》引用的典籍多达400余种，其中《佛本行经》《菩萨本行经》《观佛三昧经》《善权经》《净度三昧经》等佛典早已失传，引用儒家和道教典籍也有140余种之多。当时兰台郎李俨为《法苑珠林》作序，褒扬有加，称颂此书义丰文约，使读者"探卷而得意珠""披文而饮甘露"。而道世则期待《诸经要集》和《法苑珠林》能够"道俗流行，传灯有据"。《法苑珠林》内容宏阔，素有佛教百科全书之称，是中国佛教史上不可或缺的重要文献史料。百篇华章将佛学时空、宇宙、有情、宣教、因果业力、善恶报应、僧俗二众修持、圣凡分类、戒律禅观、神通咒语、法数名相、寺塔器物、音乐图像、仪礼行止等义理囊括其中，井然有序。

《法苑珠林》一书，历来深受学界重视与关注，分别从文献研究、佛教史、佛教哲学的研究利用、文学研究、文化思想研究等方面取得了丰硕成果。

华伟博士笃实沉潜、精进勇猛，以晋唐文化整合为视角，对《法苑珠林》进行统括而又专门的研究，择取佛教文化与中土文化冲突、转化过程及佛教在中土立足等中的几个核心问题，将佛教与祭祀，佛教与中土巫术传统，佛教与儒治社会伦理，佛教因果论对中土善恶报应观的转化等要点进行了深入讨论，第六章又以《法苑珠林》中两篇与佛教音乐相关篇目的编撰为依据，对佛教音乐中国化研究中的一些问题进行重新审视。

书中取得的成绩与许多进展性观点值得随喜赞叹，对国内外前人的学术成果给予了高度细致的汲取，通过对人们所熟知的史料进行钩沉研读，所思有据、条清缕析。特别是对道世融会贯通又有纂述原则的分析，颇具新意，对增进佛教在汉地的转化融合、与儒道两家的交涉都提出有新意的讨论。同时指出，隋唐时期佛教宗派的形成，和佛教与固有文化整合有着密切关系。

因此，我们可以看到，华伟博士所讨论的似乎是"文化调适""佛教转化"等大问题，实际上她所选用的资料与角度却非常具体，透过对道世及其著作的分析，整体把握了佛教在汉地的演化进程与历史脉络。依照华伟博士书中的研究成果，至少在《法苑珠林》成书时期，佛教界对咒术、神异、占卜等的方便善巧，应持有较为开放的态度。类似的讨论还有很多，我完全同意这些主张，这也是学界的基本共识。汉地佛教以大乘佛教为主，大乘佛教出世入世、慈悲智慧、随缘度化、圆融中道、缘起因果等核心思想，是大乘佛教的主旨与要义，华伟博士在书中将这些观念与汉地固有文化观念都进行了缜密分析。我由此也产生出一个感觉，如果我们对大家广为熟知的史料进行反复研读索冀，也做类似的讨论分析，或许还会有新的发现。

　　华伟博士求学津门几年，在南开大学陈洪先生等诸多师长的关怀指导下，圆满完成了学业并顺利通过了答辩，现在又加以增订，从博士论文发展成专著，可喜可贺。回想华伟博士在南开问学期间，每周往返京津到北大选课，治学刻苦、业精于勤，令人赞叹，博士毕业后回到她自己的故乡高校任教，又能继续学术研究与前行，令人欢欣。

　　在华伟博士著作即将出版之际，希望我能为该书写几句话，我虽然对汉魏两晋南北朝隋唐佛教史有极大的兴趣，也收集不少海内外专著与论文，但限于时间都没有很好阅读，对道世及其著作也只知概要，谈不上有何研究心得。这次再次将华伟博士的论文翻看了一遍，喜悦良多，写了以上一些片言碎语，聊以为序。

湛如

2015 年 12 月 20 日

于剑桥大学亚洲与中东学部

目　录

引　言

一　问题的提出

学界对于《法苑珠林》的态度主要有三类：一类将其视为知识的资料，史据的来源；第二类将其视为叙事文学的汇集；第三类将其视为思想史的资料。正如葛兆光先生所说，公元 7 世纪的人们在经历了一个变化与动荡的时代之后，想要给面前的世界一个清晰而又明确的知识和思想的秩序，类书在某种意义上，就是这一知识主义的结果。[①] 而这一结果又不可避免地使得类书打上它所处时代的文化烙印。类书提供了知识，蕴含着思想，也呈现了文化，它是文化发展的一种结果，《法苑珠林》也是如此。

那么，《法苑珠林》究竟体现了文化怎样的发展？在文化的发展中，它表达的主体——佛教，自身有没有改变呢？

宗教的自我成立，在于思想，而宗教于社会的成立，则在于文化的影响，它必须参与社会文化的营建，在这一过程中，宗教影响社会文化，也改变着自己。如果佛教自身没有发生一定改变，那么《经律异相》与《法苑珠林》不应有如此大的不同，它们应该体现基本相同的佛教知识，可事实并非如此。于是，在对《法苑珠林》的研究中，除了已为研究者提及的编撰特征以外，有一些事类引起了笔者的兴趣，如君臣、纳谏，又如审察、思慎、俭约、惩过、和顺、诫勖，再如忠孝、不孝、报恩、背恩、善友、恶友，另外还有祭祠、求雨、占卜……这些事类乍看之下似乎并不属于佛教重点处理的问题，但详加审视，觉得它们呈现了一个非常立体的社会文化切面，能够显示出佛教在中国本土社会文化中，把握自身资源，着力参与的层面，以及参与的方式，参与的方向。这些层面包括巫术

---

① 葛兆光：《中国思想史》，复旦大学出版社 2004 年版，第 459 页。

文化，君臣之道，儒者品质，普遍伦理……虽然每一层面打上的烙印的程度并不相同，但对某些层面而言，它带来的影响是深刻的，对于佛教自身而言，这种参与给自己带来的影响也是深刻的，有些是它的努力所在，但有些未必是最初预料到的。佛教其实一直在处理应对现实问题中发展，是具有偶然性的。另外，它和道教的关系从《破邪篇》来看，可以说是完全相斥的，这和它在进入时期对道家哲学的借助非常不同，这说明两种宗教在哲学的层面可能关系亲密，而在文化的层面，最起码在态度上，可能表现为坚决的排斥，当然也有时代文化的原因，因为初唐政治的某种倾向而迫使它表现出这么坚决的态度。《法苑珠林》也并不乏本色的以佛教特质为主体的事类，体现佛教对自身文化独特性的着力保持，比如大乘佛教之"六度"，僧人之受戒与持戒……但不得不承认，除了这些最为核心的理念，就连同属佛教自身文化的信仰形态也发生了改变。

从大的方面，我们可以说《法苑珠林》体现了佛教进入中国后，与中国本土文化的各个层面发生作用和转化的方式；集中一点，我们可以说《法苑珠林》体现了佛教与儒道两教在社会文化的层面进行整合互动的路径。不仅《法苑珠林》，官方的《艺文类聚》一百卷、道教的《无上秘要》一百卷也是如此，只不过各自的主体不同，体现的程度也不同，《法苑珠林》是知识的协调和文化的整合方面做得较为突出的一部。它的基本功能是供人们择取知识，但它同时又是一枚文化动态发展河流中的切片，这个切片体现了前面的运动结果，现在的运动样貌，以及下一步的运动倾向。这也是晋唐佛教与儒道二教的互动关系，在史实的梳理和哲学的探讨之后，另具的角度和空间。

我们今天提及中国本土文化无非"儒、释、道"，但其中之佛教，却本是异方文化，进入中国本土后，不断地与"儒"、与"道"相整合，最终也成为中国本土文化的血液。由魏晋到初唐，整合进行了大半段，但并未最终完成；唐代是一个影响深远的关键时期，这一时期三教之间，特别是儒与释之间，于哲学上作出的调整和反应已为研究者普遍关注，但在文化上，相应的反应与调整其实也在发生。文化与哲学有密切的关联，但文化不等同于哲学，我们去探讨文化上的互动关系，也是对文化与哲学间关系的一种拨明。不过文化之洪流，大而宽阔，透过《法苑珠林》这枚切片，以佛教为主体，进行一次具体而微的透视，正是笔者的初衷；另外，对于类书研究来说，也是一种方式的扩宽。

二　研究综述

（一）关于《法苑珠林》的研究

由于《法苑珠林》的类书性质和它独特的体例特征，围绕它的研究是多层面的，概括起来主要有以下四种：（1）文献研究，（2）佛教史和佛教哲学的研究利用，（3）文学研究，（4）文化、思想研究。

文献研究方面，有关学者已进行了大量的基础性的工作：大陆方面，从 20 世纪 60 年代至 21 世纪初，周叔迦、苏晋仁两位先生对《法苑珠林》进行了系统的校注，2003 年其成果由中华书局出版[①]；台湾学者丁敏《法苑珠林之研究》对《法苑珠林》一书的作者、版本等问题进行了初步的梳理[②]；陈昱珍 1991 年写作了《〈法苑珠林〉对外典运用之研究》[③]，1993 年发表《〈法苑珠林〉所引外典之研究》[④]，对《法苑珠林》所引用的外典俗书进行了详细的考证；吴福秀《〈诸经要集〉与〈法苑珠林〉版本流传之研究》对两部佛教类书的版本流传情况作了整理和介绍；另外尚有一些关于《法苑珠林》细节考证方面的单篇论文[⑤]，都从基础文献方面，对《法苑珠林》的面貌作了澄清。

佛教史和佛教哲学的研究利用方面，汤用彤、吕澂、季羡林、方立天、孙昌武等知名学者都在著述中提到过《法苑珠林》一书于佛教史的地位与价值；张小讲的专题研究《〈法苑珠林〉与佛教的民间化——简论

---

① 周叔迦、苏晋仁校注：《法苑珠林校注》，中华书局 2003 年版。（后文注释中简略为《法苑珠林校注》）

② 丁敏：《法苑珠林之研究》，（台北）《狮子吼》第二十四卷第二期，第 67 页。

③ 陈昱珍：《〈法苑珠林〉对外典运用之研究》，硕士学位论文，台湾文化大学，1991年。

④ 陈昱珍：《〈法苑珠林〉所引外典之研究》，博士学位论文，台湾文化大学，1993年。

⑤ 邱敏：《〈法苑珠林〉记事之误与凤凰台起因之辩》，《南京晓庄学院学报》2007 年第 1 期；吴福秀：《〈法苑珠林〉撰者"玄晖"之称非为避唐太宗讳考》，《中国文化研究》2007 年"春之卷"；董志翘：《〈法苑珠林校注〉匡补》，《古籍整理研究学刊》2007 年第 2 期；等等。

两晋南北朝佛教的发展》① 从历史文献学的角度，运用《法苑珠林》所提供的信息，对两晋南北朝佛教的民间信仰形态特征予以了一定辨析；方立天先生以《法苑珠林》之《三界篇》《劫量篇》为中心探讨了佛教的宇宙观。

文学研究方面，《法苑珠林》"感应缘"被视为六朝志怪小说的重要来源与叙事文学的集成，程毅忠、侯忠义、李剑国等学者都关注了《法苑珠林》中大量的印度民间故事和"感应缘"中的志怪小说；安正熏《〈法苑珠林〉叙事结构研究》② 通过探析《法苑珠林》所引佛教典籍的叙事结构和"感应缘"中志怪小说的叙事结构，分析了中印文化交流对中国叙事文学发生的影响；蒋玮《〈法苑珠林〉中的女性故事研究》③ 通过对《法苑珠林》中女性故事的分析，探讨了唐前期女性在男权话语中的存在状态及解脱之路。

在文化与思想研究方面，倪赟岳《从〈法苑珠林〉佛教传道故事看佛教对"地方"的建构》从佛教故事的地域性着手，探讨佛教文化接受的地域特征；台湾梁丽玲所做的《〈法苑珠林·敬法篇〉感应缘研究》，主要探讨了这一篇章感应缘中佛经灵验的类型，并且得出《敬法篇》感应故事的流行正与各时代流行的佛经相吻合的结论。吴福秀的博士论文《〈法苑珠林〉分类思想研究》，力图从知识分类的角度，将《法苑珠林》的分类与时代思想和撰者的个人思想结合起来，从而对那个时代的知识体系和思想发展状况有所揭示，这标志着《法苑珠林》的思想研究开始引起学界的注意，不过该文主要完成的工作仅止于运用传统目录学的方法对编纂者"分类思想"有所揭示，作者也承认回避了更进一层的哲学与文化的探讨；任丽鑫《〈法苑珠林〉与君臣观》④ 一文以《君臣篇》《纳谏篇》等篇为中心，分析了《法苑珠林》所体现的君臣观，提出《法苑珠林》对于中国传统文化研究的文献价值；早在 1987 年，台湾傅世仪先生

---

① 张小讲：《〈法苑珠林〉与佛教的民间化——简论两晋南北朝佛教的发展》，硕士学位论文，陕西师范大学，2001 年。
② ［韩］安正熏：《〈法苑珠林〉叙事结构研究》，博士学位论文，复旦大学，2003 年。
③ 蒋玮：《〈法苑珠林〉中的女性故事研究》，硕士学位论文，华东师范大学，2008 年。
④ 任丽鑫：《〈法苑珠林〉与君臣观》，《敦煌学辑刊》2007 年第 4 期。

发表了博士论文《〈法苑珠林〉六道篇感应缘研究》①，通过《六道篇》感应缘的研究，探讨华夏本来存在的幽冥世界与佛教"六道"世界的关系，从而印证佛教中国化的轨迹；直到 2008 年，大陆也发表了另外一篇相同类型的文章，刘丽娜《〈法苑珠林〉感应缘中的鬼》②通过对《法苑珠林》感应缘中与鬼相关故事的研究，探讨佛教的鬼观念与中国传统的鬼观念在《法苑珠林》中所表现的交汇与融合，说明佛教有意识的本土化在佛教传播过程中的意义。

从以上几方面我们可以看到，与佛教学者已经对《高僧传》《弘明集》《广弘明集》等文献做出的研究相比，《法苑珠林》的研究都尚处于正在开展的阶段，从文献到文化的各个层面，虽然已经呈现一种纵深的立体的面貌，但在各个层面都还留有很大空间，尤其是《法苑珠林》文化内涵的研究方面。应该说，佛教中国化历程在《法苑珠林》中的体现是学界共识。如陈昱珍在关于外典的研究中即评价道世引用外典是为了"达到护教及调和中印文化的目的"③；安正熏在文中也特别注意到了《法苑珠林》的文化含义，并专用一节，从宇宙天文观、轮回果报观、道德伦理观三个方面，梳理"述意部"中中印文化冲突和融合的线索，在结论部分也特别提出了《法苑珠林》体现了中印文化交流的背景，也体现了三教互相融摄的情况。吴福秀从文献学知识分类的角度切入，试图将文献学的分析与知识思想史的探求相结合，所做的工作也是为了证明《法苑珠林》对知识的分类，实有着思想史方面的价值。只是，学者们已做的工作重在证明《法苑珠林》具有丰厚的文化信息这一结论，并点明它体现了佛教与本土文化的整合，但其主题还是文献和文学的研究，在证明之后，对《法苑珠林》中如何呈现这一信息，呈现了怎样的信息，尚未有系统和专门的研究出现。笔者以为，这些证明的工作给了本书以理论的支持，也留给本书以深入研究的空间。

（二）晋唐儒释道关系研究

儒释道三教关系是历史、哲学、文学、文化都绕不开的话题，很多前

---

① 傅世仪：《〈法苑珠林〉六道篇感应缘研究》，博士学位论文，台湾师范大学，1987 年。

② 刘丽娜：《〈法苑珠林〉感应缘中的鬼》，硕士学位论文，上海师范大学，2008 年。

③ 陈昱珍：《〈法苑珠林〉所引外典之研究》，博士学位论文，台湾文化大学，1993 年。

辈学者在各自研究领域内都已给予相当的关注。汤用彤先生所作《汉魏两晋南北朝佛教史》① 就特别注意到三教关系的动态发展，提出佛教起初附于道教，发展之后借佛玄争辩辨明本宗，汤先生的研究至今仍是儒佛道思想互动的重要参考资料；方立天先生的佛教史研究格外关注三教于哲学上互动关系；荷兰学者许里和《佛教征服中国》② 一书，也是着重于佛教在中国的传播与调整，以及中国本土文化在应对时的反应和变化；赖永海所编著的《中国佛教通史》也将这一关系作为通史的重要内容，在每一时间段内都详细呈现；洪修平《佛教与中国传统文化》以佛教为主体，梳理了整个历史进程中三教之间的关系，他的另一本书《中国儒佛道三教关系研究》③ 则分类收入他多年来三教关系研究的论文。在这些前辈学者的研究中，虽然未使用"互动"或"整合"这样的词语，但都有着"互动"和"整合"的眼光，他们已做的扎实工作是本书的重要基石。

近年以来，围绕"互动""整合"概念也产生了一定的专题研究，2009 年，天津人民出版社出版了王洪军教授《中古时期儒释道整合研究》④ 一书，王教授从 20 世纪 80 年代开始关注中古时期儒释道的问题，多年来做了很多扎实的工作，该书是用历史学的方法，以隋唐为重点，系统梳理了魏晋至隋唐三教之间的论辩，统治者的宗教政策，三教各自的理论发展，分析了三教的整合情况及其对于思想史的意义，提出没有隋唐时期三教思想的整合，就没有宋明理学的产生。2011 年，吕玉霞发表了博士论文《魏晋时期儒佛道思想互动研究》⑤，讨论了在中国本土文化与异域文化的初次碰撞中，儒佛道三家是如何安顿自己的思想体系，如何于交流中各取所需，最终完成初步融合的。

另外，还有一些对佛教文献的专题研究也实际以三教交涉为主要内容，如刘立夫教授的博士论文《弘道与明教——〈弘明集〉研究》⑥，李

---

① 汤用彤：《汉魏两晋南北朝佛教史》，北京大学出版社 2011 年版。
② ［荷兰］许里和：《佛教征服中国》，李四龙译，江苏人民出版社 2003 年版。
③ 洪修平：《中国儒佛道三教关系研究》，中国社会科学出版社 2011 年版。
④ 王洪军：《中古时期儒释道整合研究》，天津人民出版社 2009 年版。
⑤ 吕玉霞：《魏晋时期儒佛道思想互动研究》，博士学位论文，山东大学，2011 年。
⑥ 刘立夫：《弘道与明教——〈弘明集〉研究》，中国社会科学出版社 2004 年版。

小荣教授的《〈弘明集〉〈广弘明集〉述论稿》①，梳理的主要问题都是夷夏之争、因果之争、形神之争等几个核心问题，这其实也是由三教交涉产生的问题。三教关系研究方面的单篇论文也有一些，在此不再一一赘述。

回顾三教关系研究，能够发现，"互动"与"整合"的视角从这一命题走入学者视野伊始便已具有，只是于近年才被明确提出。但切入点主要在历史与哲学，虽有论著以"文化"命名，如刘立夫教授《佛教中国伦理文化的冲突与融合》，关注点实际仍为哲学方面。倒是葛兆光先生的《中国思想史》在"佛教东传及其思想史意义"之后另设的一节"佛教征服中国？"更符合文化层面的意味，且深入精辟，其中提到君权，提到伦理，提到方术……认为佛教在中国文化中找到位置的同时，自身的立场也发生着静悄悄的挪移。而佛教与中国文化究竟在哪些层面发生了互动，怎样互动，互动的结果与方向如何，这些正是本书的空间所在，前辈与时贤已做的工作为本书提供了基石。

（三）类似方法的研究

2005 年，日本出版了坂本广博《経律異相の研究——梁代の仏教文化》② 一书，该书以《经律异相》为研究对象，旨在探讨南朝佛教文化的特征，兼及其与北朝佛教文化的不同。之所以以《经律异相》为中心，是因为这是一部类似于外国神话、小说类的总集，是一种"异文化"，上承释僧佑的《释迦谱》，下启唐道世的《法苑珠林》。通过该书可以看到东晋时期慧远和罗什有关"法身""轮回""报应"等争论的延续，并一窥有梁一代对异族文化的接受以及当时佛教文化的氛围。坂本广博通过一部类书而讨论一个时代的佛教文化的做法，为笔者提供了很多先行的经验。

除此之外，复旦大学刘鹏于 2010 年的博士论文《梁代僧尼传记中的话语权力——以〈高僧传〉、〈比丘尼传〉为中心的研究》，一变以往侧重僧尼传记告诉了我们什么的研究眼光，转向探讨各种话语权力对僧传叙事的影响，该文认为：王权、士大夫、僧史家都在僧尼传记的书写中体现了自己的话语权力，发现和分析这些传记中的"话语成分"才能更深入地

---

① 李小荣：《〈弘明集〉〈广弘明集〉述论稿》，巴蜀书社 2005 年版。

② ［日］坂本广博：《経律異相の研究——梁代の仏教文化》，京都河北印刷株式会社 2005 年版。

了解僧传。虽然研究对象不同，具体问题也不同，但这种看待佛教文献的眼光和方法对笔者也深有启发。

三　研究方法、目标

本书一方面从文化看类书，另一方面，也从类书看文化，以类书文献本身为中心，具体方法和目标有以下几点：

（1）择取佛教文化与中土文化冲突、转化过程及佛教在中土立足等中的几个核心问题：佛教与祭祀，佛教与中土巫术传统，佛教与儒治社会伦理，佛教因果论对中土善恶报应观的转化，透过静态的知识去看动态的文化发展。

（2）具体行文思路中，以"为何设篇"来揭示其背后文化的进程；以"知识呈现"来反看当时活生生的文化面貌，以及道世这位"切片加工者"的编撰思路；从切片的角度来展望其文化发展的方向。这三个问题中，又以解决前两个问题为主。

（3）类书编撰中提供的信息也可作为研究中的重要材料，而这点是向来被忽视的。本书第六章以《法苑珠林》中两篇与佛教音乐相关篇目的编撰为依据，对佛教音乐中国化研究中的一些问题进行重新审视。

第一章　《法苑珠林》与其所体现的文化切面

第一节　《法苑珠林》概貌

类书于子部中单独成类，始于初唐，胡道静先生分析其原因时讲道：这一方面是由于认识到类书和杂家书在性质上是有区别的；另一方面显示类书数量增加，蔚为大国，既有必要且有可能独自成为一类。[①] 类书这一书体之独特，在于它对于知识的汇集、保存，且取用方便，也在于编撰所需人力物力之庞大。在现存的 300 多部古代类书中，由朝廷组织编撰意在夸耀"文治之盛"的，占了大多数；其次，中国这样一个诗文国度中文人学士们为了写文章方便而自己编撰的类书。因此，在这样一个类书体系中，那些不多的，既非官修，又非为作文的类书就显得格外独特，在类书的思想文化意义开始受到关注的今天，也就首先成为研究对象。《法苑珠林》正是这样一部类书。

一　《法苑珠林》作者道世生平

《法苑珠林》一书毕轴于初唐，作者为释道世。根据吴福秀的考证，释道世生于隋开皇十六年（596）之前，卒于唐弘道元年（683），世寿至少有八十七岁。[②]《宋高僧传》记载：

> 释道世，字玄恽，姓韩氏。厥先伊阙人也，祖代因官为京兆人

---

① 胡道静：《中国古代的类书》，见于其所著《古籍整理研究》，上海人民出版社 2011 年版。

② 吴福秀：《〈法苑珠林〉分类思想研究》，博士学位论文，华中师范大学，2009 年，第 36 页。

焉。……

　　时年十二，于青龙寺出家。从执德瓶，止临欣鉴，律宗研核，书籍钻寻，特慕上乘融明实性。于时籍甚，三辅钦归。显庆年中，大帝以玄奘师所翻经论，未几诏入内，及慈恩寺大德更代行道，不替于时，世亦预其选。及为皇太子造西明寺，爰以英博召入斯寺，时道宣律师当涂行律，世且旁敷，同驱五部之车，共导三乘之轨。……复因讲贯之余，仍览甚深之藏，以为古今绵代，制作多人，虽雅趣佳辞，无足于传记，由是搴圃之菁华，嗅大义之瞻卜，以类编录，号《法苑珠林》。……又著《善恶业报》及《信福论》共二十三卷……《四分律讨要》五卷，《四分律尼钞》五卷，《金刚经集注》三卷，十部都一百五十三卷。世颇多著述，未测其终。①

　　从《高僧传》记载我们看到，道世幼年出家，二十岁时，到大禅定寺依止当时的律学大家智首和尚受具足戒，成为正式的比丘，此后终身以律仪驰名。贞观十九年，玄奘已从西域归国，当时道宣即被征召至长安弘福寺译场任"缀文"，参与译经。由于玄奘的翻译事业备受太宗重视，慈恩寺建造完成后，玄奘被移请至慈恩寺任上座，继续汉译工作，还召集五十位学有专精的僧人辅助玄奘译经，道世也成为这五十大德之一。②

　　道世与他的同学道宣一直关系密切。③ 两人的活动交集很多，其中很重要的地点是在西明寺。显庆三年（658）六月，道宣奉敕担任新建完成的西明寺上座，同年七月，迎请玄奘入寺译经。道宣在寺中除参与译业外，还讲法弘律，此时道世为其助手。道世形容道宣"行殊熏，好集无二，若见若闻，随理随事，捃摭众记"④，道宣于晚年编撰的《集神州三宝感通录》⑤，自撰《神僧感通录》一篇，收入末卷，而此篇神僧故事分

---

① （宋）赞宁：《宋高僧传》，中华书局 1987 年标点本，第 67 页。

② 同上。

③ "（道宣）律师是余同学，升坛之日，同师受业。"见《大正藏》卷 53，第 354 页。

④ 苏晋仁：《〈法范珠林〉校注叙录》，《法苑珠林校注》，第 1 页。

⑤ （唐）道宣：《集神州三宝感通录》，见《大正藏》卷 52。

别出现在道世《法苑珠林》各卷内。① 又《集神州三宝感通录》卷上所收录"舍利表塔"二十则的引文，也一一出现在《法苑珠林》卷三十八"敬塔篇"的感应缘中。② 此外，道宣的《集神州三宝感通录》跋文末也提道："庶后有胜事，复寄导于吾贤乎？其余不尽者，统在西门寺道律师新撰《法苑珠林》百卷内，具显之矣。"③ 这些记录表明，当年道世与道宣同处西明寺，一同致力于类书、典籍的编纂时，是有着共同理想和密切合作的。

以道世辅助道宣弘法之余的著述成果而言，首先，道世出于律师的身份，他非常用心于戒仪，其《受戒仪式》《礼佛仪式》等著作，即为律仪方面的心得；其次，由于道世"特慕大乘，融明实性"，故对大乘经典多有体悟，《大小乘禅门观》《大乘略止》及《金刚经集注》等书，便属此方面的成就；最后是缀辑，如《法苑珠林》《诸经要集》等，此类卷帙繁多，也是道世费时较久，最为用力之作。④ 苏晋仁先生在《〈法苑珠林〉校注叙录》中说："他于讲授之际，深入法海，于显庆四年（659）撰《诸经要集》二十卷，继而又用十年之功，至总章元年（668）成《法苑珠林》一百卷，兰台郎李俨为之序。"⑤

从《法苑珠林》编撰时间上我们看到，它的成书晚于《艺文类聚》（624 年成书）44 年，早于《道教义枢》（700 年成书）32 年。

二　《法苑珠林》的版本问题

《法苑珠林》现传世有一百卷、一百二十卷两种。

该书自宋时开始编入大藏，宋、元、明、清各藏本所列卷数均是一百卷，只有《嘉兴藏》刊为一百二十卷；日本编《大正新修大藏经》所录为一百卷；1991 年上海古籍出版社出版的《法苑珠林》是根据

---

① 陈昱珍：《〈法苑珠林〉对外典运用之研究》，硕士学位论文，台湾文化大学，1991 年，第 12 页。

② 《法苑珠林校注》卷 38，第 1199—1221 页。

③ 《集神州三宝感通录》，《大正藏》卷 52，第 425 页。

④ 傅世怡：《〈法苑珠林〉六道篇感应缘研究》，博士学位论文，台湾师范大学，1987 年，第 17—20 页。

⑤ 苏晋仁：《〈法苑珠林〉校注叙录》，《法苑珠林校注》，第 1 页。

《影印宋碛砂版大藏经》一百卷本缩页影印；1992 年韩国东国译经院出版的《韩文大藏经》中所录《法苑珠林》主要采用《高丽大藏经》和日本的《大正新修大藏经》的一百卷本；1994 年由上海古籍出版社出版的《佛教要籍选刊》第一册《法苑珠林》也是以日本排印的《大正新修大藏经》一百卷本为底本；另外由上海商务印书馆缩印的《四部丛刊》明万历刊本为一百二十卷，《四库全书》本亦与《四部丛刊》同。

关于一百卷本与一百二十卷本的区别，一百卷本叙与目录置前，不列卷数，《劫量篇》为卷一；《三界篇》甚长，分作二、三卷；《日月篇》为卷四；《六道篇》天、人、修罗为卷五，鬼神、畜生为卷六，地狱为卷七。眉目清楚，卷帙不紊。一百二十卷本序与目录作一、二卷。《劫量篇》前三部归于卷三；末部与颂并入《三界篇》之四洲，为卷四；取"诸天部"之大半作卷五；所余和《日月篇》之前二部为卷六；卷七取《日月篇》之后十部，与《六道篇》之"诸天部"前三部；所余和"人道部"作卷八；"修罗部"与"鬼神部"之大半为卷九；卷十取"鬼神部"之余与"畜生部"前九部；十一卷择"畜生部"之余和"地狱部"之部分；"地狱部"所余则作十二卷。由此观之其分开篇部，大部分取前篇之后半与后篇之前半，合而为一卷，实在逊于一百卷本。

另外我们还能看到，一百二十卷本有行文仍循其旧制的错误，如卷十八（百卷本卷十一）《千佛篇·成道部》之"乳糜部"（百卷本作"食糜部"）说："依宣律师住持感应记云具论因缘，并在第十卷中灌带部内述之。"卷四十七（百卷本卷三十五）《法服篇》感应缘说："西明寺道宣律师，乾封二年仲春二月住持，感应缘具在第十卷初。"这里说的十卷是一百卷本之卷十，在一百二十卷里应改作卷十六。蒋本之后，常州天宁寺本及频伽本皆百卷，而四部丛刊影印本，仍以《嘉兴藏》本为据，今通行之一百二十卷本，盖依乎此。吴福秀通过对一百卷本与一百二十卷本的对比考证，对一百二十卷本的来源进行了推测，亦认为在《法苑珠林》一百卷与一百二十卷两种不同的版本中，一百卷本更接近释道世所撰原貌，其卷次划分更为清晰，且知识分类更为系统和成熟。《嘉兴藏》目录中虽拟定《法苑珠林》为一百卷，但实际刊刻内容却是一百二十卷，《嘉兴藏》刊刻过程中可能使用了部分民间的版本。

一百卷本优于一百二十卷本，是学界较为公认的。

若论一百卷本《法苑珠林》的入藏，今常见之藏经，如《卍字藏》、《大正藏》、《影印高丽大藏经》、《中华大藏经》第一辑、《佛教大藏经》皆收《法苑珠林》一百卷本。① 今当以 1936 年上海影印碛砂藏本为最古。② 《大正新修大藏经》依乎高丽本，校以宋、元、明、宫（宫内省图书寮本——旧宋本）本，乃今通行本之佳者；上海古籍出版社 1994 年出版的《佛藏要籍选刊》系列中的第一册《法苑珠林》一百卷，就是主要采用日本排印的《大正新修大藏经》与《续藏经》而编辑的。③ 2003 年，中华书局出版了周叔迦、苏晋仁两位先生历数年心血校注而成的《法苑珠林校注》本，是依常熟蒋因培刻本为底本而校注的，其书前的《校注纪略》与《校注续录》也可称对《法苑珠林》的精到论述，至此《法苑珠林》一书方有对读者来说较为方便准确的读本。本书的研究主要依此本进行，辅以《大正新修大藏经》本。

除《法苑珠林》之外，道世所著还有另一部类书《诸经要集》。现存《诸经要集》中许多段落与《法苑珠林》相同，不同之处只是个别类目的顺序，另外就是，《法苑珠林》较现本《诸经要集》多出大量感应缘故事，也就是说《诸经要集》与《法苑珠林》实为同一系统，只不过内容有繁简之别。学界对二者成书先后颇有争议，一种意见认为，唐显庆四年（659），道世在《经律异相》的基础上编成了《诸经要集》二十卷，十年后又撰成《法苑珠林》一百卷；另一种意见认为，《法苑珠林》成书之后，道世恐其部头过大，内容繁重而不便于诵读，因而编撰了节本《诸经要集》，持此意见者以《法苑珠林·传记篇》为据，《传记篇·杂集部》叙述各家撰著，提到道世撰著《法苑珠林》一百卷在先，然后是《善恶业报论》（即《诸经要集》）二十卷。④ 但是吴福秀经考证认为，此部中所出现的《善恶业报论》跟现存《诸经要集》并非一本书，此部中所说的《善恶业报论》已佚失，现存《诸经要集》是《法苑珠林》的初本。

---

① 傅世怡：《〈法苑珠林〉六道篇感应缘研究》，博士学位论文，台湾师范大学，1987 年，第 75 页。

② 陈垣：《中国佛教史籍概论》，上海世纪出版集团 2001 年版，第 55 页。

③ 参考《法苑珠林》（《佛藏要籍选刊》第一册）出版说明，上海古籍出版社 1994 年版。

④ 《法苑珠林校注》，第 2884 页。

周叔迦、苏晋仁亦认为道世撰《诸经要集》在先,《法苑珠林》在后。

第二节　从《法苑珠林》设篇看类书所体现的文化切面

《法苑珠林》以知识类别为"篇",一类知识为一篇,"篇"中设"部"来分述知识,每篇之末,设有"感应缘"故事,有的较大的部类也分设有感应缘。篇中设部除第一部均为"述意部"说明设部意图之外,其他部类之名称与多少均按具体需求由作者随机设定。

关于《法苑珠林》所设篇部及其内容已有研究,也都各有一些描述,然终有未贴切处,概因虽亦认识到它对于文化融合的体现,但对知识解读得过于简略,且多只看篇类,而不看部类。如果我们能够直接以类书与文化紧密关联的视角去看,将篇类以及篇中的各部完整地加以审视,也许可以对这些篇部有更准确的解读。

1.《劫量篇》

(1) 小三灾部:述意部;疾病部;刀兵部;饥馑部;相生部;对除部

(2) 大三灾部:时量部;时节部;坏劫部;成劫部

此篇介绍佛教的时间观念,佛教的时间观以"劫"为单位,道世在述意部中所说,就如同中国的"年号"。"劫"的计算既规则清晰,又很灵活。道世在设部中以贯穿"劫"与"劫"之间的"小三灾"与"大三灾"为两大部,对时间观的具体阐述也结构其中。

2.《三界篇》

(1) 四洲部:述意部;会名部;地量部;山量部;界量部;方土部;身量部;寿量部;衣量部;优劣部

(2) 诸天部:辨位部;会名部;业因部;受生部;界量部;身量部;衣量部;寿量部;住处部;广狭部;庄饰部;奏请部;通力部;身光部;市易部;婚礼部;饮食部;仪乘部;眷属部;贵贱部;贫富部;送终部

此篇介绍佛教的空间观念。按照立体的方向不同,道世分为了"四洲"与"诸天"两个大部,"四洲"横向立体地介绍我们所处的"世界","诸天"纵向立体地介绍天界生活。

3.《日月篇》

述意部;日宫部;月宫部;寒暑部;照用部;亏盈部;升云部;震雷

部；击电部；降雨部；失候部；地动部

此篇介绍佛教的日月星辰、雷电云雨、寒暑节气等自然观。

4.《六道篇》

（1）诸天部：述意部；会名部；受苦部；报谢部；感应缘

（2）人道部：述意部；会名部；住处部；业因部；贵贱部；贫富部；受苦部；感应缘

（3）阿修罗部：述意部；会名部；住处部；业因部；眷属部；衣食部；战斗部；感应缘

（4）鬼神部：述意部；会名部；住处部；列数部；业因部；身量部；寿命部；好丑部；苦乐部；贵贱部；舍宅部；感应缘

（5）畜生部：述意部；会名部；住处部；身量部；寿命部；业因部；受报部；修福部；苦乐部；好丑部；感应缘

（6）地狱部：述意部；会名部；受报部；时量部；典主部；王都部；业因部；诫勖部；感应缘

此篇介绍佛教的生命观。道世按照佛教生命观的"六道"设部，对每一道的生命所处的状态都作了详细介绍，且每部都设有感应缘，中土传说与具有佛教因素的感应故事皆取，以会通中印文化。

5.《千佛篇》

（1）七佛部：述意部；出时部；姓名部；种族部；道树部；身光部；会数部；弟子部；久近部

（2）因缘部：述意部；引证部；业因部

（3）种姓部：述意部；王族部；种姓部；求婚部

（4）降胎部：述意部；现衰部；观机部；呈祥部；降胎部；奖导部

（5）出胎部：述意部；迎后部；感瑞部；诞孕部；招福部；降邪部；同应部；校量部

（6）侍养部：述意部；养育部；善征部

（7）占相部：述意部；敕占部；呈恭部；现相部；业因部；同异部；校量部；百福部

（8）游学部：述意部；召师部；捔力部；校量部

（9）纳妃部：述意部；灌带部；求婚部；疑谤部；胎难部；神异部

（10）厌苦部：述意部；观田部；出游部；厌欲部

（11）出家部：述意部；离俗部；剃发部；具服部；使还部；谏子部；差侍部；佛发部；时节部；会同部

（12）成道部：述意部；乞食部；学定部；苦行部；乳糜部；草座部；降魔部；成道部；天赞部；变化部

（13）说法部：述意部；赴机部；说益部

（14）涅盘部：述意部；韬光部；赴哀部；时节部；弟子部

（15）结集部：述意部；结集部（大乘结集部第一，五百结集部第二，千人结集部第三，七百结集部第四）；感应缘

此篇篇幅巨大，在已经解说过宇宙观、时间观以及生命观的大背景下，对佛教生命观中的"佛"概念进行解说，按照大乘佛教有众多佛的观点，介绍贤劫千佛的情况，继而重点介绍释迦牟尼佛从父母因缘直至成道、说法、结集的情况。"佛陀"这种特殊的生命观，是能够使佛教宇宙观、时间观以及生命观区别于其他世界观的根本意义所在，这大概也是此篇篇幅巨大的原因。

6.《敬佛篇》

（1）述意部

（2）念佛部

（3）观佛部；感应缘

（4）弥陀部：述意部；会名部；辨处部；能见部；业因部；引证部；感应缘

（5）弥勒部：述意部；受戒部；赞叹部；业因部；发愿部；感应缘

（6）普贤部；感应缘

（7）观音部；感应缘

此篇介绍大乘佛教重要的信仰形态——敬佛，先以敬佛的两种形态——念佛与观佛设部，观佛部所介绍的，便是大乘佛教重要的佛像崇拜，其感应缘择取了大量汉地佛像出现的故事，以表现汉地的佛像崇拜。弥陀、弥勒、普贤、观音四部，则是以汉地最为崇拜的几位佛、菩萨设部，每一部又分小部介绍这位佛（菩萨）的因缘功德，所附的感应缘都是汉地与这位佛（菩萨）相关的信仰感应故事，以表明汉地的佛（菩萨）信仰形态。

7.《敬法篇》

述意部；听法部；求法部；感福部；法师部；谤罪部；感应缘

此篇是对"敬法"的介绍，尊敬"三宝"之另外一宝——"法"，设"听法部""求法部"二部以介绍"法"的重要性，设"感福部"介绍大乘佛教的经文信仰形态，"法师部"介绍法师的功德及重要性，"谤罪部"规范对待大乘经典的态度，感应缘选取大量汉地经文信仰感应故事，由晋至唐皆有，与汉地实际的经文信仰形态相对应。

8.《敬僧篇》

述意部；引证部；敬益部；违损部；感应缘

此篇介绍尊敬佛教三宝之一——"僧"的重要性。

9.《致敬篇》

述意部；功能部；普敬部；名号部；会通部；敷座部；仪式部；感应缘

此篇专就大乘信仰形态中最重要之处——"敬"作一介绍，且道世为了让人们理解佛教之"敬"，在撰写中自己做了很多强调和解释，还专设"会通部"做了很多与本土文化会通的尝试，使人们能够以本土文化"礼"为基础来理解"敬"。

10.《福田篇》

述意部；优劣部；平等部

此篇介绍大乘佛教非常重要的"福德"观，介绍福德的重要性及其衡量的方式。

11.《归信篇》

述意部；小乘部；大乘部；感应缘

此篇以强调大乘佛教信仰形态中"信"的重要性名篇，设部中又趁机介绍了"小乘""大乘"两种不同形态。

12.《士女篇》

（1）俗男部：述意部；诫俗部；劝导部

（2）俗女部：述意部；奸伪部

此篇介绍佛教对世俗人生的大概看法，承接于对信仰形态的介绍之后，可以起到促使凡情开始审视自己的作用。分为男女二部，对男众有规诫与劝导，对女众则完全持否定态度，亦突出佛教性别观中对待男女之不平等。

13.《入道篇》

述意部；欣厌部；剃发部；引证部；感应缘

世间若全为凡俗男女，便无圣情可言，由俗入道，乃为认识佛法之开端，故此《入道篇》介绍出家在家之别、圣情凡情之别，赞叹出家功德，以及介绍一些必要的仪式。

14.《惭愧篇》

述意部；引证部

此篇介绍具有"惭愧"之情对于修习佛法的重要性。

15.《讲导篇》

述意部；引证部；生信部；业因部；感应缘

此篇以一种艺术形式——"讲导"命名，全篇有若一篇讲导，有劝化之用。

16.《说听篇》

述意部；引证部；仪式部；违法部；简众部；渐顿部；法施部；报恩部；利益部；感应缘

此篇解说师生间说法、听法行为的珍贵，以及说法、听法之时一些必要的仪轨与注意事项，顺便解说渐顿二教的区别，以及法施的功德利益等。

17.《见解篇》

述意部；引证部；感应缘

此篇是从佛法修习者的角度，来说明修行者出于不同的根基，对佛法的见地也各有不同。

18.《宿命篇》

述意部；引证部；宿习部；五通部；感应缘

此篇亦是主要从修行者的角度，来说明"宿习因缘"的概念，且着重说明了人们所关心的菩萨所具之"神通"的宿习因缘。

19.《至诚篇》

述意部；求宝部；求戒部；求忍部；求进部；求定部；求果部；济难部；感应缘

此篇着重说明"至诚"品质对于修行者的重要性，主要以大乘菩萨六度来贯穿，从"求宝部"到"求果部"分别对应从"布施"到"智慧"六度。以"至诚"为篇名，又对应儒家君子品格的"至诚"。本篇感应缘所选故事对应汉地观音信仰与经文信仰。

20. 《神异篇》

述意部；勊通部；降邪部；胎孕部；杂异部；感应缘

此篇解释修行者之神异能力，以及佛教对待神异的态度。

21. 《感通篇》

述意部；圣迹部

此篇"感通"虽命名与唐《高僧传》中体例相同，但道世别出心裁，以玄奘法师的事迹为线索，其"述意部"专门铺叙玄奘法师求法之不易，"圣迹部"择取《大唐西域记》中玄奘法师一路上所观遇的圣迹，如此一来，既体现了感通主题，又表达了道世个人对玄奘法师的崇敬。

22. 《住持篇》

述意部；治罚部；思慎部；说听部；菩萨部；罗汉部；僧尼部；长者部；天王部；鬼神部

此篇说明住持正法的种种要求，并依照护持者的不同身份进行解说。

23. 《潜遁篇》

述意部；引证部；感应缘

此篇解释佛教修行者中智慧高逸的现象。

24. 《妖怪篇》

述意部；引证部；感应缘

此篇以佛教视角释中土文化之"妖怪"，认为中土对"妖怪"的解释是比较浅显的认识，没有认识到其背后的因果。所取感应缘都是中土文学中的怪异之事，概取会通之意。

25. 《变化篇》

述意部；通变部；厌欲部；感应缘

此篇专门以佛教的视角来解释"变化"，虽然"变化"也属一种"神异"，大概因为中土广为流传关于"变化"的故事，"通变部"描述佛教中庄严微妙的"变化"，"厌欲部"赋予"变化"以佛教的功用——使人厌离尘欲，"感应缘"择取的主要是中土与"变化"相关的故事，以作会通。

26. 《眠梦篇》

述意部；三性部；善性部；不善部；无记部；感应缘

此篇阐释佛教的"梦"理论，中土有浓厚的梦文化，佛教也要表明自己的关注，以及提出自己的理论。

27.《兴福篇》

述意部；兴福部；生信部；校量部；修造部；嚫施部；杂福部；洗僧部；感应缘

此篇讲述如何获得福报，兴造福德的信心、方式、多少等，解说对象包括出家与在家两种身份。

28.《摄念篇》

述意部；引证部

此篇解说修行行为中具有根本意义的一种——摄念，解说摄念的意义以及方式。

29.《发愿篇》

述意部；引证部

此篇解说佛教修行中"发愿"的重要性，并多处引证经典以诸佛菩萨的发愿方式作榜样。

30.《法服篇》

述意部；功能部；会名部；济难部；感报部；违损部；感应缘

此篇解说佛教修行者特别的衣着——袈裟，从其名字、功能、神异之处等方面进行解说。

31.《燃灯篇》

述意部；引证部；感应缘

此篇解说佛教庄严性供养——灯盏。

32.《悬幡篇》

述意部；引证部；感应缘

此篇解说佛教庄严性供养——悬幡。

33.《华香篇》

述意部；引证部；感应缘

此篇解说佛教庄严性供养——香与花。

34.《呗赞篇》

述意部；引证部；赞叹部；音乐部；感应缘

此篇解说佛教所使用音乐的特征。

35.《敬塔篇》

述意部；引证部；兴造部；感福部；旋绕部；故塔部；感应缘

此篇对佛塔信仰形态进行解说，包括印度佛塔的遗迹、兴建因由、形制、供养护持佛塔的福德、绕塔的方式等，感应缘择取西晋至隋佛塔的灵验事迹。

36.《伽蓝篇》

述意部；营造部；致敬部；感应缘

此篇解说佛寺信仰形态。

37.《舍利篇》

述意部；引证部；佛影部；分法部；感福部；感应缘

此篇解说舍利信仰形态，感应缘择取的是汉地有关于舍利感应的故事。

38.《供养篇》

述意部；引证部

此篇解说佛教信仰形态中重要之一则——供养，从经律论中广泛引证说明供养的方式、对象、福德。

39.《受请篇》

述意部；请僧部；圣僧部；施食部；食时部；食法部；食讫部；咒愿部；施福部；感应缘

此篇针对供养行为中很重要的一种——设斋请僧作详细的说明介绍，这也是针对当时设斋请僧中存在的不规范的行为而作。介绍包括请僧的意义、神圣性，仪轨怎样才能如法，如何发心，作为受食的比丘饮食应该遵循的时间，饮食的方法，应该说的咒愿等。

40.《轮王篇》

述意部；会名部；七宝部；顶生部；育王部

此篇说明佛教的轮王理论，以轮王政治会通中土的理想君主政治，并以阿育王为代表。

41.《君臣篇》

述意部；王德部；王过部；王业部；王福部；王都部；感应缘

虽然名为"君臣"，但此篇并没有对"臣"的描述，而是择取佛教有关君王德行的资源，包括王者之德、王者之过、王者功业、王者的福报、都城等，进一步会通，并补充中土的君主政治。

42.《纳谏篇》

述意部；引证部

此篇表明佛教中有关于君主纳谏的资源。

43.《审察篇》

述意部；审怒部；审过部；审学部；感应缘

此篇表明佛教中关于君子心性"审察"的资源。

44.《思慎篇》

述意部；慎用部；慎祸部；慎境部；慎过部；感应缘

此篇表明佛教中关于君子心性"思慎"的资源。

45.《俭约篇》

述意部；引证部；感应缘

此篇表明佛教中关于君子心性"俭约"的资源。

46.《惩过篇》

述意部；引证部；感应缘

此篇表明佛教中关于君子自警于言行的资源。

47.《和顺篇》

述意部；引证部；和施部；和国部；和事部

此篇表明佛教中关于君子心性"和顺"的资源。

48.《诫勖篇》

述意部；诫马部；诫学部；诫盗部；诫罪部；杂诫部；感应缘

表明佛教中关于君子自诫的资源。

49.《忠孝篇》

述意部；引证部；太子部；睒子部；业因部；感应缘

此篇表明佛教资于儒治社会伦理核心"忠孝"的资源，并将敬佛、敬僧、敬父母作一会通。

50.《不孝篇》

述意部；五逆部；妇逆部；弃父部；感应缘

此篇以佛教因果论的惩戒意义表明佛教对"孝"的规范力，又专设"妇逆部"以配合对纲常社会中对女性的惩戒。

51.《报恩篇》

述意部；引证部；感应缘

此篇以儒家对"恩"的讲求与佛教所讲的报佛恩会通。

52.《背恩篇》

述意部；引证部

此篇表明因果论的惩戒意义，乃对报恩的规范。

53.《善友篇》

述意部；引证部

此篇引证佛教中对亲近善知识的提倡，会通于儒家"友"之理论。

54.《恶友篇》

述意部；引证部

此篇引证佛教中关于远离恶知识的建议，会通于儒家"友"理论。

55.《择交篇》

述意部；引证部；感应缘

此篇继《善友篇》《恶友篇》之后，再次择取佛教中的资源会通儒家对"择交"的讲求，同时扩大到亲近善行远离恶行的意义。

56.《眷属篇》

述意部；哀恋部；改易部；离着部；感应缘

此篇说明佛教自身对待家人眷属的态度。

57.《校量篇》

述意部；施田部；十地部；福业部；罪业部；杂行部；方土部

此篇说明几种有衡量感的概念，关于布施及获福的多少，关于菩萨所处的十地，关于福业的多少比较、罪业的多少比较、各种行为的取舍，以及四大洲的比较。

58.《机变篇》

述意部；菩萨部；罗汉部；感应缘

此篇解释修行者之才智机变。

59.《愚憨篇》

述意部；般陀部；杂痴部

此篇解释佛教如何看待"愚憨"。

60.《诈伪篇》

述意部；诈亲部；诈毒部；诈贵部；诈怖部；诈畜部

此篇择取佛典中有关讽刺世间伪诈现象的资源，说明佛教如何看待"伪诈"，提倡"直心是道场"。

61.《惰慢篇》

述意部；引证部；感应缘

此篇说明懒惰轻慢的态度对于修行的障碍。

62.《破邪篇》

述意部；引证部；感应缘

此篇表明佛教在印度时期对待外道的态度，即以外道为虚妄邪惑，在中土佛教对道教也采取这种态度。此篇感应缘的体例殊于他篇，分为"辨圣真伪一""邪正相翻二""妄传邪教三""妖惑乱众四""道教敬佛五""舍邪归正六"，层层递进，以表明佛道教难两立的态度，这也与二教在当时的紧张关系相关。

63.《富贵篇》

述意部；引证部；感应缘

此篇以佛教因果论释人们关注的社会现象——"富贵"。

64.《贫贱篇》

述意部；引证部；须达篇；贫儿部；贫女部；感应缘

此篇以佛教因果论释人们关注的社会现象——"贫贱"。

65.《债负篇》

述意部；引证部；感应缘

此篇以佛教因果论释"债负"，表明因果论有助于调整社会秩序。

66.《诤讼篇》

述意部；引证部；感应缘

此篇以佛教因果论释"诤讼"，表明因果论有助于调整社会秩序。

67.《谋谤篇》

述意部；咒诅部；诽谤部；避讥部；宿障部

此篇以佛教因果论释"谋谤"，表明因果论有助于调整社会秩序。

68.《咒术篇》

述意部；忏悔部；弥陀部；弥勒部；观音部；灭罪部；杂咒部；感应缘

此篇说明佛教对咒术的应用态度，所选取咒语多为对于中土来说较为实用的咒语。

69.《祭祠篇》

述意部；献佛部；祭祠部；感应缘

此篇说明佛教对中土祭祀活动的参与方式，主要是"盂兰盆节"操办过程中存在的一些问题，同时也表明佛教对"祭祀"的态度，佛教是反对祭祀的，但因为"祭祀"在中土文化中的重要地位，又不得不多方主动参与其中。

70.《占相篇》

述意部；引证部；感应缘

此篇说明佛教的"占相"行为，其基础是："心境相乘，苦乐报异。如蜡印印泥，印成文现，其相可占。"并以六道论相，彰显善恶因果与"相"的关联。

71.《祈雨篇》

述意部；祈祭部；降雨部；河海部

此篇说明佛教的祈雨方式及"雨"观念。

72.《园果篇》

述意部；引证部；树果部；损伤部；种子部

此篇讲关于佛教园林，包括以园林施僧的功德，以及佛教关于树木、种子及劝止伐树的观点。

73.《渔猎篇》

述意部；引证部；感应缘

此篇说明佛教对渔猎之事的劝止态度。

74.《慈悲篇》

述意部；菩萨部；国王部；畜生部；观苦部；感应缘

此篇阐述佛教的慈悲态度，慈悲的原因是由于众生之苦。大乘菩萨的重要特征便是慈悲，国王亦应具有菩萨之慈悲。畜生亦有求法之心，应对其慈悲。

75.《放生篇》

述意部；引证部；感应缘

此篇说明体现慈悲的"放生"行为。

76.《救厄篇》

述意部；菩萨部；流水部；商主部；兽王部；感应缘

此篇说明体现慈悲的"救厄"行为。

77.《怨苦篇》

述意部；伤悼部；五阴部；八苦部；济难部；虫寓部；地狱部；感应缘

此篇对之所以要慈悲的原因——人生之苦进行专述。对苦之可伤可悼，苦的原因——五阴盖覆，人生的八种苦，身体为虫所寄之苦，地狱之苦等都予以了说明。

78.《业因篇》

述意部；业因部；十恶部；十善部；引证部

此篇说明佛教因果论中"因"的理论。

79.《受报篇》

述意部；引证部；受胎部；中阴部；现报部；生报部；后报部；定报部；不定部；善报部；恶报部；住处部（七识住处第一，九众生居处第二，二十五有住处第三，四十二居止住处第四）；感应缘

此篇说明佛教因果论中"果"的理论。

80.《罪福篇》

述意部；业行部；罪行部；福行部；感应缘

此篇说明以因果论为基础的罪福观。

81.《欲盖篇》

（1）五欲部：述意部；欲系部；欲障部；诃欲部

（2）五盖部：第一贪欲盖；第二嗔恚盖；第三睡眠盖；第四悼悔盖；第五疑盖

此篇解释兴造业因之五欲五盖。

82.《四生篇》

述意部；会名部；相摄部；受生部；五生部；感应缘

此篇释佛教生命观中关于出生行为的理论——四生，即众生之卵生、胎生、湿生、化生；而菩萨以其大慈力有五种出生方式：息苦生，随类生，胜生，增上生，最后生。

83.《十使篇》

述意部；会名部；迷理部；断障部

此篇解释造成因果轮回的十种生死根本，又称"十使"：身见、边见、邪见、戒取、见取、贪、嗔、痴、慢、疑。

84.《十恶篇》

（1）述意部

（2）业因部

（3）果报部

（4）杀生部：述意部；引证部；感应缘

（5）偷盗部：述意部；佛物部；法物部；僧物部；互用部；凡物部；遗物部；感应缘

（6）邪淫部：述意部；诃欲部；奸伪部；感应缘

（7）妄语部：述意部；引证部

（8）恶口部：述意部；引证部；感应缘

（9）两舌部：述意部；引证部；感应缘

（10）绮语部：述意部；引证部；感应缘

（11）悭贪部：述意部；引证部；感应缘

（12）嗔恚部：述意部；引证部；感应缘

（13）邪见部：述意部；引证部；感应缘

此篇讲述基于业报因果论对"十恶"行为的惩戒，并在最大程度上挖掘它对规范中土社会秩序的辅助意义。

85.《六度篇》

（1）布施部：述意部；悭伪部；局施部；通施部；法施部；量境部；福田部；相对部；财施部；随喜部；施福部

（2）持戒部：述意部；劝持部；引证部；感应缘

（3）忍辱部：述意部；劝忍部；忍德部；引证部

（4）精进部：述意部；懈惰部；策修部；进益部；感应缘

（5）禅定部：述意部；引证部；头陀部；利益部；定障部；感应缘

（6）智慧部：述意部；引证部；利益部；感应缘

此篇讲述修菩萨行之"六度"，即布施、持戒、忍辱、精进、禅定、智慧六种有先后顺序的行为，每种行为都分别设部，介绍其完备理论。

86.《忏悔篇》

述意部；引证部；违顺部；会意部；仪式部；洗忏部；感应缘

此篇说明了忏悔在佛教修行中的重要性以及相关仪式。

87.《受戒篇》

（1）述意部

（2）劝持部

（3）三归部：述意部；功能部；神卫部；归意部；受法部；得失部

（4）五戒部：述意部；遮难部；受法部；戒相部；得失部；神卫部

（5）八戒部：述意部；会名部；功能部；得失部；受法部；戒相部

（6）十善部：述意部；忏悔部；受法部；戒相部；功能部

（7）三聚部：述意部；损益部；简德部；忏悔部；受法部；请证部；戒相部；劝请部；随喜部；迴向部；发愿部；优劣部；受舍部；感应缘

此篇详介戒律对于修行的重要性，重在介绍居士戒、菩萨戒，从其中"五戒部"、"十善部"的述意也可看出其重在突出佛教戒律对中土社会秩序的规范意义。

88.《破戒篇》

述意部；引证部；感应缘

此篇说明破戒之害处，对象包括白衣与出家众。

89.《受斋篇》

述意部；引证部；感应缘

此篇说明持斋的福德、菩萨斋日的律仪。

90.《破斋篇》

述意部；引证部；感应缘

此篇说明僧俗二众不能遵守持斋之情况及其害处。

91.《赏罚篇》

述意部；引证部；感应缘

此篇说明与罪福行为相应的赏罚。

92.《利害篇》

述意部；引证部；感应缘

此篇说明与罪福行为相应的利害。

93.《酒肉篇》

述意部；饮酒部；食肉部；感应缘

此篇说明饮酒食肉的害处。

94.《秽浊篇》

述意部；五辛部；嚏气部；便利部；感应缘

此篇说明佛教对秽浊事物的观点。

95.《病苦篇》

述意部；引证部；瞻病部；医疗部；安置部；敛念部；感应缘

此篇说明佛教的疾病观，以及有关疾病的医药观念和其他的处理方法。

96.《舍身篇》

述意部；引证部；感应缘

此篇说明佛教信仰中的舍身行为。

97.《送终篇》

述意部；舍命部；遣送部；受生部；感应缘

此篇说明佛教如何对待死亡，且注重与中土死亡观的会通。

98.《法灭篇》

述意部；五浊部；时节部；度女部；佛钵部；讹替部；破戒部；净讼部；损法部

此篇介绍佛教关于末法时代及法灭的理论，重在介绍造成法灭的多种因素。

99.《杂要篇》

述意部；四依部；四果部；四食部；净口部；鸣钟部；入众部；求法部；衰相部；杂行部

此篇备举作者觉得重要，但在行文中未能单独设篇的内容，多为修行中的一些注意事项，包括依止什么，如何净口，以什么样的态度到大众中等，以及需要知道的一些概念，如修行过程中的四果、四种可以滋养生命的食物，生命衰颓的表现等等。

100.《传记篇》

述意部；翻译部；杂集部；般若部；兴福部；历算部；感应缘

此篇为全书最后一篇，一者记述佛教文献情况，二者记述历代崇佛帝王的佛教事业，三者以佛教事件之时间会通中土历算。

从梳理这一百篇的内容，我们看到其中的知识可约略划分为以下多个层面：

1—5篇：佛教世界观，包括对时间、空间、生命，以及"佛"的观点，来自佛教自身的知识。

6—11篇：这六篇主要介绍大乘佛教以"敬""信"为主要特征的信仰形态，对应中土的佛像崇拜以及经文信仰等实际信仰行为。

12—16 篇：这几篇介绍一些必要的具有引入功能的知识，这种介绍是以人们渐进地了解佛教为背景的，比如认识在家、出家，以及"惭愧心"的重要性，通过"讲导"来劝讲众生认识佛法，并解说师生间说法、听法的行为。

17—22 篇：这几篇转入以修行者角度认识佛教的一些问题，例如，如何认识修行者见解的不同，宿命因缘，修行者需要具备的至诚品格，如何看待神异与感通，以及住持正法的需要。

23—26 篇：这几篇侧重以佛教的态度对中土较关注的一些文化现象做解释，如"高逸"现象，"妖怪"故事，"变化"故事，以及梦文化等，以此表明佛教的态度、理论，并达到与中土相关文化现象的会通。

27—29 篇：解说佛教信仰中三项重要的行为：兴福、摄念、发愿。

30—34 篇：显然关注的是佛教作为一种信仰的表象，那些特别而具体的事物，它的服装、道具以及所使用的音乐，概而言之，就是它所使用的具体的东西。

35—39 篇：转到信仰行为方面的介绍，人们在这种信仰中做些什么，包括佛塔崇拜，佛寺信仰，舍利崇拜，供养僧人等。

40—55 篇：表明佛教与儒治社会伦理的补益功能，包括君王之道，君臣之道，儒治社会伦理的核心——"忠孝观"，以及君子心性，另外还有君子对"恩""友"的态度等层面。

56—61 篇：这几篇转入对佛教自身看待事物之眼光的说明，包括佛教如何看待眷属，佛教的几个有衡量感的概念，以及佛教怎么看待机智、愚钝、懒惰、伪诈这几种常见的人生现象。

62 篇：佛教对外道，包括中土道教的态度。

63—67 篇：这几篇以因果解释富贵、贫贱现象，且以其惩戒意义规范债务、诤讼等现象，主要表现佛教因果论对社会观念、秩序的规范作用。

68—71 篇：这几篇重在表现佛教与中土几种具有重要意义的巫术活动的关系，既表现佛教对之的参与，也注意提出佛教自身态度中不妥协的地方。

72、73 篇：园林与渔猎，或者说畋猎，都是中土贵族生活中重要的构成因素，以这些熟悉的元素为名，吸引读者的注意，阐述佛教对这两项事物的态度。

74—77 篇：这几篇内容主要探讨佛教的重要理念——慈悲，慈悲的理念，慈悲的具体行为，以及人生之苦，等等。

78—84 篇：这几篇皆为介绍佛教业报因果论，在知识选取中尤为注意业报因果论对中土社会秩序的辅助意义，主要内容包括业报因果的基本理论，与其相关的罪福观、四生、十使以及十恶惩戒。

85—92 篇：转入对修行过程中注意事项的关注，最为重要者当然是菩萨修行之六度，所占篇幅亦广；其次是对受戒、持戒的关注，并在其中明显流露出以戒律辅助社会秩序的意图，另外还有斋戒事项，以及对赏罚、利害的一再辨明。

93—97 篇：佛教如何看待酒肉、污秽、疾病、死亡等现象，附带说明佛教的舍身行为。

98、99、100 篇：这末尾的三篇，各自设意，来做收尾的工作。98 篇介绍佛教很特别的一个理念——"法灭"，99 篇收入未及设部却又值得重视的其他一些事项，100 篇介绍佛教典籍的形成情况以及帝王对佛教发展的功绩，佛教时间与中土历算的会通。

从我们对《法苑珠林》内容的梳理来看，我们看到其内容编撰的一大特点便是层面丰富，其中，有涉及佛教总体信仰形态的层面，有兼顾中土祭祀文化的层面，有兼顾中土巫文化的层面，有兼顾中土核心伦理的层面，有辅助调整中土社会秩序的层面，有针对修行注意事项的层面，有佛教自身理念的层面，又有涉及佛教对一些事项的理解。一方面作者力图最大程度地展现佛教文化与中土文化的会通；另一方面作者编撰时预设的阅读对象是时时转换的，尽可能照顾到更多层面的人群，太过深奥的知识，如佛教的唯识理论，除了在个别事项的介绍中有所体现外，编撰者几乎没有进行专门的设章。

由于编撰者展现的文化切面是多重的，笔者的研究不可能面面俱到，故而选取几个在佛教文化与中土主流文化沟通中最主要的切面，包括佛教与祭祀间的关系，佛教对中土几项重要的巫术行为的态度，佛教与儒治社会伦理间的沟通，以及佛教因果论对中土报应论发生的转化作用。另外，由于其文化切面的丰富性，以及编撰者明晰的文化展现意图，对佛教文化现象的一些专项研究也可以从中得到资料的旁证，本书最后一章即以《法苑珠林》为佛教音乐中国化研究提供的空间为此类研究作引玉之功。

第二章 被祭祀的佛陀
——《法苑珠林·祭祠篇》研究

第一节 祭祀在中土

一 中土祭祀活动的重要性

早期历史中的祭祀，有学者把其归属于"原始宗教"，有学者把其归属于"早期巫术"；儒学整顿后的祭祀活动，学者亦有把其归属于"国家宗教""儒教"之不同。不管怎样，祭祀作为早期人类普遍应用的巫术之一，在世界许多国家都有应用，但其对于中国文明及伦理产生的影响力却是独特的。

中国的祭祀活动起源很早，有规模和秩序的祭祀活动在殷商时便已出现，且从祭祀中，人们初步得到了家庭和国家的概念。殷商人所祭的神灵有："帝"（天）、日、月、风、云、虹、四方之神以及大地上的诸神等。除了这些神秘力量，殷商人还将祖先祭祀发展出一套不同规格的祭祀礼制，从平民到王室，祭祀制度等级有差，呈现出人们意识中的社会秩序，而且神秘力量与祖宗先妣之灵逐渐结合，与上天主宰者的关系渐渐集中到王一人身上。[①] 学界普遍认为，殷人对于鬼神是敬信其命的，他们初步获得了秩序感，但尚未对秩序进行进一步思考。

由祭祀而礼乐是在西周完成的，西周的祭祀活动开始摆脱原来单纯的"事神保民"的巫术范畴，体现出行政功能，形成了"祭祀国家"，周

---

① 陈梦家：《殷墟卜辞综述》，中华书局 1988 年版，第 561—562 页；郭沫若：《先秦天道观之进展》，见《郭沫若全集·历史篇》第 1 卷，人民出版社 1984 年版，第 321—329 页；葛兆光：《中国思想史》，复旦大学出版社 2010 年版，第 20—30 页。

人的分封其实是祭权的分封，且提出了"德"是成为诸侯的标准。"德"在周人天命观中得到凸显，"天"无论是奖赏还是惩罚，都视人的道德状况而定。① 周人祭祀活动非常整饬，从《周礼》中我们看到，周人祭祀天神（天、五帝、日月星辰，风雨寒暑）以展现帝廷组织的政治功能，祭祀地祇（地、社神，后稷，山川）以酬谢天然资源，祭祀人鬼以示亲亲之人伦，且这一系统的祭祀活动是结合《月令》而开展的。② 从祭祀仪式最大限度地挖掘象征性，这就是礼乐。章群先生在《唐代祠祭论稿》一书中说："论者谓中国文化以礼乐为中心，不知礼乐之起，源于祭祀，然则祠祭岂告朔之饩羊哉！"③

祭祀奠定了礼乐，礼乐的崩坏和重制又迫使人去思考人和礼乐之间的关系，礼乐是代表天道的，由此又必须思考人和天道之间的关系，在思考中产生了轴心时代的重要思想。一般认为，与祭祀联系最密切的就是儒家。虽然对儒者起源的论证至今尚无定说，但儒者对仪式之"礼"的思考，以及从之推求"德"，则是众所承认的事实。关于战国时代产生的另一种重要的思想——道家，则有"儒道同源"之说，但究竟如何同源，意见并不相同，如王葆玹先生就认为老子的思想也是立足于丧礼而来的④，孔子的思想是立足于祭礼而来，由祭礼展开而从事政治。丧礼亦包含于广义的祭礼，这两者是统一的，儒道两家的源头也是统一的。而按照葛兆光先生的意思，道家的知识基础乃是史官所掌握的天文历算知识⑤，而史官正是周代祭祀活动中"祝""史""宗""巫"的职能分化的结果，仍是根源于祭祀，从这个意义上讲，也是同源的。墨子一系的思想虽然表现为反对礼乐，但其产生不能不说与祭祀相关。阴阳五行及神仙方术的从事者也是出自祭祀，并产生了众多神祇，即道教众神的原型。不管怎样说，轴心时代的重要思想都或多或少地和祭祀有着千丝万缕的联系。

汉代发生的一件最重大的事情，可谓儒学与祭祀的重新结合。时至汉

---

① 吾淳：《中国哲学的起源》，上海人民出版社 2010 年版，第 248 页。

② 林素英：《〈周礼〉祭祀系统在思想史上的意义》，载《齐鲁文化研究》第 8 辑，第 118 页。

③ 章群：《唐代祭祠论稿》，学海出版社 1996 年版，第 8 页。

④ 参考王葆玹《黄老与老庄》，中国人民大学出版社 2012 年版，第 12 页。

⑤ 参考葛兆光《中国思想通史》，复旦大学出版社 2004 年版，第 111 页。

代，由于国主家源楚地，本尚巫风，社稷初定，思想并未大统，祭祀的掌握者仍然是思想与知识的掌握者，再加上西汉初期以黄老之学治国，以阴阳五行历算为知识基础的黄老之学与鬼神祭祀是具有亲和力的，于是历史记录中，从皇帝到平民都热衷于鬼神，汉武帝尤敬鬼神之祀，许多诸侯王都崇信祭祀，民间也是"财尽于鬼神，产匮于祭祀"①。混乱的祭祀状况当然是儒学在努力成为国家意识形态的过程中需要规范的，也正好可以显示儒学通过规范祭祀而规范天下的能力。儒学在祭祀方面的规范主要体现为：宗庙祭祀方面皇帝逐步收回主祭祖宗的祭权，废除郡国祖庙，以巩固中央集权；祭祖中兼顾功德与血统，加强宗法等级和继承制度；减少烦费，使宗庙之祭易于保持和继续；郊祀方面对"应礼者"和"不应礼者"加以区分，罢除杂乱的祠祀。② 几经反复和深化，直到东汉光武帝时期，终于出现了完全符合《礼记》的宗教观的儒家祭祀体系。这一过程，也是阴阳五行、方术灾异和儒学的经纬的互动过程。从一个角度看，是儒学整顿了祭祀，从另一角度看，祭祀也融入了儒学，使之成为"儒教"，孔子也成为祭祀的神祇，阴阳五行观念成为规范祭祀制度的重要思想因素。儒学整顿祭祀之后，谶纬所诞生的庞大的神祇系统大部分被道教融合。从这个意义上讲，儒教和道教两大本土宗教，竟是来自精英思想与"祭祀"行为的不断整合，难怪在韦伯看来，中国人的信仰附着于所有与祭祀发展有关的巫术里。③

回顾祭祀从殷商到汉末在中国文化发展中所扮演的角色，我们大致得到这样一个印象："祭祀"产生了中国民族宇宙观中的秩序感，对秩序的反思又产生了思想，思想与祭祀行为之间的整合产生了中国本土的宗教，老子与孔子既是导师，又是神灵。祭祀对于中国文化的重要性可见一斑。

---

① "会稽俗多淫祀，好卜筮，民一以牛祭。巫祝赋敛受谢，民畏其口，惧被祟，不敢拒逆。是以财尽于鬼神，产匮于祭祀。"见（东汉）应劭撰，王利器校注《风俗通义校注》，中华书局1981年版。

② 参考钟国发《汉帝国宗教的儒化改革》，《福建论坛》（人文社会科学版）2001年第2期。

③ 参考［德］马克斯·韦伯《中国的宗教、宗教与世界》，康乐、简惠美译，广西师范大学出版社2004年版，第62页。且韦伯说："帝国君主同时也是最高祭司的这个事实，是中国与西方的神圣罗马帝国的分野所在。"见其所著的《中国的宗教·儒教与道教》，康乐、简惠美译，广西师范大学出版社2010年版，第57页。

二 对待鬼神理性态度的出现

祭祀仪式不断确立其象征意义的过程中，人们对待鬼神态度的不断改变，且出现过较为理性的路线。

我们看到，中国人好"神"泛"神"，天、地、日、月、山川、祖灵……凡在想象中能够成为超越性存在的，在中国，都很容易地获得了"神"的地位。最初，人们祭祀这些神灵，为了得到福祉。这些神灵有赐予罪福的能力，人们要通过侍奉它们，得到自己想要的。

而当"德"观念产生之后，"神"的赐福能力某种意义上就已经减弱了。比如春秋战国的祭祀，虔敬之外，"民"的主导地位加强，对"德"的强调也加强，在各诸侯国言论中都有体现，如"非德，民不和，神不享"。(《左传·僖公五年》)[1] "所谓道，忠于民而信于神也。上思利民，忠也；祝史正辞，信也。"(《左传·桓公六年》)[2] "夫民，神之主也。古代圣王先成民而后致力于神，民和而神降之福。"(《左传·桓公六年》)[3] "国之将兴，明神降之，监其德也；将亡，神又降之，观其恶也。故有得神以兴，亦有以亡，虞夏商周皆有之。"(《左传·庄公三十二年》)[4] "国将兴，听于民，将亡，听于神。神，聪明正直而壹者也，依人而行。虢多凉德，其何土之能得?"(《左传·庄公三十二年》)[5] "无益也，祇取诬焉，天道不谄，不贰其命，若之何禳之? 且天之有彗也，以除秽也，君无秽德，又何禳焉? 若德之秽，禳之何损?"(《左传·昭公二十六年》)[6] ……大量的言论都表明，"德"是第一位的，"神"也是依人德而行动。人们倾向于从鬼神获得的，是一些参考性意见，而非绝对性的指令。鬼神在人们心中代表一种象征性的秩序，并没有实际的权利。

---

① (周) 左丘明传，(晋) 杜预注，(唐) 孔颖达正义：《春秋左传正义》，北京大学出版社 1999 年版，第 344 页。

② 同上书，第 174 页。

③ 同上书，第 175 页。

④ 同上书，第 299 页。

⑤ 同上书，第 300 页。

⑥ 同上书，第 1478 页。

　　鬼神决定能力的减弱，还在诸子的思考中表现出来。关于诸子鬼神观的研究观点不尽相同。如孔子的不谈鬼神，但是"祭如在"，有研究者认为孔子是怀疑否定鬼神的①；也有研究者认为孔子是用另外的方式承认鬼神，不仅肯定鬼神，而且非常崇信②；也有人持中和态度，认为孔子只是用"祭"来作为秩序的象征③。对于墨子对待鬼神的态度，研究者们普遍认同墨子是大力提倡鬼神的，但是提倡的目的，不是宣扬鬼神的能力本身，而是以之来惩恶扬善④；也有学者进一步阐发，认为墨子本身也是鬼神的怀疑论者，只不过在那种大环境之下，以提倡鬼神来表达自己的政治主张⑤。对于老子的鬼神观，学者大多认同他"自然天道"的哲学高度超越取代了天命鬼神观；而庄子直接提出了"道"是永恒的万物之源，鬼神无法与之相比，他描述过符合至道的神人，而这种神人只是道的体现，不仅不需要祭祀，而且根本无意于祸福。荀子与韩非都是明确提出反对事鬼神的，但是作为儒者的荀子并不反对祭祀，他认为：

　　　　祭者，志意思慕之情也，忠信爱敬之至矣，礼节文貌之盛矣，苟非圣人，莫之能知也，圣人明知之，士君子安行之，官人以为守，百姓以成俗，其在君子，以为人道也，其在百姓，以为鬼事也。⑥

　　关于诸子鬼神观虽然观点不一，但是或许可以说，在春秋战国时期非常崇信鬼神的大环境中，诸子对于鬼神所发展出的正是一种更为理性的取向，比如我们可以将孔子的鬼神观理解为：他关心的只是鬼神存在对于秩序的象征性，而非鬼神本身的特点、能力，而且我们看到荀子明确否定鬼神的存在，但同时承认祭祀礼仪的重要。

　　虽然将这些称作"无神论"显得有些牵强（笔者也不认同这就是

　　①　晁福林：《春秋时期的鬼神观念及其社会影响》，《历史研究》1995 年第 5 期。
　　②　朱俊艺：《孔子天命鬼神思想研究》，博士学位论文，上海师范大学，2010 年。
　　③　陶思炎：《论先秦诸子的鬼神观》，《史学月刊》1990 年第 1 期。
　　④　多篇文章都持此观点，如陶思炎：《论先秦诸子的鬼神观》，《史学月刊》1990 年第 1 期；傅海滨：《春秋战国时期的鬼神观念研究》，硕士学位论文，陕西师范大学，2006 年。
　　⑤　徐克谦：《论孔墨的天命鬼神观》，《南京师范大学学报》（社会科学版）1986 年第 1 期。
　　⑥　（清）王先谦，沈啸寰、王星贤点校：《荀子集解》，中华书局 1988 年版，第 376 页。

"无神论"），但最起码，它与鬼神决定论的思想并不相同，却和印度佛教对鬼神的态度有相似之处——给鬼神一个安放之处，但对它们的能力不作推崇。只是到了汉代，祭祀不再仅仅是秩序的象征，而是象征着权力；新产生的鬼神也不再像从前的鬼神那样无为，而是重新具备了警示，赐予祸福的权力。当时人们似乎活在鬼神之权的阴影下，而鬼神调控的社会却并没有给人带来任何幸福，王充《论衡》之无神论的观点就是在这种情况下提出的。

第二节　佛教初传中国的介质与问题

一　契合的介质

佛教初传时采用"祭祀"的形式，这是学界之共识，本书毋庸再述，不过还应该注意到其与祭祀结合的两种介质。

其一为佛像。佛像的出现本身便受"神像"的影响，打破了佛陀禁止为其塑像的规定，也带来佛教思想的重大变化。"情感之象教盛，雄浑朴质之风失，而后即情以达智，即智以化情，情智融合之大乘，亦应时而兴。佛教既陈，一则求其丽饰，一则望其呵护，思想为之一变，浸渐而流为神鬼之崇拜，此岂创始者所及料耶？"[1] 公元 1 世纪前后，佛教初传中国，中国本土的造像艺术亦颇为成熟，亦可看到中国人按照本土神灵的模样来塑造佛陀。[2] 可见，在汉晋期间，以佛像为介质将佛陀植入中国本土的神灵体系也是条件成熟的结果。

其二为罪福观。中国本土对待神灵的心理本自是"追寻一己之福"[3]，此种罪福的基础，一为神灵的罪福能力，一为中国本土的善恶观。公元 1 世纪前后的佛教，也发展出了罪福的观念，不过佛教罪福的逻辑基础是"因果"。虽然两种罪福观的根本逻辑并不相同，但人们获知了对佛像进行祭祀能够获福的讯息，并开始祭祀佛像。罪福观也是一种重要的内心观念性的介质。

---

① 印顺法师：《印度之佛教》，中华书局 2009 年版，第 125 页。
② 何志国：《论汉晋佛像的佛神模式》，《艺术考古》2007 年第 3 期。
③ 蒲慕州：《追寻一己之福——中国古代的信仰世界》，台北允晨文化公司 1995 年版。

二　调整的必要性

借助两种介质，佛教成功地植入了中国的神界。但佛陀不可能永远被当作一个神灵，那样的话，佛教所提供的解脱之道将会毫无作用；佛教认为要获得解脱，重要的不是信奉佛陀这位"神灵"或其他神灵，而是了解佛教的义趣，借以明了真谛。佛陀被植入中国的神界后，随之调整也势在必然。

佛教是在众神昌盛的印度产生发展的，虽然大乘时期的佛陀形象充满了神异特征，但对于鬼神、佛陀、福报、因果之间的关系，是处理得很清楚的：首先，鬼神无权于祸福；其次，鬼神也只是众生的一种，连梵天也从佛陀那里听取教诲①；最后，佛陀亦无权于祸福，改变祸福的是善力与业力，佛陀也不例外。当佛陀应邀去治疗疫病时，使疫病退却的，是佛陀已经觉悟的善力②。

如何让人们明了佛陀并非一位神灵，而是一位导师；福报并非来自对佛陀的信仰，而是来自因果本身；以及它那形似祭祀的"供养"，与"祭祀"其实小心地存留着不同，这都是调整所需要达成的目的。

三　调整的过程、限度、结果

中土对"祭祀"的强大需要，使得对佛教的认识，深受"祭祀"活动及其背后"神"观念的巨大牵制。观念上，佛教较为被动地加入了"形"与"神"的论争，站在了支持"有神"的一方；实践中，佛教主动地参与国家祭祀与民间祭祀，以使自己能够在祭祀文化中充分地立足。

---

① "我们读了那么多经文，已经非常明白了，在宇宙或轮回中（或在它之外），像佛陀所描述的，根本没有什么神灵介入的余地。宇宙的演即即是按照因果律，自然律的演进。……天神也都像人类一样服从支配众生生死的自然律……然而佛陀还是接纳诸神和天帝到他的宇宙纲领中去，与顺世论相反，顺世论完全拒绝这一批神众……佛陀对上帝（大梵天）的态度再也不需要多讲了。他一点也不异于其它众生……正确的结论似乎是佛陀对婆罗门的或当日流行的通俗概念作了一些让步，承认某部分的真实性，承认它们是根据前生当神的回忆而得来的，但是绝对否认神在本质上异于人类，具有创造和控制宇宙的能力。它们也许存在，但像人们一样服从自然律。"［英］渥德尔：《印度佛教史》，王世安译，商务印书馆1970年版，第140—141页。

② 如《佛说除恐灾患经》中佛陀治疗维耶梨国的疫病。见《大正藏》卷17。

（一）"形神之辨"对佛教与鬼神关系发生的影响

1. "形神之辨"的最初

提起"形神之辨"，给人的印象是佛教参与甚深，但需要注意的是，"形神之辨"是由王充提出"神灭无鬼"的观点开始的。而此观点的提出其实是中国本土思想的一次调整，当时谶纬过于昌盛，民生又十分恶劣，在王充作《论衡》对天人感应的神学系统提出异议的时候，佛教远不是当时文化生态的主角，也并不是神灭论所针对的对象。

王充当然不是一个现代意义上的唯物主义者，但他之批判"神"之指向还是很根本的：一者，他反对了祭祀；二者，他反对了天的权威。不过王充的神灭论显然没有沿着先秦诸子的理性路线继续，他站到了与鬼神二元对立的立场。在他那里，"神"也并非没有，只是不能独立存在，"阴气主为骨肉，阳气主为精神"①，"人死精神升天，骸骨归土"②，精神必须与骨肉相依才能够表现，分离即不能起任何作用。

王充其实期待的是一个以人来调节的社会，反对神的绝对权威；而其弱点是没有为世界找到秩序的依据，而是将道德归于温饱，将治乱归于偶然，后来的神灭论者也再没能超越他。另外，他给"形神之争"奠定了一种二元对立的基调，使得后来的争论再也未能圆融，先秦诸子的理性路线再也未能得到发展。

2. "形神之辨"中佛教的表现

佛教是在一种被动的情况下加入论争的，《牟子理惑论》中问者以孔子不说鬼神来质疑，牟子用儒者同时重视祭祀来回答，等于从正文两面论述了儒者对鬼神的态度。《牟子理惑论》里中土佛教尚以佛为神，不过已具有轮回观念，为了证成轮回，故而反对"无神"，反对道家的成仙之路。

但佛教鬼神观与中土鬼神观的矛盾之处并非简单的有神无神可以概括，中土的鬼神有权力，但无轮回，而佛教中的鬼神是众生的一种，处于轮回当中，且没有罪福的权力。对于人死之后的"神"，佛教也有完备的唯识理论，而非中土观念中的"灵魂"。但当时加入了论争的佛教，自身

---

① 王充：《论衡·订鬼》，《论衡校释》，黄晖校释，中华书局1990年版，第931页。

② 同上书，第871页。

亦处在不断更新的过程中，且因为王充奠定的二元论基调，使得辩论双方都纠结在"有神"还是"无神"的问题上，此后的辩论也仅在"有无"层面展开，佛教再也没有能够在辩论中真正说明自己的"神"观念。

中国佛教对自己的鬼神观在相当长一段时间内都无正确的认识，罗含的《更生论》竟然是以类似"能量守恒"的观点驳斥无神论者的。

到了慧远的《形尽神不灭》，也仍然认为"神"有，不过是一种极其灵妙的实体：

> ……夫神者何耶？精极而为灵者也。精极则非卦象之所图，故圣人以妙物而为言，虽有上智犹不能定其体状，穷其幽致，而谈者以常识生疑，多同自乱，其为诬也，亦已深矣！将欲言之，是乃言夫不可言，今于不可言之中，复相与而依俙。神也者，圆应无主妙尽无名，感物而动假数而行，感物而非物，故物化而不灭，假数而非数，故数尽而不穷。有情则可以物感，有识则可以数求。数有精粗，故其性各异，智有明暗，故其照不同。推此而论，则知化以情感，神以化传，情为化之母，神为情之根，情有会初之道，神有冥移之功，但悟彻者反本，惑理者逐物耳。①

慧远的"神"已有些类似如来藏我的概念，不同的是，他认为"神"同时也是情欲的种子，既有其智慧也有世俗性的一面，从而导致了生命的流转。何承天与颜延之的辩论并未超越慧远的逻辑，直到其徒宗炳的《明佛论》，才有了对唯识的掌握，且在"神"的概念上加以调整：

> 神也者，妙万物而为言矣。若资形以造，随形以灭，则以形为本，何妙以言乎？夫精神四达……皆与下愚同矣。②
> 无生则无身，无身而有神，法身之谓也。③
> 今心与物交，不一于神……皆心用乃识，必用用妙接，识识妙

---

① （晋）慧远：《沙门不敬王者论·形尽神不灭》，《大正藏》卷52，第31页下。
② （晋）宗炳：《明佛论》，见《弘明集》卷二，《大正藏》卷52，第10页上—中。
③ 同上书，第10页下。

续，如火之炎炎相即而成焰耳，今以悟空息心，心用止而情识歇，则神明全矣。则情识之构，既新故妙续，则悉是不一之际，岂常有哉。①

　　伪有累神，成精粗之识……渐之以空，必将习渐至尽，而穷本神矣。②

　　宗炳区分了神与识，相续的是"识"。"神我"的概念基本确定下来。方立天先生评价说：印度佛教的一个基本观点是"人无我"（人空），慧远则强调有"人我"（神），否定"无我"说，这就使佛教学说从印度重"空"转移到华夏文明重"实"的思想上来，从佛教中国化的过程看，这一转变具有重要的理论和现实意义。

　　不过这一时期关于形、神的辩论多是自发的，并不都是针对佛教展开的，佛教只是论者之一。另有一些论者提出的无神论是针砭现实的，如鲍敬言的《无君论》和《无神论》，成公绥以及鲁褒的《钱神论》。佛教在这段时间内对"有神"的支持，也间接削弱了这种批判现实性的思想。而对于佛教来说，虽已建立了超越性的"神我"，但此"神我"并不等于彼"鬼神"，在有神无神二元对立的前提下，它站在了"有神"的一方，对"神"的概念的调整也不能够改变"有神"的立场。

　　齐梁之际，形神之辨转化为佛教与反对佛教两方针锋相对的辩论，此时"神"与"业报因果"绑定在一起被无神论者反对，范缜在这场辩论中最大的成功在于他改变了形神之争的方向。这个方向的改变取决于他的"形质神用"说，而非从前的"形神二气"。范缜的《神灭论》一出，形神之争就已经转向，由一个神学问题变成了一个纯粹的自然科学（包括医学）的问题。他的论敌此后不得不沿着他设定的范围去讨论，这使他获得了主动。但这场空前规模的辩论并没有再进一步建构佛教对"神"的观点，只是为形神之争开拓了更多的角度。

　　在范缜与佛教一方的论辩者曹思文的论辩中，又出现了和《牟子理惑论》中同样的情况，双方以儒家对待鬼神的含混态度相驳的情况。我

---

① （晋）宗炳：《明佛论》，《弘明集》卷二，《大正藏》卷52，第11页上。

② 同上书，第11页中。

们看到，从开始到最后，儒家经典中对待鬼神的含混态度被辩论双方一用再用，由于二元对立的辩论基点的预设，再没有得到圆融，也限制了辩论所能到达的深度。佛教由于支持了鬼神的存在，也不再有空间解释鬼神的形态，其建立的"神我"概念，也势必使人们很难调整佛陀为神灵的印象。今天的我们做个大胆的假设，如果中国佛教是在自我认识已清晰的时候进行这场辩论，也许能够找到更巧妙圆融的途径。

（二）佛教与"祭祀"活动的多重关系

1. 佛教与国家祭祀

（1）宗庙祭祀中的蔬食改制

国家祭祀自汉代具备国家宗教性质以来，其彰显的家国意识在汉民族的国家建立中成为一种固定传递，其具体礼制也成为后世则仿的依据。在这个严密、审慎、充满象征意味的庞大祭祀系统内，除了神灵体系有时会与民间信仰的神灵有所互动外，根本没有给佛教留下任何空间。汉魏佛教传入日浅，自然影响不到这个祭祀系统，翻开《晋书》的《礼志》，也没有佛教的痕迹，正全力进行着义理和伦理的中国化的佛教，还没有达到能对国家祭祀发表意见的位置，但是这一时期的佛教以慧远为首的僧团达成了两个重要的目标——沙门不敬拜皇帝，以及沙门袒服。这就等于将佛教独立于儒礼之外，不受国家祭祀所象征的礼制的制约。

时至南朝，佛教之不赞同血祀先影响到个人祭祀；继而在梁武帝时期影响到宗庙祭祀，天监十六年梁武帝下诏宗庙祭祀用蔬果；后扩展到天地二郊祭祀，可以说是佛教影响国家祭祀的重大事件。[①]

这里还要对佛教斋戒的行为作以说明。虽说中国佛教素食的规定始自梁武帝，但佛教本也提倡"斋戒"，《牟子理惑论》中即有"佛道以酒肉为上戒"的认知，《梁书》《隋书》《南史》都有记载。夏德美分析得也较为中肯：宗庙与天地二郊祭祀不用血祀一事事关重大，议程烦琐，先由皇帝提议，后由八座奏议，再由皇帝下诏，又有左丞参议，还有其他官员的议论。为蔬食祭祀所作的辩护，与每一次佛教参与的论争相同，除运用

---

① 夏德美的《南朝祭祀与佛教》一文对此事件有较详尽的分析，她将官方记载与佛教史记载分开来对这次改制事件进行分析，史料搜集方面也较为完备。见《青岛大学师范学院学报》2012年第2期。

佛教自身的理论外，不免化用儒家的观点，以显示佛教与儒家传统不相违背。

佛教史记述的天监祭祀改制则较为详细：《广弘明集》卷二十六《断杀绝宗庙牺牲诏》和《断酒肉文》；《佛祖统纪》卷三十三记载"改祭"一事；《佛祖统纪》卷三十七记载："十六年，敕太医不得以生类为药，郊庙牲牷皆代以面，宗庙荐羞始用蔬果。"①"述曰：祭天地祀宗社，必杀牲以备物……惟梁有武皇、魏有献文，敕郊庙祭祀不用牲牷……"②

佛教史料较为详尽的记载更加凸显了正史所载改祭蔬食的繁难性，从中亦可看出在佛教地位较高的梁代，佛教试图影响到儒教之国家祭祀的意图。蔬食表面上看起来并未对国家祭祀系统作以改变，实则却通过佛教的方式将宗庙、天地二郊都纳入斋戒，没有改变儒教的祭祀系统却调整了其方式，影响力是不可低估的，遭遇朝臣反对也是必然。宋沙门释志盘的评价颇可表现改制的内涵——天帝尚知事佛，人们更应该事佛。南朝蔬食祭祀的影响并未持续多久，陈代的宗庙天地祭祀又开始用牲，不过佛教在国家祭祀中提倡蔬祭的努力，后世仍然持续。

（2）从竺道爽《檄太山文》看佛教对山川祭祀的态度

另外，佛教对国家祭祀改制中未涉及山川诸祀也是值得讨论的一点。夏文认为"山川诸祀应该主要指民间祭祀"，笔者以为，"山川诸祀"仍是指正典中的山川神灵，只是山川神灵很多同时兼有国家祭祀和民间祭祀的性质（如泰山神就是官方民间并行的），山川神灵所掌管的"风""雨"，如若有违，易起民怨，"难期正直"③ 就含有这样的意思，佛教对国家祭祀的改制中暂不涉及山川祭祀也确是改制量力缓行之义。

竺道爽《檄太山文》对泰山神进行了批判，其批判对象并非泰山正神，而是"假东岳之道，托山居之灵，因游魂之狂诈，惑俗人之愚情"

---

① 《佛祖统纪》卷三十七，《大正藏》卷49，第349页中。

② 同上书，第349页下。

③ "其山川诸祀则否，乃敕有司曰，近以神实爱民，不责无识，所贵诚信，非尚血膋，凡有水旱之患，使归咎在上，不同牲牢，止告知而已，而万姓祈求，诸巫为事，山川小祇，难期正直，晴雨或乖，容市民怨，愚夫滞习，难用理移，自今祈请报答，可如俗法所用，以身塞咎事自依前。"梁武帝：《断杀绝宗庙牺牲诏》，《广弘明集》卷二十六，《大正藏》卷52，第293—294页。

的假冒者。

第一，在竺道爽所批判的泰山神之外，他还设置了一个神道自然的"泰山正神"的形象。这个"泰山正神"秉道清虚，神道自然，是符合佛教的鬼神观的。

第二，他所批判的泰山神，既指向官方祭祀的泰山，又指向民间祭祀的泰山。作为民间祭祀的泰山，此神与阎罗王抢了地盘；作为官方祭祀的泰山，此神毫无征验。

经刘凌教授考证，此文当作于东晋末年，可能为晋安帝义熙十一年（415）。此文底气十足，当时由于佛教阎罗王与地狱思想在传播中已成功植入泰山，其矛头不仅指向民俗道教，也指向国家祭祀，不可谓不尖锐；其所设置的正神形象符合佛教的鬼神观。但"泰山"毕竟只是一个特例，它显示了佛教有将享受血祀的山川诸神推翻并结合道家思想另立正神的可能性，而对于宗庙、天地祭祀尚远未触及。由于作者处于"末流"，"备阶三服"，中国传统的泰山信仰又根深蒂固，此文也并未引起大的反响。

此文值得注意的是其中刻画的正神形象。

正神的诞生：

> 盖玄元创判二仪始分，上置璇玑则助之以三光，下设后土则镇之以五岳，阴阳布化于八方，万物诞生于其中。是以太山据青龙之域，衡霍处诸阳之仪；华阳显零班之境，恒茷列幽武之宾；嵩崎皇川之中，镇四渎之所坟。此皆禀气运实，无邪之秽；神道自然，崇正不伪；因天之覆，顺地之载；敦朴方直，澹然玄净……①

东岳正神的地位：

> 夫东岳者，龙春之初，清阳之气；育动萌生，王父之位；南箕北斗，中星九天；东王西母，无极先君；乘气凤翔，去此幽玄；澄于太素，不在人间；荡消众秽，其道自然。②

---

① 竺道爽：《檄太山文》，《大正藏》卷52，第91页中。
② 同上书，第91页中—下。

道爽还运用《零征记》《枕中诫》中对正神、非正神的描述来证明目前的泰山神不是正神，真正的泰山神应该是：

又五岳真神则精之候。上法璇玑下承乾坤。禀道清虚无音无响。敬之不以欢。慢之不以戚。千誉万毁神无增损。①

这种禀道清虚神道自然的正神境界与庄子中无为无不为的神人很像，也符合佛教在"形神之辨"中建立的"神本至虚"的概念。

（3）国忌行香与明堂政治

回顾晋唐佛教对国家祭祀的影响，我们看到佛教要想从根本上去触动国家祭祀基本上是不可能的，即使在帝王极其崇佛的梁朝，帝王也绝不会放弃祭祀之象征的儒教教权，而只是非常审慎地进行了一些改革。但在那个思想异常活跃、高僧辈出的年代，佛教在与传统礼制相处的过程中其实也一直在很积极地给予祭祀以影响，唐代的"国忌行香"是另一种佛教积极影响的祭礼。

国忌是中国古代为已故帝、后、太子举行的忌日追念活动，而行香是佛教特有的仪式，指佛事斋会中，由法师和主斋者持香炉绕行坛场中，或引导仪仗巡行街市，也泛指燃香、上香、拈香。由朝廷来举办行香法会，从北魏就有②，但是唐代将国忌与行香结合起来，佛教由国忌活动深入地参与到国家正典中。关于唐代"国忌行香"已有梁子《唐人国忌行香述略》③，严耀中《从行香看礼制演变——兼析唐开成年间废行香风波》④，以及章群《唐史札记》中的《国忌与行香》⑤ 等专篇文章的系统探讨。在国忌祭奠活动中举行行香仪式的时间，学者较为认同的是贞观二年。国忌行

---

① 竺道爽：《檄太山文》，《大正藏》卷52，第91页下。

② （宋）程大昌《演繁露》卷七载："东魏静帝常设法会，乘辇行香，高欢执炉步从。"并指出："以此见行香只是行道烧香，无散香末事也。"《文渊阁四库全书·子部》第852册，商务印书馆2005年影印本，第122页。

③ 梁子：《唐人国忌行香述略》，《佛学研究》2005年第1期。

④ 严耀中：《从行香看礼制演变——兼析唐开成年间废行香风波》，见其《晋唐文史论稿》，上海人民出版社2013年版。

⑤ 章群：《国忌与行香》，见其《唐史札记》，（台北）学海出版社1989年版。

香有严格的斋会程序以及宫廷礼仪，文宗朝由于崔蠡上奏反对，认为其无儒家根据，而一度废除，但不久又恢复，贞元五年（789）以后，德宗皇帝敕令在所有上州进行，成为全国性的礼拜活动。"与一般斋会不同之处在于，国忌行香是国家级的带有鲜明国事政教性质兼有佛事特点的活动。我们推测，在名僧斋会仪式的基础上，必然要增加不少带有教化目的的程序，例如宰臣跪焚香，僧人表述孝思，回述祖先违世之事，都是必不可少的。"①

　　国忌行香之外，武后又有修建明堂一事，颇为可述。虽此事在道世修撰《法苑珠林》之后，但毕竟相隔未远，可同作为佛教影响国家祭祀的体现，并说明文化的进程。明堂本为国家祭祀的重要场所，而武则天完成修建明堂的巨大工程后，在明堂的后面，修建了一座佛教庙宇，"时则天又于明堂后造天堂，以安佛像，高百余尺。始起建构，为大风振倒，俄又重营，其功未毕，证圣元年，正月丙申夜，佛堂灾，延烧明堂，至曙，二堂并尽。"② 于明堂后兴建佛堂且二堂并尽于火一事，引发了多位大臣的婉谏，他们认为在明堂这么重要的地方兴建过高的佛像，"既僻在明堂之后，又前逼牲牢之筵，兼以厥构崇大，功多难毕。立像弘法，本拟利益黎元，伤财役人，却且烦劳家国。承前大风摧木，天诫已显，今者毒炎冥炽，人孽复彰。圣人动作，必假天人之助，一兴功役，二者俱违，厥应昭然，殆将源此"③ 武则天于是重新修建明堂，《旧唐书》记载此次修建之武后将其名为"通天宫"。④

　　蔬食祭祀、国忌行香以及明堂政治，相比起来，只有国忌行香的影响力较为持久，概因国忌虽为国家正典，但与宗庙、天地之祀相比，所承担的政治象征较少，主要表达敬意与怀念，而佛教行香仪式的肃穆庄严可使国忌更能体现"孝"思。除这些以外，佛教还以求雨活动深入地参与到国家祭祀当中，后文对《求雨篇》的探讨中将有详细讨论。

---

① 梁子：《唐人国忌行香述略》，《佛学研究》2005 年第 1 期。

② （后晋）刘昫等：《旧唐书·卷二十二·志第二》，中华书局 1975 年版，第 865 页。

③ 同上书，第 866 页。

④ "则天寻令依旧规重造明堂，凡高二百九十四尺，东西南北广三百尺，上施宝凤，俄以火珠代之，明堂之下，环绕施铁渠，以为辟雍之象，天册万岁二年三月，重造明堂成，号为通天宫，四月朔日，又行亲享之礼，大赦，改元为万岁通天。"（后晋）刘昫等：《旧唐书·志第二》，中华书局 1975 年版，第 867 页。

2. 佛教对民间祠祀的态度

（1）佛教与民间废祀

与佛教对国家祭祀多方小心地参与和触动不同，佛教对民间祠祀的态度是直接将这些不在正典的民间神灵收归佛教。我们从《高僧传》释法度、释法安、释昙邕等人收服老虎、山神等的记述可以看得出来。[①] 在佛教的影响下，民间也出现了废祀的情况。萧琛《难神灭论》中写道："今守株桑门，迷督俗士，见寒者不施之短褐，遇饥者不锡以糠豆，而竞聚无识之僧，争造众多之佛，亲戚弃而不眄，祭祀废而不修，良缯碎于刹上，丹金廖于塔下，而谓为福田，期以报业，此并体佛未深，解法不妙，虽呼佛为佛，岂晓归佛之旨，号僧为僧，宁达依僧之意。此亦神不降福，予无取焉。"[②] 萧琛此意，在于信佛者不必与祭祀相违背，实为体会到佛教之要旨，提醒众人不必做众多为佛教树弊端之事，可以减少神灭论者在这些事情上的批判，也是因为民间有因崇佛而废祀之事。

（2）盂兰盆节——佛教对中国民间祭祖的参与

从中土一年有三个祭祀节日（清明、中元、寒食）便可看出祖灵观念在中土之重要，祖灵祭祀其实也是国家祭祀的根基，是中国人家国同构的心理基础。政府的国忌行香虽然影响较大，但参加者毕竟仅限王室和一定级别以上的官员，并非民间性活动，如果佛教对中土民间深厚的祭祖文化没有参与和贡献，势必不能深入人心。

佛教参与民间祭祖的方式，一为"七七斋"，此仪式在印度时期便有，在中土以斋僧诵经追福的形式代替儒家丧礼；一为"盂兰盆节"的营建。"盂兰盆会"的本义是以百味食置于盂兰盆中供养三宝和十方僧众，以此功德可使七世父母脱离苦海，往生极乐世界，还可为现生父母增福延寿。盂兰盆会在南北朝时期就已广受认可，至唐更为盛大，逐渐成为一种民俗节日。学者普遍认同盂兰盆节是佛教参与中国孝道以及家族祭祀活动的重要行为，"《盂兰盆经》在中世纪以来的中国广泛传播的情况，说明了佛教对孝道思想的引进已经使它逐步进入中国家族宗教的核心。这时的佛教僧人已经不再是中国家族祭祀活动的局外人，而变成整个祭祀活

---

① （梁）慧皎：《高僧传·义解》，《大正藏》卷50。

② 萧琛：《难神灭论》，《弘明集》卷九，《大正藏》卷52，第57页下。

动中的核心——僧伽与祖先的亡灵一起享受世人的供养与献食"①。虽然
《盂兰盆经》是否伪经尚无定论，但这一节日的影响是众所公认的。

　　涉及盂兰盆节的研究已有多种，如《魏晋隋唐时期民间祭祖制度略
论》②《浅析盂兰盆会在中国的民俗化》③《盂兰盆节的宗教源流》④ 等。
佛教之重视参与盂兰盆节是较为明晰的事实，《祭祠篇》中也有相当一部
分是关于盂兰盆节的内容，道世在本篇中对知识的处理，也颇能说明当时
节日营建过程中的一些问题与变迁，后文将有详述。

第三节　《法苑珠林·祭祠篇》思想及价值

一　《祭祠篇》用意探讨

　　回顾中土祭祀及其"神"的观念与佛教的一系列互动，我们看到，
"形神之辨"使人们对佛陀建立了难以改变的"神灵"印象，中土祭祀的
强大力量又使得佛教主动地参与国家祭祀与民间祖灵祭祀，所以，作为呈
现佛教知识的《法苑珠林》，直接以"祭祠"名篇，希望读者看到佛教与
"祭祠"的密切关系，也就是情理中事了。

　　《祭祠篇》中共有三部"述意部""献佛部""祭祠部"以及"感应
缘"十三则。从思想上看，本篇首要之目的是凸显佛教与中土祭祀之不
相违，以祭祀之义与敬佛之义会通，并辅以对佛教本来观念的说明——血
祭无益，主宰人生的是因果业报；再者是借此篇知识，道世自己来探讨和
解决当时盂兰盆节在操作中的一些问题，树立一些轨范。在一篇之中，会
通佛教与中土，使看似矛盾的不再矛盾，在会通之中又申明佛教的原则，
使知识涵纳尽可能多的意义，照顾到方方面面，这也是《法苑珠林》编
撰的一大特色。

　　1. 借祭祀之义理解对佛陀的敬意

　　《祭祠篇·述意部》中说道：

---

　　① 范军：《盂兰盆节的宗教源流》，《华侨大学学报》（哲学社会科学版）2006 年第 2 期。

　　② 马新、齐涛：《魏晋隋唐时期民间祭祖制度略论》，《民俗研究》2012 年第 5 期。

　　③ 谢婉若：《浅析盂兰盆会在中国的民俗化》，《株洲高盛师范专科学校学报》2004 年第 6
期。

　　④ 范军：《盂兰盆节的宗教源流》，《华侨大学学报》（哲学社会科学版）2006 年第 2 期。

　　窃闻金玉异珍，在人共宝；玄儒别义，遐迩同遵。岂必孔生自国，便欲师从；佛处远邦，有心捐弃。不胜事切，辄陈愚亮。是非之理，不敢自专。昔孔丘辞逝庙，千载之规摹；释迦言往寺，万代之灵塔。欲使见形克念，面像归心。敬师忠主，其义一也。至如丁兰束带，孝事木母之形；无尽解璎，奉承多宝佛塔。眇寻旷古，邈想清尘。既种成林，于理不越。又按礼经：天子七庙，诸侯五庙，大夫卿士，各有阶级。故天曰神，祭天于圆丘；地曰祇，祭地于方泽；人曰鬼，祭之于宗庙。龙鬼降雨之劳，牛畜挽犁之效。由或立形村足，树像城门。岂况天上天下，三界大师；此方他方，四生慈父。威德为万亿所遵，风化为万灵之范。故善人回向，若群流之归溟壑；大光摄受，如两曜之伴众星。自月氏遁影，那竭灰身。舍利遍流，祇洹遂造。乃圣乃贤，凭兹景福。或尊或贵，冀此获安者矣。①

　　此段述意是以"祭祀"会通"供养"的专门论述，祭祀是为了表达尊敬，供养也是为了表达尊敬；同时还提到了汉地尊师之义，并渲染佛陀功德，以证明在汉地庞大的祭祀体系中，佛陀这样"天上天下，三界大师；此方他方，四生慈父"的老师，也应该占有一席之地。这也再次证明了我们前文中对整个互动过程的分析——中土"祭祀"的重要性对佛陀形象产生了重大的影响，佛陀形象一旦不能与祭祀对象并提，就失去了其高度，以致在道世的论述中，也要借助"祭祀"以明其义。

　　2. 申明佛教的原则及鬼神观念

　　虽然对佛陀的敬意尚需借助"祭祀"来让人理解，但在此前提下，道世还是毫不让步地申明了佛教的原则及鬼神观。

　　（1）祭祀无益

　　道世引《佛说除恐灾患经》② 中的故事以证明祭祀无益：维耶离国疠气疫病，死亡无数，该国在商讨办法时，有人提议要祭祀。有位长者说，杀生害命是不能求福的，以善禳恶还有希望，并建议众人去请佛陀。众人

---

① 《法苑珠林校注》，第 1825—1826 页。

② 同上书，第 1832—1834 页。

第一次认识了佛陀，并请佛陀前去祛除疾病。佛陀应请前往，在进城门之前以梵清净八种之声而说偈：

> 诸有众生类，在土界中者，行住于地上，及虚空中者。慈爱于众生，令各安休息，昼夜勤专精，奉荷众善法。①

说此偈已，在此城中作祟之空中以及地行鬼神争相离开，城中处处显现祥和之相，佛陀以自己的善力使维耶离国得救。

道世在此后有一则自己的论述："当知诸佛神力不可思议，众生业力亦不可思议。"② 接着，他引用《大庄严论》中法义："若有善业，自然力故，受好业报。虽有国王党援之力，不如业力所获果报。"③ 接着引用贫人求财故事，《杂宝藏经》中的婆罗门祀天之事以及一位父亲因自己贪吃而骗哄其子杀羊祭树而终得恶报之事，还有"祭祠部"中多则经律论，都说明了杀生祭祀将一无所报，"人行善恶，自得其报"④，"若说杀生祠祀得福，是义不然。何以故？不见世人种依兰子而生旃檀树，断众生命而得福德"⑤。

（2）佛教的鬼神观及追福行为

明确祭祀无益之外，道世的编撰还特意体现佛教的鬼神观，并介绍佛教的追福行为。

佛教承认鬼神的存在，将寄居于舍河泉井、邱林埠阜等处的众生统称为"鬼神"，道世引《长阿含经》条目云：

> 一切人民所居舍宅，皆有鬼神，无有空者，街巷道陌屠儿市肆，及丘冢间，皆有鬼神，无有空处。凡诸鬼神，皆随所依即以为名。若人初生，皆有鬼神随逐拥护，若人欲死，鬼收精气。行十恶人，若百

---

① 《法苑珠林校注》，第 1833 页。
② 同上书，第 1834 页。
③ 同上。
④ 同上书，第 1826 页。
⑤ 同上书，第 1838 页。

若千共一神护。行十善者，譬如国王，以百千人而侍卫之。①

佛教中单独称作"鬼"或"饿鬼"的，则是饿鬼道中的恶报众生，而天道众生，有时也称作"天神"。受外道祭祀的，一般是"鬼神"和"天神"。佛教认为鬼神有一定能力，但非常有限，道世引《十方譬喻经》云：

> 天上天下鬼神，知人寿命罪福当至未至，不能活人，不能杀人，不能使人富贵贫贱。但欲使人作恶犯杀，因人衰耗而往乱之，语其祸福，令人向欲得设祠祭耳。②

道世在这一条引文后面加了自注：

> 故知空祭鬼神，欲求现福，难可得也。③

但对于"饿鬼"，佛教是有追福行为的，用于生者对亡者的追福。追福的方式有修行布施、请佛及僧、称名咒愿等善行，核心是"布施"。"祭祠部"中所引的知识多方介绍了追福的行为。首先，追福所针对的，只有"饿鬼"道，对于别道中的众生是无效的。关于受用，引用《往生经》中"亡后作福，死者七分获一，余者属现造者"④。关于果效，可令饿鬼喜悦，增益，并生天中，享受天福。这种追福行为，成为佛教参与中土孝道的契机。

二 从道世的探讨看唐代盂兰盆节仪式中存在的问题

（一）道世所设问答

《祭祠篇》中很大一部分内容，是"献佛部"中道世对当时中土盂兰盆节一些疑问之处的解答，以确立节日轨范。主要问题及解决方法梳理如

---

① 《法苑珠林校注》，第 1835 页。
② 同上书，第 1836 页。
③ 同上。
④ 同上书，第 1841 页。

下，我们也可从道世的这些解决问题式的问答中侧面看到当时盂兰盆节的实际情况。

第一，盂兰盆节又要供养佛僧，又要看待人客，所用之物哪里来呢？

道世回答的意思是，如果有僧俗共享的物品，就拿这些物品来做，如果没有，就要看寺院的大小，公私性质分情况对待。不是国家寺院的小寺，就以常住僧物造食献佛僧。如西明寺、慈恩寺这样的国家大寺，国家供给丰盛，节日当天往来人员很多，在官盆没到之前，如果有僧俗通用的东西就用僧俗通用的东西，如无，用常住僧物造办。①

第二，常住僧物也可以用来招待俗人吗？

道世回答：《僧祇律》《十诵律》中对于那些对僧有损的俗人，佛尚且要求用僧物招待，何况这些是前来送盆及奉献音乐的人呢？②

第三，献给佛的贡品如果用的是常住僧物，那结束后归常住僧所有，这是无疑问的，那么另外由施主献供的，结束后归谁呢？

道世回答，由施主献的，情理也是一样的。因为施主献物，是为了救荐存亡眷属，是凭借僧众坐夏安居的力量。所以，他们敬献的饮食、米面等归入常住僧以供僧食，其余的杂物钱财衣物等，并入夏坐，常住僧及非常住僧同分。另外，如果施主的心意是只有献佛的饮食归入僧，其余的杂物、钱财等想归入佛物，或法物，或僧物，应该按照施主的心意。③

第四，佛在世时，在供养三宝的物品里常受用一人的分量，为何灭度后却变成了佛、法、僧三份中的一份呢？

道世回答说：佛在世时，受用的是色身，所以取一人的分量，灭度后其法身功德胜过僧众，所以所受为佛、法、僧中三份中的一份。道世还说明了对不同的布施对象应该如何布施，如何接受：以"法"作为布施对象的，应该将施物分作两份，一份给"经"，一份给诵经说法之人；以"法宝"（法之宝贵）作为布施对象的，应该放在塔中；以"僧宝"作为布施对象的，也应放在塔中；如果以"大众"作为布施对象的，谁都可以获得。在接受布施时要知道通用和不能通用的地方，不要混用，致使犯

---

① 《法苑珠林校注》，第 1826 页。

② 同上书，第 1828 页。

③ 同上。

错。依据这些，七月十五日俗人家里所造的贡献佛僧的食物，由于是依照经文救度亲人的，献供完毕，要送到寺中去，不应自己食用。如果原来造办的时候是献佛不是献僧的，自己食用也可以，不过也与救亲之意不合。《僧祇律》中还规定，供养佛的物品，花多的话可以转卖，香灯多的话也可以转卖，所得归在"无尽财"中。《五百问事》中说，佛塔中东西太多的时候，如果别的佛事有需要，也可以拿走，但如果施主不允许，那就不能拿走。《四分律》中说：供养佛塔的食物，管理塔的人可以食用。《善见论》中说：佛前所献之食物，侍奉佛陀的比丘可以吃，如果没有比丘，侍奉佛的白衣也可以吃。①

第五，七月十五既然让僧俗造盆献供，那么可以造宝盆及其他珍宝献佛吗？

道世回答，都可以。《小盆报恩经》没提宝物之事，不过《大盆报恩经》中有瓶沙王造各种宝盆盛满饮食以献佛僧事。②

第六，《小盆报恩经》中佛要目连备办的是百味饭食、五果、汲罐盆器、香油灯烛、床卧众具，及其他世间甘美之物，放在盆中，供养十方大德众僧，接受盆供的时候先放在塔前，众僧咒愿完毕，就可以受用食物了。可现在各寺院有余力的，广造各种花朵，或用杂宝物，或造杂缯、米面、蜡、铅锡、杂色等造，引起僧俗贵胜的讥议：难道这些杂乱的东西也能吃吗？

道世回答，要看情况。如果是小寺院，本身没有太贵重的东西，又没有别人挑剔，那么不应该用常住僧物营办杂华来供佛。如果僧人的地方长有花树，可以使用这些花。《十诵律》中说：僧园中树华任凭取来供养佛塔，如果有果，可使人取来供僧吃。《毗尼母论》说，如果用僧物修治佛塔，正确的是和合僧众的物品可以使用；不和合的僧众，要让俗众备办。《萨婆多论》说：四方僧地，不和合的不能用来作佛塔，或为佛作花果；如果僧中人分得的，可以随意供养，如果花多得取用不完的，可以随用供养。《宝印经》中说：想要建立寺舍供养的人，布施的物品给了僧众以后，就不能再干预；如果想要取回这些钱财，需七倍偿还。新立寺的时

① 《法苑珠林校注》，第 1828 页。
② 同上书，第 1829 页。

候，除非比丘当众说过：寺内种植的所有花果献佛，枝叶子实由僧人食用，并施于一切大众，否则无论僧俗，吃了便要获罪。[①]

接下来道世有一长段议论，从经律论三宝物的使用规定来论定七月十五日物品的使用规则：

既然知道三宝有别，不能互用，初立寺时，佛院僧院就应该分清楚。大寺应该另外造佛塔，四周走廊内所有花果，收获的，都归塔用。步廊以外的归僧用。《十诵律》规定：佛陀允许僧坊、浮屠塔蓄养人力、象、马、牛等，各有所属，不能互用。《宝梁宝印经》说：佛、法二者的物品，不能互用。由于没有责任人，也无人可以询问，不像僧物，常住招提互有需要的话，由营事比丘主持问一下，同意没意见，就可以使用了。《萨婆多论》说：寺舍若经荒年，三宝园田无处可咨问界限，没办法分清这是佛、法、僧中谁的园田，僧众和合的话可以随意划分。如果属于塔寺，借用塔功力的，僧用会得重罪的。如果功力由僧，也要衡量多少才取用，不要超过了限度得了重罪。上面列举的这些，小寺又无外人讥嫌，可以依之裁断。大寺是国家营造的，另外有供给，还有敕赐田庄，贵人胜客早晚造访，即使没有通用的物品，岂能不招待？再说像七月十五佛殿前献供，岂能"单罄"？如果不广造饮食华果献佛，只增加一些平常的食物献佛是不行的。如果朝廷察访时，俗众讥议，说僧众悭吝，还不如俗人呢。不仅不尊敬佛，也不尊重朝廷，一旦被责怪，还能推脱说僧物不能来献佛吗？既然知道这样，如果没有通用的东西，只能用常住的僧物备办花果饮食献佛，使俗人看到能够生善灭恶的，这也无妨。虽然用僧物，不能救到别人的眷属，但至少免去了被俗讥谤之罪。像《五分律》说的，俗人进入寺院正碰上了僧人吃饭，僧人不供给，会被俗众讥谤。佛陀允许供给。允许之后，用不好的器具盛给了他们，又被俗嗔。佛说，用好的器具盛！这都由知事摩摩帝等临时斟酌，进止合宜，便合佛意，不能固执雷同。所以《五分律》中佛陀说：虽是我说的，在其他地方不清净的，不做也没有过错；若不是我说的，其他地方清净的，也不能不做。[②]

（二）从问答内容看唐代盂兰盆节相关问题

从道世解答的这些疑问，我们能看到当时盂兰盆节操办存在的问题集

---

① 《法苑珠林校注》，第 1829—1830 页。

② 同上书，第 1831—1832 页。

中在以下三方面：在没有施主献佛的情况下，献佛之物备办的支出及献佛后的归属问题；佛法僧三者的供养不能互用的问题；《大盆经》与《小盆经》的冲突问题。

在对前两个问题的解答中，我们能看到当时的盂兰盆节已成为从皇室到平民的、全国性的佛教活动，之所以产生这么多备办财物的来源及归属问题，也是由于它所费钱财的巨大。盂兰盆节本来是要俗众营盆敬献佛僧来超度亡亲的，但看来：并非所有的俗众都知道这一点，当时的盂兰盆节已产生变异——有时需要僧众自己备办花果饮食来献佛以及招待俗众，道世从经律里找寻依据来说明这样也是正确的，虽然不能利益到俗众的亡亲，但可免俗众讥议，为佛教树立良好的形象。还有一些俗众献佛是在自家进行，活动结束后并不知道要送到佛寺去，当然，在家中营办的物品是献佛还是献给祖先也很难区分。从问答来看，皇室所送之盆，也并不一定会准时到达，这时候，寺院也仍然要自己营办，由僧物备办还是俗众备办看起来是个小问题，其实牵涉到"盂兰盆"行为内在意义的改变，所以才会引发讨论。在行为意义不知不觉的改变中，产生了《大盆经》与《小盆经》在经典上的矛盾。

关于《大盆经》和《小盆经》的冲突，《大盆经》也即《净土盂兰盆经》①，《小盆经》也即《佛说盂兰盆经》②。《佛说盂兰盆经》的要旨是：七月十五日，众僧结束了三个月的夏安居，自恣结束，修行增进，佛陀这一天最为欢喜。三个月未进行外出化缘，在这一天备办饮食敬献佛僧会得到好的果报，能够度脱自己生在饿鬼道的亡亲。而《净土盂兰盆经》更在对"盆"的重视程度，以及是否应备办杂花杂宝等。道世显然倾向于支持《净土盂兰盆经》，这是文化发展的方向所在，中土正在将供给佛僧之饮食淡化，而加进去很多装饰性的东西，而且还在渐渐将供佛僧以救度亡亲的逻辑转变为施食能令饿鬼饱满，饿鬼界与地狱界开始发生混淆。

从相关文献记载我们能看到，中土盂兰盆节在南北朝就已发生改变：

> 七月十五日，僧尼道俗悉营盆供诸佛寺。按《盂兰盆经》云有七叶功德，并幡花歌鼓果实送之，盖由此也。故后人因此广为华饰，

---

① 此经已佚。
② 《佛说盂兰盆经》，《大正藏》卷 16。

乃至刻木割竹，饧蜡剪彩，模花叶之形，极工巧之妙。①

而且在人们的认识中，既然是与救度祖先相关，那就和"祭祀祖先"混淆在一起。我们再来看颜之推于其家训中对儿辈的叮嘱：

> 四时祭祀，周礼所教，欲人勿死其亲，不忘孝道也。求诸内典，则无益焉。杀生为之，翻增罪累，若报罔极之德，霜露之悲，有时斋供，及七月半盂兰盆望于汝也。②

颜之推重视盂兰盆节，虽然也明白祭祀与佛教之救度是两码事，但他仍视为一种不杀生的祭祀方式，以儿孙供佛僧来变相达到祭祀目的的"孝道"。颜之推毕竟是学者，普通百姓就未免能理清"祭祀"与"救度"的区别了，佛教之"救度"与中土之"祭祀"的混淆难免要发生，"敬献佛僧"这个环节在道世的讨论中已出现日后被中土忽略的契机。

另外，从《大盆经》与《小盆经》的区别我们能看到佛教有意将此日营建为盛大节日的努力。体现在：第一，装饰性物品的繁多；第二，强调皇室的参与。"《净土盂兰盆经》中描述官方出资准备供物和官员参与盂兰盆供的情形与历史文献中记载的7世纪下半叶唐朝朝廷操办的庆典颇为相符。《净土盂兰盆经》对官方出资操办盂兰盆供的强调，对唐代皇室祭祖活动中采用佛教仪轨有重要影响。"③

总体看来，道世探讨了唐代佛教以盂兰盆节的方式参与中土祭祖文化中的努力，以及盂兰盆节的佛教原义在这一过程中正在被改变的过程。《大盆经》对世俗皇权的依赖，使得如遇排佛时代，盂兰盆节的巨大费用将很难维持；"祭祀"与"供养佛僧"意义的混淆，也使得它最终与"放焰口""水陆法会"等佛教对饿鬼的供养同流，到了后世更是变为直接对亡者的荐亡超度。

---

① （梁）宗懔：《荆楚岁时记》，《汉魏六朝笔记小说大观》，上海古籍出版社1999年版，第1058—1059页。

② （北齐）颜之推著，王利器集解：《颜氏家训集解》（增补本）卷7，中华书局1993年版，第133页。

③ 范军：《盂兰盆节的宗教源流》，《华侨大学学报》（哲学社会科学版）2006年第3期。

第三章 新态度与旧传统：佛教与中土巫术文化

——《祈雨篇》《眠梦篇》《占相篇》等篇的研究

第一节 佛教与祈雨
——《祈雨篇》研究

一 中土祈雨巫术及其思想基础

中国本土的祈雨活动产生得很早，种类也很多，关于历代祈雨活动近年学界也有一些相关研究，但并不系统详备，一些基本概念的使用仍很混乱。如"雩祭"，有研究直接将其作为所有祈雨活动的统称，也有学者将其视为巫舞求雨的行为（因为"雩"字释义未统一）。对祈雨观念的阐释也较少，较混乱，如商代的焚巫祈雨，有学者认为由于巫多为女性，运用的是阴阳交感；也有学者认为这是巫、王功能的分离。① 对于古代求雨巫术，有直接将其作为古代宗教来研究的②，也有视其为巫术的。本书对中土祈雨巫术的回顾，重在基于相关研究成果，思考中国古人思想中，自然界为什么会下雨，怎样才能祈得雨？以及随着周代礼制的建立，汉代国家宗教的建立，求雨的行为与观念有什么样的变化，以便以此为背景，探讨《法苑珠林·祈雨篇》中所呈现的佛教与中土祈雨之关系。

（一）商代的祈雨巫术及思想

殷商卜辞中即可见到关于祈雨的确凿记录。商代之祈雨方式有燎祭、

---

① "宗教信仰内涵的变化，使王用不着再与施法的巫师为伍，因天旱迁怒殛王，也改变为遇旱焚巫的方式，并成为一种固定习俗。"张俊成：《殷墟卜辞所见焚巫祷雨习俗探讨》，《内江师范学院学报》2010 年第 3 期。

② 如詹鄞鑫《神灵与祭祀》一书中，即将求雨作为传统宗教来研究。詹鄞鑫：《神灵与祭祀》，江苏古籍出版社 1992 年版。

焚巫、巫舞，以及祈求神佑等。燎祭，燔柴而祭，所祭对象为风师、雨师、云师，以作求雨；焚巫祈雨，殷商卜辞中所焚为女巫；祈求神灵降雨，所祈对象为天上神祇、地上神祇、先祖神等；巫舞祈雨，卜辞中呈现的有龙舞（制作龙的形状进行祈祷）、奏舞（舞时有音乐伴奏）、万舞（卜辞及其他文献中有很多关于"万舞"的记载，但具体什么为"万舞"，尚未有结论）可见祈雨方式之丰富。其具体步骤有占卜、择地、王者亲祀、献祭等，但文献资料也非常有限，难以清晰还原全过程。这些祈雨行为中，焚巫祈雨与巫舞祈雨为交感巫术，基于中国古人阴阳的观念以及相克相生的观念（二者有重合之处）；祭祀风师、雨师、云师、天上地上诸神以及先祖神，则属具有宗教性的神灵祭祀巫术，可见在古人的观念中，阴阳调和可下雨，神灵护佑可下雨。

（二）祈雨巫术中"德"观念的加入

祈雨活动中开始存在对"德"的反省，一般追溯到商汤祈雨，即"王祷于桑林"一事，根据已有研究，此事并未直接见于卜辞，而是见于下列文献中。

第一，《艺文类聚》卷十二引《帝王世纪》：

> 汤自伐桀后，大旱七年，殷史卜曰："当以人祷。"汤乃剪发断爪，自以为牲。祷于桑林之社。而雨大至，方数千里。[1]

第二，《墨子·兼爱》：

> 汤曰：惟予小子履，敢用玄牡，告于上天后曰：今天大旱，即当朕身履，未知得罪于上下。有善不敢蔽，有罪不敢赦，简在帝心。万方有罪即当朕身，朕身有罪无及万方。[2]

第三，《说苑·君道》：

---

[1]　（唐）欧阳询等编：《艺文类聚》，上海古籍出版社 2013 年版，第 253 页。
[2]　吴毓江校注：《墨子校注》，中华书局 2006 年版，第 175—176 页。

> 汤之时，大旱七年，雒坼川竭，煎沙烂石，于是使人持三足鼎祝
> 山川，教之祝曰："政不节邪？使人疾耶？苞苴行邪？谗夫昌邪？宫
> 室营邪？女谒盛邪？何不雨极也！"盖言未已而天大雨。①

商汤祈祷的具体情节，各个文献中是不一样的，从时间上来看，以墨
子为最早。《周礼》中的祈雨也并无明确与"德"的联系，而《左传》
的记载中却有一些将雨与为政者之德联系起来的事件，例如齐国大旱，齐
景公召集群臣，说想要收些赋敛祠灵山，晏子建议他出野曝晒为民请雨。
这和汤祈雨是很相似的。那么，将雨与"德"联系起来，可能是在春秋
时期逐渐产生，在诸子时代明确提出的。这可能是由于"商周时期的道
德观念尚处于奠基状态，总的来说，它还比较混沌。但春秋时期不一样，
'德'在这时已经高度分化和细化了"②。

（三）中土主要祈雨方式

1. 礼祭求雨

祈雨在周代被纳入礼制系统，祈雨之祭有常雩、旱雩两种。常雩即定
时之祭，《月令》中说："命有司为民祈祀山川百源，大雩帝，用盛乐；
乃命百县雩祀百辟卿士有益于民者，以祈谷实。"③ 旱雩即因天旱而进行
随机的祈雨，《春官·司巫》："若国大旱，则帅巫而舞雩。"④ 作为礼制
的一部分，祈雨获得了政治意义的象征性。

2. 曝晒巫尪

商代的焚烧巫尪渐渐演变为曝晒巫尪。对于焚巫，以及由之演变而来
的曝晒巫者的行为，恐怕很难说是由于巫、王的分离，也并不纯然由于阴
阳交感，因为从《左传》中的事例我们看到，齐王也曝晒自己，可齐王并
不是巫。其意蕴应是复杂的，巫与王的关系应始终介于离合之间。焚巫虽
是一种惩罚行为，但也包含了巫者自我惩罚、自我忏悔的意蕴，是这种意

---

① （汉）刘向著，向宗鲁校正：《说苑校证》，中华书局1987年版，第20页。

② 吾淳：《中国哲学的起源》，上海人民出版社2010年版，第403页。

③ 《礼记·月令·仲夏之月》，（汉）郑玄注，（唐）孔颖达疏，龚抗云整理，王文锦审定：
《礼记正义》，北京大学出版社1999年版，第501页。

④ （汉）郑玄注，（唐）贾公彦疏，赵伯雄整理，王文锦审定：《周礼注疏》，北京大学出
版社1999年版，第687页。

蕴赋予了后世王者将祈雨与忏悔自己德行结合的空间——他们愿意表现多担当一些干旱罪责的意愿，他们也会曝晒自己而求雨；但更多的时候，他们只是在口头上表示一下归罪于自己，曝晒的还是巫者。有时，地方官员也曝晒自己求雨。曝晒的对象还包括妓女与神像。曝晒的对象既无一定，不同对象蕴含的心理也是不尽相同的，惩罚与忏悔同在，妓女与官员同晒，中国古人在祈雨方面实在没有什么思维的准则，只有巫术是不变的，阴阳交感与德行忏悔听起来完全不同，却全都借相同的巫术得以完成。

3. 妓女求雨

阿里·阿克巴尔《中国纪行》中记载了在中国见到有用妓女求雨的方法，事情发生的时间在元代或明代前期。季羡林先生在《原始社会风俗残余——关于妓女祷雨的问题》中分析认为，其受到印度文化的影响，且佛典故事是其传播的重要方式之一（但此种求雨仅为佛典故事体现的印度文化而非佛教观点），而这种方式是原始巫术的残留。① 季先生所举的几则印度故事中，基本都是由妓女（淫女）勾引仙人成办欲事，这些故事体现的是阴阳交感思想，而阴阳交感在中国本土也本来就是重要的求雨思想模式（见下文），而《中国纪行》中妓女求雨的方式却仅仅是让她们像巫师一样唱歌跳舞哭泣等，所以，笔者亦认同这是以妓女代替了原始的巫师，是原始巫术的残余，但由于笔者探讨的是求雨行为背后的思想，故而认为要和阴阳交感的方式求雨分开而论，不能因身份都是妓女，就联系到一起，因为两种思想是不同的。

4. 祷龙求雨

根据已有研究，② 中土在商代就有"作龙""舞龙"，是为相类相生的交感，《墨子》《淮南子·地形训》《神农求雨书》以及《春秋繁露》等文献都有以龙求雨的记录，基本方式就是"作龙""舞龙""杀龙"。龙本来是一个功能神，地位并不高，也没有很具体的人格，其地位上升主要有两个原因：一是帝王将自己与龙联系起来；二是佛教的传入带来印度文化中的龙，且佛典中的龙亦有降雨功能。两种文化融合，"龙王"开始人格化，中土祈龙降雨

---

① 季羡林：《原始社会风俗残余——关于妓女祷雨的问题》，《世界历史》1985 年第 10 期。

② 参考杜文玉、王颜《中印文明与龙王信仰》，《文史哲》2009 年第 6 期；张强《中国以龙求雨习俗变迁研究》，硕士学位论文，湘潭大学，2008 年，等等。

的方式更加增广（下文有对佛教中龙王降雨的专述），且纳入官方祀典。

　　5. 道教求雨

　　中国本土道教成立后，道教求雨以阴阳交感之本土观念为基础，主要方式为男女交合。如《太平经》中说："夫天不雨，即其贞不施；夫地不生万物，即其贞不化也。夫天乃不雨，地及无所生物……"又说："今真人所言，即助吾语也。夫女，即土地之精神也，王者，天之精神也，主恐土地不得阳之精神，王气不合也，令使土地有不化生者，故州取其一女，以通其气也。乐其化生者，恐其施恩不及，王施不洽，故应土地而取之也，遍施焉乃天气通，得时雨也，地得化生万物。令太平气至，不可贵贞人也，内独为过甚深，使王治不和良……"① 董仲舒《春秋繁露》中所载求雨方法也是类似的。道教求雨只是将本土求雨方式中阴阳男女交感之方式纳入自己的行为系统。

　　从中国本土的这几种主要的祈雨方式中，我们看到，中土祈雨思想有"巫""德""礼"三种因素，但最主要的还是巫术，只不过辅以"德"，纳入"礼"。祈雨巫术之生命力强大，即使"德"观念与祈雨建立了关联之后，在具体方式上仍然没有什么改变；即使在国家宗教建立后，在求雨方面也仍然大量掺杂这些巫术。

　　对于"雨"，中土思想中也有过比较理性的观念。如《左传·僖公二十一年》中记载："夏，大旱。公欲焚巫、尪。臧文仲曰：'非旱备也。修城郭、贬食、省用、务穑、劝分，此其务也。巫、尪何为？天欲杀之，则如勿生；若能为旱，焚之滋甚。'公从之。是岁也，饥而不害。"② 又如荀子的观点："雩而雨，何也；曰：无何也。犹不雩而雨也，日月食而救之。天旱而雩，卜筮然后决大事。非以为得求也，以文之也。故君子以为文，而百姓以为神。"③ 这些都是较为理性的观点，与诸子对鬼神的理性观念相伴而生，但也与其一样，并未带来太大的影响。

　　关于"德"与"雨"的关联程度也进一步加深了。如董仲舒《春秋繁露》中在观念上认为："王正则元气和顺，风雨时，景星见，黄龙下。王不

---

　　① 王明编：《太平经合校》，中华书局1979年版，第37—41页。

　　② （晋）杜预注，（唐）孔颖达正义，李学勤主编：《春秋左传正义》，北京大学出版社1999年版，第398—399页。

　　③ 《荀子·天论篇第十七》，（清）王先谦撰，沈啸寰、王星贤点校：《荀子集解》，中华书局1988年版，第316页。

正则上变天，贼气并见。五帝三王之治天下，不敢有君民之心，什一而税，教以爱，使以忠，敬长老，亲亲而尊尊……故天为之下甘露，朱草生，醴泉出，风雨时，嘉禾兴，凤凰麒麟游于郊。"① 但在求雨方式上，董仲舒仍然坚持作龙、暴巫、祷山陵、合阴阳。《说苑》对商汤祈雨的记载中，商汤连发一串自省之言，天即下起了雨，也只是对"王道"与雨结合的终极想象，是一种阐述而非事实。事实是，中国祈雨行为自商代奠定以来，巫术思维的强大生命力一直持续了整个古典时期。

二　佛教的"雨"观念及感雨方式

（一）佛教的"雨"理念及早期佛教的感雨方式

1. 佛教对"雨"的看法

关于"雨"，佛教视其为一种迹象，与所处之劫、所在之世的善恶相符。

恶世之中，要么水雨不时、雨多灾雹，要么天不降雨，如《杂阿含经》中佛陀对各方天王所说的关于恶世的预言：

> 尔时世尊复告东方天王："汝当于东方护持正法。"次告南方、西方、北方天王："汝当于北方护持正法。过千岁后，我教法灭时，当有非法出于世间，十善悉坏。阎浮提中，恶风暴起，水雨不时，世多饥馑，雨则灾雹，江河消灭，华果不成，人无光泽，虫村鬼村悉皆磨灭，饮食失味，珍宝沈没，人民服食麁涩草木。"②

《长阿含经》中，佛陀描述饥饿劫景象必备的一项，便是"天不降雨"。③

---

① 《春秋繁露·王道第六》，苏舆撰，钟哲点校：《春秋繁露义证》，中华书局 1992 年版，第101 页。

② 《杂阿含经》卷二十五，《大正藏》卷 2，第 177 页下。

③ "佛告比丘：云何为饥饿劫？尔时，人民多行非法，邪见颠倒，为十恶业，以行恶故，天不降雨，百草枯死，五谷不成，但有茎秆。云何为饥饿？尔时，人民收扫田里、街巷、道陌、粪土遗谷，以自存活，是为饥饿。复次，饥饿时，其人于街巷、市里、屠杀之处及丘冢间，拾诸骸骨，煮汁饮之，以此自存，是为白骨饥饿。复次，饥饿劫时，所种五谷尽变成草木，时，人取华煮汁而饮。复次，饥饿时，草木华落，覆在土下，时，人掘地取华煮食，以是自存，是为草木饥饿。尔时，众生身坏命终，堕饿鬼中。所以者何？斯由其人于饥饿劫中，常怀悭贪，无施惠心，不肯分割，不念厄人故也，是为饥饿劫"。《佛说长阿含经》卷二十二，《大正藏》卷 1，第 144 页中—下。

相反，如果所处时代护持正法，则会有天降香雨的吉象。如《杂阿含经》所记的王者对佛法生起信心，发出善愿，希望在自己布施之日有降雨的吉象：

> 时，彼三藏将多眷属来诣王所，为王说法，王闻法已，忧恼即止，于佛法中生大敬信，而发声唱言："自今以后，我施诸比丘无恐畏，适意为乐。"而问比丘："前四恶王毁灭佛法有几年岁？"诸比丘答云："经十二年。"王心念口言，作师子吼："我当十二年中，当供养五众，乃至办诸供具。"即便行施，行施之日，天当降香泽之雨，遍阎浮提，一切实种皆得增长。诸方人众皆持供养，来诣拘睒弥国，供养众僧。①

2. 早期佛教的感雨方式
（1）以修行力感雨游戏神通

早期佛教的感雨，主要是与修行力相匹配的一种神通游戏，如《杂阿含经》中所记的佛陀教言：

> 如是我闻，一时，佛住舍卫国祇树给孤独园，尔时，世尊告诸比丘：有风云天作是念：我今欲以神力游戏。如是念时，风云则起。如风云天，如是焰电天、雷震天、雨天、晴天、寒天、热天亦如是说。佛说此经已，诸比丘闻佛所说，欢喜奉行。②

又如《杂阿含经》所记下座比丘摩诃迦的感雨，也是神通游戏。

> 尔时，有一下座比丘名摩诃迦，白诸上座："今日大热，我欲起云雨微风，可尔不？"诸上座答言："汝能尔者，佳。"时，摩诃迦即入三昧，如其正受。应时云起，细雨微下，凉风飕飕从四方来，至精舍门，尊者摩诃迦语诸上座言："所作可止？答言：可止。"时，尊

---

① 《杂阿含经》卷二十五，《大正藏》卷 2，第 178 页上—中。
② 《杂阿含经》，《大正藏》卷 2，第 220 页中。

者摩诃迦即止神通，还于自房。①

我们看到，此神通令质多罗长者对诸位尊者都升起敬仰之心，但他还想观看摩诃迦尊者的其他神通，再三恳求，摩诃迦尊者为他显现了火光三昧，并对他说：

当知此者皆以不放逸为本，不放逸集、不放逸生、不放逸转，不放逸故得阿耨多罗三藐三菩提。是故，长者！此及余功德，一切皆以不放逸为本，不放逸集、不放逸生、不放逸转，不放逸故得阿耨多罗三藐三菩提，及余道品法。②

（2）善世吉象：龙王降雨

另外，佛教早期思想中龙与雨之间即已有关系。龙可以降雨，这是直接采用印度古代神话，龙降雨在佛教中也是一种迹象，有时是善世的迹象，有时是阿修罗战斗的迹象。如《长阿含经》中所记转轮圣王之世的迹象：

转轮圣王治于世时，阿耨达龙王于中夜后起大密云，弥满世界而降大雨，如构牛顷，雨八味水，润泽周普，地无停水，亦无泥淖，润泽沾洽，生长草木。犹如鬘师水洒花鬘，使花鲜泽，令不萎枯，时雨润泽，亦复如是。又时于中夜后，空中清明，净无云曀，海出凉风，清净调柔，触身生乐。圣王治时，此阎浮提五谷丰贱，人民炽盛，财宝丰饶，无所匮乏。③

又如其中提到的阿修罗欲与忉利天战斗时：

尔时，难陀龙王、跋难陀龙王以身缠绕须弥山七匝，震动山谷，薄布微云，淅淅稍雨，以尾打大海水，海水波涌，至须弥山顶。时，

---

① 《杂阿含经》，《大正藏》卷 2，第 151 页中—下。
② 同上书，第 151 页下。
③ 《佛说长阿含经·第四分世记经·转轮圣王品第三》，《大正藏》卷 1，第 121 页上。

忉利天即生念言：今薄云微布，沛沛稍雨，海水波涌，乃来至此。将是阿须伦欲来战斗，故有此异瑞耳。①

（二）佛教对"龙"的降服以及龙众降雨意义的发展

上文所引用经典中的龙王，能够辅助制造一些瑞象，显然已是护法角色。而印度古代传说中的"龙"，在未走入佛教前，以佛教的眼光去看，其实本只是一种众生，且是有罪孽之身的众生。在佛典的记载中，从罪孽众生到护法龙众，佛教对它们有着一个降服的过程，对它们的身份、故事，有着基于印度古代传说的再创造过程。

1. 龙的界域、习性

湛如对《摩奴法典》以及印度史诗《罗摩衍那》中所出现的"蛇"形象进行考证认为："古代印度传说里，龙或者龙王（Naga）的形象是人面、蛇尾、蛇长颈的半神。它们并不住在海里，甚至都不能飞跃大海。地位并无特殊尊崇，或者准确地说，地位并不高。"②

《佛说长阿含经·第四分世记经·龙鸟品》及《起事因本经》中都有关于龙的界域、习性等的详细描述。

龙有四种：卵生、湿生、胎生、化生，其形状分为蛇形、马形、鱼形、虾蟆形，以龙王为首居住在各自的龙宫中。婆竭龙王宫在大海水底，难陀、婆难陀二龙王宫在须弥山王与伕陀罗山二山中间，卵生龙王宫在究罗睒摩罗树东，胎生龙王宫在其树南，湿生龙王宫在其树西，化生龙王宫在其树北。每种龙都可能被其相应种类的金翅鸟所食，但是还有一些大龙台婆竭龙王、难陀龙王、跋难陀龙王、伊那婆罗龙王、提头赖咤龙王、善见龙王、阿卢龙王、伽拘罗龙王、伽毗罗龙王、阿波罗龙王、阿耨达龙王、善住龙王、优睒伽波头龙王、得叉伽龙王等是不为金翅鸟所食的，靠近它们居住的龙也不会为金翅鸟所捕食。其原因在于这些龙王奉持佛戒，《增一阿含经》中说：

比丘当知，若使龙王身事佛者，是时金翅鸟不能食噉。所以然

---

① 《佛说长阿含经·第四分世记经·三灾品第九》，《大正藏》卷1，第143页上—中。

② 湛如：《印度古代与佛教中龙的传说、形象与描述》，《文学与文化》2013年第1期。

者，如来恒行四等之心，以是故鸟不能食龙。云何为四等？如来恒
行慈心，恒行悲心，恒行喜心，恒行护心。是谓，比丘！如来恒有
此四等心，有大筋力，有大勇猛，不可沮坏。以是之故，金翅之鸟
不能食龙。是故，诸比丘！当行四等之心。如是，诸比丘！当作
是学。①

在这些龙王中，阿耨达龙王是个例外，它是马形龙，在佛经中展现的
是大长者形象，坚住大乘，居住在阿耨达池（清凉池）中，没有一般龙
族的三种痛苦：被热风灼身烧肤之苦，恶风吹龙所住宫殿使龙失去宝衣之
苦，以及被金翅鸟吃食之苦。它常去听佛陀教诲，《阿耨达经》便是佛陀
为阿耨达龙王所讲，其中对阿耨达龙王的前世功德有详细的描写。

2. 佛教对龙众的降服

龙众并不全都主动奉持佛戒，对于一些龙众，佛教对其是有降服过程
的，在佛经中有多处记载。

《增一阿含经》记载了目连对难陀、优盘难陀龙王的降服；《杂阿含
经》中亦提道："佛临般涅盘时，降伏阿波罗龙王、陶师旃陀罗、瞿波梨
龙。"② 佛教对龙的收服是一件旷日持久的庞大的工程，佛经中关于善龙
恶龙的叙述绵延不绝，《大方等大集经》中就有颇为庞大的降龙叙事。印
度民间关于龙的传说也在持续发展中，在《大唐西域记》中，我们能看
到印度很多龙故事的叙述。

佛典中庞大的降龙叙事表明，龙这种众生，是经过了一定的曲折过程
才为佛教收服的。在后来的大乘经典中，以佛教自身的视角来看，所有的
龙众都已皈依了佛教。很多经典的起始段落都记载着无量龙王及眷属听法
的场面：

> 复有无量四大王众天，四大天王而为上首。复有无量三十三天，
> 帝释天王而为上首。复有无量夜摩天，苏夜摩天王而为上首。……复
> 有无量大力龙王，所谓无热龙王、猛意龙王、海住龙王、工巧龙王而

---

① 《增一阿含经》卷十九，《大正藏》卷2，第646页中。
② 《杂阿含经》，《大正藏》卷2，第165页中。

为上首，各领无量百千眷属，为听法故来诣佛所。复有无量药叉大神、人非人等并诸眷属，为听法故来诣佛所。①

尔时世尊复以神力，令娑伽罗龙王，阿耨达龙王，欠婆罗龙王，输陀罗龙王，桥陀龙王，难陀龙王，跋难陀龙王，摩那斯龙王，德叉迦龙王，孙陀罗龙王，伊罗钵龙王，有如是等亿千龙王，承佛神力来诣竹园，顶礼佛足却住一面。②

3. 龙众降雨意义的发展

龙王的降雨，在阿含的叙述中，本只是作为某一比较具德的时劫或国界的衬托，虽也是善世吉象，但与佛教法义并无太多关联，比如：

> 尔时，世尊告阿难曰：将来久远于此国界，当有城郭名曰鸡头，东西十二由旬，南北七由旬，土地丰熟，人民炽盛，街巷成行。尔时，城中有龙王名曰水光，夜雨泽香，昼则清和。是时，鸡头城中有罗刹鬼名曰叶华，所行顺法，不违正教，伺人民寝寐之后，除去秽恶诸不净者，又以香汁而洒其地，极为香净。③

在般若经中，龙王的降雨开始作为献给佛菩萨的庄严性供养，以及佛陀出世的吉象，如《胜天王般若波罗蜜经》中的：

> 时加梨加龙王与诸眷属，普兴大云降注香雨，往诣菩萨，作诸伎乐施设供养，右绕菩萨而赞叹言：金色光明令人喜悦，决定最胜，佛出无疑。种种杂宝庄严大地，凡是因地生诸草木悉变成宝，江河皆静无风浪声，推如此瑞，佛出无疑。释梵日月光明不现，恶趣清净，佛出无疑。譬如有人少失父母，年既长大忽然还得，心甚欢喜；一切世间睹佛兴出，亦复如是。我等已曾供养过去诸佛世尊，今值法王人中师子，则我受生为不空过。④

---

① 《大般若波罗蜜经》，《大正藏》卷7，第921页下。
② 《佛说华手经》，《大正藏》卷16，第129页上。
③ 《增一阿含经》卷四十四，《大正藏》卷2，第787页下。
④ 《胜天王般若波罗蜜经》，《大正藏》卷8，第709页上—中。

　　不仅如此，大乘经典中龙王降雨还作为对佛菩萨说法的譬喻不断应用：

　　（1）以龙王降雨喻法性自在

　　龙王降雨的自在被用来譬喻如来说法的自在，以《华严经》为例，我们能看到龙王降雨的情形为如来说法之自在提供了多重譬喻空间。

　　首先，龙王普降甘雨令万物欢喜滋长，且不从外出亦非从内出的空性等都可作为如来说法之譬喻：

> 　　复次，佛子！譬如阿耨达龙王，兴大重云，满阎浮提，普降大雨，百谷草木，皆悉滋长，江河池泉，一切盈满，此大雨水，不从龙王身、心中出，而能饶益无量众生；如来、应供、等正觉亦复如是，兴大悲云，遍满世间，普雨无上甘露正法，令一切众生皆大欢喜，出生善根，长养正法，具足诸乘。如来音声，不从外来，亦不内出，而能饶益一切众生。佛子！是为菩萨摩诃萨第七胜行，知、见如来微妙音声。[①]

　　其次，龙王降雨之前，先重云密布，凝住七天，而后再渐降微雨，可譬喻如来说法之前，先令众生诸根成熟，而后渐渐说法并深入：

> 　　复次，佛子！譬如摩那斯龙王，将欲降雨，先兴重云，弥覆虚空，凝停七日，而未降雨，先令众生，究竟诸业。何以故？彼大龙王，慈悲心故，过七日已，渐降微雨，普润大地；如来、应供、等正觉亦复如是，将雨法雨，先兴法云，普覆众生，未便即雨甘露正法，先令众生，成熟诸根，诸根熟已，然后渐降甘露法雨。若即说深法，众生恐怖。是故，如来渐渐微雨，一切种智，甘露法味。佛子！是为菩萨摩诃萨第八胜行，知、见如来微妙音声。[②]

----

①　《大方广佛华严经》，《大正藏》卷9，第619页下—第620页上。
②　同上书，第620页上。

再次，龙王根据不同的需要在不同的时日降雨，且不以己为能作，恰可喻作如来说法根据不同的需要发出数量不同的种种音声而又无着相之心：

> 复次，佛子！譬如海中，有大龙王，名大庄严。或连雨十日，或二十日，或百日，或千日，或百千日。佛子！雨不作是念："我雨十日、乃至百千日。"但彼龙王有不可思议自在力故，或十日雨、乃至百千日雨；如来、应供等正觉亦复如是，欲雨微妙甘露正法，或十种音声，或二十，或百，或千，或百千，或八万四千行种种音声，乃至无量亿那由他声，分别说法，令一切众生，皆悉欢喜。如来妙音，不作是念："我能演说种种诸法。"又法界清净，无有差别，化众生故，所说不同。佛子！是为菩萨摩诃萨第九胜行，知、见如来微妙音声。①

另外，龙王在不同天处展现不同身相，降下不同相状的云雨，恰可譬喻如来于不同众生现不同身相，展现不同法义：

> 复次，佛子！譬如娑伽罗龙王，欲现龙王大自在力，为欲饶益群生类故，从四天下，乃至他化自在天处，兴大重云，遍覆六天，有种种色：或有处，如阎浮檀金色，或有处，如瑠璃色，或有处，如白银色，或有处，如玻璨色，或有处，如玫瑰色，或有处，如码磠色，或有处，如胜宝藏色，或有处，如赤真珠色，或有处，如妙香色，或有处，如种种衣色，或有处，如清净水色，或有处，如种种杂色，如是等无量色云，覆四天下，乃至六天覆已。出诸电光，所谓：阎浮檀金色云出瑠璃电光、瑠璃色云出阎浮檀金电光、白银色云出玻璨电光、玻璨色云出白银电光、玫瑰色云出码磠电光、码磠色云出玫瑰电光、胜宝藏色云出赤真珠电光、赤真珠色云出胜宝藏电光、妙香色云出种种衣色电光、种种衣色云出妙香色电光、净水色云出种种杂色电光、种种杂色云出净水电光、广说乃至一种色云出种种色电光、种种色云

---

① 《大方广佛华严经》，《大正藏》卷9，第620页上。

出一种色电光。又震种种大雷音声，令众生欢喜，所谓：天女歌音、天娱乐音、龙女歌音、干闼婆女歌音、紧那罗女歌音、大地音、大海音、鹿王音，或有异类奇妙种种鸟音，或种种歌音。尔时，龙王起若干风，降微细雨，饶益安乐无量众生，从四天下，上至六天，普雨种种无量异雨。所谓：于大海中，雨名洪澍，无有断绝；于他化自在天，普雨歌颂娱乐音声；于化自在天，普雨解脱明净光宝；于兜率陀天，普雨顶髻明月神珠；于夜摩天，普雨种种众庄严具；于三十三天，普雨妙香；于四天王，普雨宝衣；于龙王宫，普雨赤明真珠；于阿修罗处，普雨兵仗，名伏怨敌；于欝单越，普雨众华；如是广说，遍四天下，雨种种雨。然彼龙王，其心平等，无有彼此，但以众生根不同故，雨有差别；如来、应供、等正觉无上法王亦复如是，将欲应现无量大法，先以清净身云，普覆一切法界，随其所应，示现身云。或有众生，应见如来生身之云；或有众生，应见如来神力住持身云；或有众生，应见如来色身之云；或有众生，应见如来种种身云；或有众生，应见如来功德身云；或有众生，应见如来智慧身云；或有众生，应见如来不坏身云；或有众生，应见如来无畏身云；或有众生，应见如来法界身云。[①]

（2）以龙王降雨喻如来法施无量

龙王降雨之无量以及空性，譬喻如来说法之无量，以及空性：

> 复次，佛子！如阿耨达大龙王者，若欲雨时，阴云普遍于阎浮提，然后降雨，长育百谷、众药、树木、竹芦、丛林……皆得茂盛，华实充满。诸河源流悉从无焚龙王身出，令无数物难计众类致得滋益。如是，仁者！如来普于一切世界周遍无余，大哀优渥而澍甘露大法之雨悦可众生，长茂功德具足备悉十方诸乘。如来之音不从内出、亦不从外，如是无量不可计人、群萌品类而荷戴仰，是为第七为诸菩萨而得顺从如来之音。[②]

---

① 《大方广佛华严经》，《大正藏》卷9，第619页下—620页下。
② 《佛说如来兴显经》，《大正藏》卷10，第602页下。

我们看到，其中说"诸河源流悉从无焚龙王身出"，龙王的德行由于降雨的重要性被抬高到极致。①

（3）以龙王降雨喻十地菩萨之堪受法义

佛典中赞叹十地菩萨的智慧圆满：

> 佛子！诸佛智慧，广大无量，菩萨住是地，则能得入如是智慧。是菩萨摩诃萨随是地行，得菩萨不可思议解脱、无碍解脱、净行解脱、普门明解脱、如来藏解脱、随无碍论解脱、入三世解脱、法性藏解脱、明解脱、胜进解脱。是菩萨十解脱为首，得如是等无量无边百千万亿阿僧祇解脱、百千万无量阿僧祇三昧、百千万无量阿僧祇陀罗尼、百千万无量阿僧祇神通，亦复如是。是菩萨成就如是智慧，随顺菩提，成就无量念力，能于一念顷，至十方无量佛所，无量法明、无量法雨，皆能受持。

因为智慧圆满如是，要使人理解它的圆满，龙王降雨时接受的对象包括小溪、河流、湖泊、大海等，别的对象能接受的有限，只有大海能够接受无穷尽的降雨，这恰恰能为十地菩萨的智能提供很好的譬喻：

> 譬如娑伽罗龙王所澍大雨，唯除大海，余不能受；菩萨摩诃萨亦复如是，如来微密雨、大法雨，一切众生、声闻、辟支佛乃至九地菩萨所不能受，唯此菩萨住法云地，悉能受持。譬如大海，一龙王起大云雨皆能堪受，若二若三，乃至无量无边诸大龙王所起云雨，一时澍下，皆能受持。菩萨摩诃萨亦如是，住法云地，于一佛所，能受大法明雨，二佛三佛，乃至不可说不可说佛，于一念中，皆能堪受，如是诸佛大法云雨，是故此地名法云地。②

---

①　《佛说如来兴显经》，《大正藏》卷10，第602页下。
②　《大方广佛华严经》，《大正藏》卷9，第573页上。

（4）以龙王降雨喻诸佛菩萨之慈悲平等

因为干旱炎热之季，降雨之时，使丛林、树木、谷物得到滋养，佛菩萨对待善根将尽的众生，其慈悲恰可以之为喻：

> 复次善男子，譬如大地所有药木一切丛林百谷甘蔗花果之属，值天炎旱，将欲枯死，难陀龙王及婆难陀怜愍众生，从大海出，降澍甘雨，一切丛林百谷草木滋润还生。一切众生亦复如是，所有善根将欲消灭，诸佛菩萨生大慈悲，从智慧海，降甘露雨，令诸众生具足，还得十善之法。①

降雨的平等也譬喻如来法雨的平等：

> 世尊，我于今者乐说譬喻。佛言，善哉乐说便说。世尊，譬如难陀婆难陀龙王等降大雨，如来法雨亦复如是，平等雨于优婆塞优婆夷。②

（5）以龙王降雨喻灌溉需播种

降雨能令万物增长，但增长的前提是已播下种子，佛典中便以此来譬喻众生需先播善种，然后才能于如来法雨中有所增长：

> 复次善男子，譬如夏月兴大云雷降注大雨，令诸农夫下种子者多获果实，不下种者无所克获，无所获者非龙王咎，而此龙王亦无所藏。我今如来亦复如是，降大法雨大涅盘经，若诸众生种善子者得慧芽果，无善子者则无所获，无所获者非如来咎，然佛如来实无所藏。③

将以上的几点联系起来我们发现，也许正是因为龙在印度本土传说中

---

① 《大般涅盘经》，《大正藏》卷12，第511页下。
② 同上书，第598页上。
③ 同上书，第391页上。

的重要性以及其降雨功能，佛教才产生了专门的降龙叙事，使龙众都皈依佛教。龙王降雨发展出了多种喻意，其基础、根源都在于自然界降雨这一现象的无限丰富性，以及"雨"的宝贵，依托于此龙与雨联结，演绎为龙王降雨的丰富性以及自在感，才能被用作佛菩萨说法之譬喻，使人明了法义之自在。

因为龙王降雨有种种堪喻如来之自在，龙王也成为有道修行者的喻象，如：

> 一时佛在王舍城鹫峰山中，与大苾刍众千二百五十人俱——皆得阿罗汉，诸漏已尽无复烦恼；心善解脱，通达智慧；如大龙王，断诸有结去除重担；所作已办，逮得己利心得自在。①

又如：

> 是时濡首童真菩萨，以其平旦欲入城分卫，整圣无上清净道服，执御应器，持法锡杖，粗顺如佛。机检典制，度量俨然，庠行安步，进止端严，回旋顾眄光色无量，诸根静寂常应道定，威仪述叙礼法肃齐，众德悉备靡不雅然。如猛师子，如大龙王，景福之祚煜出树园，威相无量德好卓异，晖颜炜晔光曜炳然。②

龙王之回护小龙，被用作菩萨之回护众生：

> 如彼阿耨达龙王，与诸小龙而作覆护，有恐惧者使无所畏，左右神龙皆有威德，及海中诸小龙王皆来朝贺。菩萨摩诃萨亦复如是，为一切有形众生怀恐怖者而作覆护，随时将育令无怨恨，界内越界心等如空，虽处于世布慧光明，将护萌类如身无异。③

---

① 《佛说五十颂般若波罗蜜多经》，《大正藏》卷8，第845页下。
② 《佛说濡首菩萨无上清净分卫经》，《大正藏》卷8，第740页下。
③ 《最胜问菩萨十住除垢断结经》，《大正藏》卷10，第1012页上。

在关于龙王的描述中，不断加强了它和佛法之间的联系，江湖河海也因此与佛法有了非常契合的譬喻关系，如：

> 彼阿耨达泉出四江河遍阎浮地，诘屈周障而归于海，所经过处多所润泽。菩萨摩诃萨亦复如是，乘四智之海，载诸天及人魔若魔天释梵诸天人及非人，皆使趣于大智之海，发于无上正真之道，十力无畏十八事不共，至道树下终不退转。①

由于龙王降雨能够承载的多重象征意义，般若功德与龙王降雨以及佛菩萨与龙王都获得了统一，我们看到在般若经的叙述中，般若波罗蜜多的功德能使龙王降雨：

> 大王！般若波罗蜜多，能出生一切诸佛法、一切菩萨解脱法、一切国王无上法、一切有情出离法，如摩尼宝体具众德，能镇毒龙诸恶鬼神，能遂人心所求满足，能应轮王名如意珠，能令难陀、跋难陀等诸大龙王降霪甘雨润泽草木，若于暗夜置高幢上，光照天地明如日出。此般若波罗蜜多亦复如是，汝等诸王应作宝幢及以幡盖，烧香散花广大供养，宝函盛经置于宝案，若欲行时常导其前，所在住处作七宝帐，众宝为座置经于上，种种供养如事父母；亦如诸天奉事帝释。②

龙王、雨，以及与龙王相关的江湖河海与佛法，达到了高度的统一，这种紧密契合之关系，是密教时期咒语、龙、雨的密切结合的基础，也是佛教入传中土之后，佛教之龙提升了中土龙的地位，丰富了中土龙的形象的重要原因。

（三）修行力、咒语、龙、雨的结合

随着秘密佛教的发展，咒术进入了佛教，祈雨、止雨的咒术也摄入佛教中，并诞生了专门用于祈雨的经典，严格意义上来讲，此时的佛教才有

---

① 《最胜问菩萨十住除垢断结经》，《大正藏》卷10，第1012页上。
② 《仁王护国般若波罗蜜经》，《大正藏》卷8，第843页中。

一套可称为"祈"的行为。且在咒术的应用过程中，并没有脱离"龙"，也没有少"修行力"。秘密佛教的祈雨过程，是其将与雨先后相关的各种因素进行统一和合：修行力、龙王、咒语。

这一时期译出的祈雨经典有《大方等无想经》《大方等大云经·请雨品》《大云轮请雨经》等，由于是不同译者先后译出，名称不同，但内容实有重合，如《大云轮请雨经》与《大方等大云经·请雨品》内容大致相同。我们通过《大方等无想经》以及《大云轮请雨经》，来看一下融摄咒语之后佛教的祈雨方式。

在《大方等无想经》中，大云密藏菩萨请佛陀解说这部经，佛陀对此经的解说，实际上也就是在解说祈雨的方式。① 我们看到，在佛陀的解说中，信仰这部经典能够降雨的原因在于此经中有神咒，但神咒之所以能够降雨，则是因为它能够役使龙众，如果龙众听到神咒而不降雨，将会得到惩罚。

《大云轮请雨经》中，诸大龙王先以一切云海庄严一切诸佛菩萨众海，然后佛陀应许为龙王们解答疑惑，无边庄严海云威德轮盖龙王就问佛陀：

> 云何能使诸龙王等灭一切苦得受安乐，受安乐已又令于此赡部洲时降甘雨，生长一切树木丛林药草苗稼皆生滋味，令赡部洲一切人等悉受快乐。

佛陀说有三种办法能够令龙王安乐：

---

① "尔时，大云密藏菩萨白佛言：'世尊！此经中说四百三昧，其义甚深，难可得解，惟愿如来，分别解说。'佛言：'善哉善哉！善男子！如汝所问，欲疗众生杂恶、秽垢，令得忍辱、正信之心，正精进心、念心、定心，欲令未来薄福之人，生福德故，故发此问。''善男子！若有国土、城邑、聚落四部之众，受持、读诵、书写、解说如是经者，时旱则雨，雨过则止。善男子！随有国土，其中众生受持、读诵、书写、解说、听此经者，当知是人得金刚身。何以故？是经典中，有神咒故。为众生故，三世诸佛，悉共宣说：郁究隶　牟究隶　头坻　比头坻　陀尼羯坻　陀那赖坻　陀那僧塔兮。''若有四众，读诵此咒，则为诸佛之所称赞。若有国土，欲祈雨者，六斋之日，其王应当净自洗浴，供养三宝，尊重、赞叹称龙王名。善男子！四大之性，可令变易；诵持此咒，天不降雨，无有是处。汝先所问四百三昧义，至心谛听，当为汝说。'"见《大方等无想经》卷四，《大正藏》卷12，第1094页中—第1094页中。

一是"行慈"：

> 汝大龙王若有天人行大慈者，火不能烧刀不能害，水不能漂毒不能中，内外怨敌不能侵扰，安乐眠睡安乐觉寤，以自福护持其身，以大福而获威德不被他凌，于人天中形貌端严众所爱敬，所行之处一切无碍，诸苦灭除心得欢喜诸乐具足，大慈力故命终之后得生梵世。汝大龙王若有天人修大慈行，获是福利，是故龙王，以慈身业以慈语业以慈意业应当修行。

另外一种办法是诵"施一切众生安乐"陀罗尼：

> 复次龙王，有陀罗尼名施一切众生安乐，汝诸龙等常须读诵继念受持，能灭一切诸龙苦恼，与其安乐。彼诸龙等既得乐已，于赡部洲即能依时降注甘雨，使令一切树木丛林药草苗稼皆得增长。①

还有第三种方法，就是持诸佛名号，也可以令龙王安乐：

> 复次龙王，有大云所生加持庄严威德藏变化智幢降水轮吉祥金光毗卢遮那一毛端所生种性如来名号，汝等亦复忆念受持，持彼如来名号者，一切诸龙种姓族类，一切龙王眷属徒众，并诸龙女生龙官者，所有苦恼悉皆除灭与其安乐，是故龙王应当称彼如来名号。②

佛陀告诉他们这三种方法能够在日常使龙王安乐，安乐之余降雨能使众生安乐，可是龙王还继续请求陀罗尼，为了未来饥馑恶世能够使众生安乐：

> 尔时三千大千世界主无边庄严海云威德轮盖龙王复白佛言，世尊我今启请如来说陀罗尼句，令于未来末世之时，于赡部洲亢旱不降雨

---

① 《大云轮请雨经》，《大正藏》卷19，第487页中。
② 同上书，第487页下。

处，诵此陀罗尼，即当降雨。饥馑恶世多饶疾疫，非法斗诤人民恐怖，妖星变怪灾害相续，有如是等无量苦恼，以佛威神加持皆得除灭。唯愿世尊以大慈悲愍诸众生，为说陀罗尼句，警觉诸龙悉令受持，能使诸天欢喜踊跃，能摧一切诸魔遮止众生灾害逼恼，能作息灾吉祥之事，能除妖星变怪，如来所说五种雨障亦皆消灭，即令此赡部洲雨泽以时，唯愿如来为我等说。①

龙王们一再请求的这个陀罗尼非常关键，它应对的是末世的情况。末世非法，人民恐怖，但是由于佛教的慈力，仍然有这样一种饶益众生的方法。

《大云轮请雨经》中，龙众主动请问佛陀能令自身安乐的方法，在自身的安乐中，也便降雨使众生安乐，且请问佛陀应对饥馑恶世的陀罗尼，它们准备在恶世中以受持此陀罗尼，使众生享受到降雨。

相比于《大方等无想经》中的龙众，《大云轮请雨经》中的龙众处于较为主动的地位，不过，两部经典所表现的融摄咒语之后的佛教祈雨方式，大致是相同的，其根本仍在修行之福力，以及龙众对佛教的皈依，对自身罪孽的去除。龙众降雨，实际上是在获得自身安乐的同时使众生获得安乐。

另外，两部经典的具体请雨之法中，都对清净的修行力作了要求，如《大方等无想经》中要求欲请雨的国王"若有国土，欲祈雨者，六斋之日，其王应当净自洗浴，供养三宝，尊重、赞叹称龙王名"②《大云轮请雨经》中规定："其请雨主必于一切诸众生等起慈悲心，若有比丘及比丘尼必须戒行本来清净，若曾违犯尼萨耆罪乃至众学，皆须已前七日七夜殷重忏悔，若在俗人亦须于前七日七夜日别须受八关斋戒，乃至请雨行道之日，悉须清净无得懈慢。"③忏悔、清净、斋戒，要求还是很高的。

从融摄咒语之后佛教的祈雨方式，我们也能大概看到佛教对于咒语的

---

① 《大云轮请雨经》，《大正藏》卷 19，第 488 页中。

② 《法苑珠林校注》，第 1882 页。

③ 《大云轮请雨经》，《大正藏》卷 19，第 500 页上。

确只是"融摄"，之前已形成的因素全都和合在其中，并无更改。

三　佛教与中土祈雨的结合及影响——《祈雨篇》思想探讨

（一）晋唐沙门祈雨行为及影响

佛教僧人屡屡在中土感雨祈雨，现以其不同方式略举例如下，以示佛教于祈雨参与之深：

1. 靠修持感雨者，如竺法护，居深山之中由德行而感清涧复流①；又如慧远，以杖掘地，清泉涌出②。修持所感，一般为泉，而非雨，不过同为纾解旱渴之用。

2. 诵《海龙王经》《胜鬘经》《金刚经》等降雨，如竺昙盖：

> 汉沙门竺昙盖，秦郡人也，真确有苦行，提钵振锡行化四辈，居于蒋山常行般舟，尤善神咒，多有应验，司马元显甚敬奉之。卫将军刘毅闻其精苦，招来姑熟深相爱遇，义兴五年大旱，陂湖竭涸苗稼焦枯，祈祭山川累旬无应，毅乃请僧设斋，盖亦在焉。斋毕，躬乘露航浮泛川溪，文武士庶倾州悉行，盖于中流燔香礼拜，至诚慷慨，乃读海龙王经，造卷发音，云气便起，转读将半，沛泽四合，才及释轴，洪雨滂注，畦湖必满，其年以登。刘敬叔时为毅国郎中令，亲豫此集，自所睹见。③

这里是以毅国刘敬叔亲眼所见的口吻，讲述了竺昙盖参与祈雨的全过程。这次祈雨是在祈祭山川等国家祭祀无用的情况下开始的，首先是设斋，然后竺昙盖乘船至溪流的中间敬香礼拜，转读《海龙王经》，祈雨成功。

慧远祈雨也是转读《海龙王经》：

---

① "护以晋武之末隐居深山，山有清涧，恒取澡漱，后有采薪者，秽其水侧，俄顷而燥。护乃徘徊叹曰，人之无德，遂使清泉辍流，水若永竭，真无以自给，正当移去耳。言讫而泉涌满涧，其幽诚所感如此。"《高僧传》卷一，《大正藏》卷50，第326页下。

② "……始住龙泉精舍，此处去水大远，远乃以杖扣地曰，若此中可得栖立当使朽壤抽泉，言毕清流涌出，后卒成溪。"《高僧传》卷六，《大正藏》卷50，第358页上。

③ 《法苑珠林》卷六十三，《大正藏》卷53，第764页中—下。

　　晋寻阳庐山西有龙泉精舍，即慧远沙门之所立也，远始南渡，爱其区丘，欲创寺宇。未知定方，遣诸弟子访履林涧，疲息此地。群僧并渴，率同立誓曰，若使此处宜立精舍，当愿神力即出嘉泉，乃以杖掘地，清泉涌出，遂畜为治，因构堂宇。其后天尝亢旱，远率诸僧转海龙王经，为民祈雨，转读未毕，泉中有物形如巨蛇，腾空而去，俄尔洪雨四澍，涧过离毕，以有龙瑞故取名焉。①

　　慧远是与众僧一起转读《海龙王经》，与竺昙盖的祈雨情节不同之处在于提到了"龙"，"泉中有物，形如巨蛇，腾空而去"。
　　还有释保志的祈雨：

　　天监五年冬旱，雩祭备至而未降雨，志忽上启云：志病不差，就官乞治，若不启百官，应得鞭杖，愿于华光殿讲《胜鬘》请雨。上即使沙门法云讲《胜鬘》，讲竟夜便大雪。志又云，须一盆水加刀其上，俄而雨大降高下皆足。②

　　我们看到，释保志的祈雨，也是在国家祭祀毫无功用的情况下进行的，他讲《胜鬘经》请雨，讲经之外还应用到一些法术。这种日常读诵又可用来祈雨的经典，除《胜鬘经》外，还有《金刚经》，如"唐吕文展，开元三年（715）任阆中县丞，雅好佛经，尤专心持颂《金刚经》，至三万余遍，灵应奇异。年既衰暮，三牙并落，念经恳请，牙生如旧。在阆中时，属亢旱，刺史刘浚令祈雨，仅得一遍，遍获沛然。又苦霖潦，别驾使祈晴，应时遍霁"③。
　　3. 伏龙降雨
　　如涉公，直接以咒语伏龙降雨。

　　晋长安有涉公者，西域人也，虚靖服气不食五谷，日能行五百

---

① 《法苑珠林》卷六十三，《大正藏》卷 53，第 764 页下。
② 《高僧传》，《大正藏》卷 50，第 394 页下。
③ 《金刚经受持感应录》，《卍新纂续藏》卷 87，第 477 页上。

里，言未然之事，验若抵掌，以符坚建元十一年，至长安县，以秘咒
咒下神龙，每旱坚常请之祝龙，俄而龙下钵中，天辄大雨，坚及群臣
亲就钵观之，咸叹其异。坚奉为国神，仕庶皆投身接足，自是无复炎
旱之忧。至于六年十二月，无病而化，坚哭之甚恸，卒后七日，坚以
其神异，试开棺视之，不见尸骸所在，唯有殓被存焉。至十七年，自
正月，不雨，至于六月，坚减膳撤悬，以迎和气，至七月降雨，坚谓
中书朱肜曰，涉公若在，朕岂焦心于云汉若是哉，此公其大圣乎。肜
曰，斯术幽远，实亦旷古之奇也。①

佛图澄也是直接伏龙降雨：

　　晋时佛图澄，博术终古，道艺超群，晋建武年正月至六月时，天
大旱，石虎遣太子诣临漳西釜口祈雨，久而不降，虎令澄自乞，即有
白龙二头降于祠所，其日大雨，方数千里，其年大收，戎貊之徒先不
识法，闻澄神验皆遥向礼拜，并不言而化焉。②

4. 结坛持咒祈雨

唐代已经传译了很多用于祈雨的密教经典。如隋代那连提耶舍翻译的
《大云轮请雨经》，唐不空在此译本上进行重译，并翻译了与祈雨有关的
仪轨和坛法。如《大云经祈雨坛法》云："亢旱之时，如是依法读此大云
经，或念经一日、二日乃至七日，定降祝甘雨，若灾重不雨，更作必降甘
雨。"③ 唐菩提流志翻译的《不空羂索神变真言经》亦云："若天旱时，
持真言者清洁沐浴着净衣服，当静寂默于诸有情发大悲心，或莲池边或龙
湫边，或王宫殿中或天祠中，或神庙中简择圣地，作四肘坛。"④ 还有唐
善无畏翻译的《尊胜佛顶真言修瑜伽轨仪》⑤，其卷下《尊胜佛顶真言修
瑜伽祈雨法品第十一》主要讲述了密教对绘制祈雨坛场的规定和要求。

---

① 《法苑珠林校注》，第 1884 页。
② 《法苑珠林校注》，第 1885 页，事亦见《高僧传》卷六，《大正藏》卷 50，第 385 页中。
③ 《大云经祈雨坛法》，《大正藏》卷 19，第 493 页上。
④ 《不空羂索神变真言经》，《大正藏》卷 20，第 388 页上—中。
⑤ 《尊胜佛顶真言修瑜伽轨仪》，《大正藏》卷 19。

入唐传播密教的三位梵僧——善无畏、金刚智、不空，均是持咒设坛祈雨之能手，关于他们祈雨的事迹散见于《高僧传》和唐宋时期的笔记小说。

《宋高僧传》如是记载密教大师金刚智的祈雨故事，谓：

> 其年自正月不雨迨于五月，岳渎灵祠，祷之无应。乃招智结坛祈请，于是用不空钩，依菩萨法，在所住处起坛，深四肘，躬绘七俱胝菩萨像，立期以开光，明日定随雨焉。帝使一行禅师谨密俟之。至第七日，炎气烛烛，天无浮翳。午后，方开眉眼，即时西北风生，飞瓦拔树，崩云泄雨，远近惊骇。①

玄宗时期的另一位密宗三藏善无畏也曾多次祈雨，尤为感验。善无畏祈雨，主要是口诵陀罗尼真言：

> 乃盛一钵水，以小刀搅之，梵言数百咒之，须臾有物如龙，其大如指，赤色矫首，瞰水面，复潜于钵底。畏且搅且咒，顷之，有白气自钵而兴，迳上数尺，稍稍引去。②

不空三藏是将佛教与镇护国家、禳除灾害等政治因素联系起来，并使密宗势力大张的释门领袖，他的祈雨事迹在民间更是广为流传。大历七年（772），京师春夏不雨，中使李宪诚奉诏，请不空祈雨，不空依法祈请，大雨丰足。

人们对密宗高僧祈雨灵验的信仰持久而深入，中晚唐直至五代宋初，善无畏塔所在地洛阳龙门广化寺成为帝王、官员、民众祈雨祭拜的重要场所。

以上只是权便之计，略作划分，在具体的祈雨行为中，佛教并没有严格遵照秘密佛教的经典，没有一定按照某种仪式和咒语进行。晋唐沙门祈雨的方式很多元，很多情况下是融合的，有以德感应者，以禅定感水者，

---

① 《宋高僧传》，《大正藏》卷50，第711页中。

② 同上书，第715页下。

亦有诵经持咒以下龙者，亦有以德感龙者，但总体而言，都是以三宝之德、修行之德为根本的。祈雨之活动，有为一己之修行，有为一方之百姓，也有为君主之所请（或所迫）。

君主对于沙门之祈雨，多抱有强迫态度，比如：

> 宋大明六年，天下亢旱，祷祈山川，累月无验。世祖请求那跋陀罗三藏法师祈雨，必使有感，如其无获，不须相见。①

求那跋陀罗之求雨，其行为思想中包含了一种无奈和悲凉，他说：

> 仰凭三宝，陛下天威，冀必降泽，如其不获，不复重见。②

接下来他便前往北湖钓台祈请，不复饮食，默而诵经，密加秘咒，以生命为注，如果祈雨不成功，他当然会失去生命。为己之感雨（或泉），乃是德行的自然感应；应民之祈雨，重在一颗慈悲之心。

另外我们看到，佛教祈雨多是在国家祀典无效用的情况下进行的，若不成功，后果会很严重，但在记载中，我们并没有看到不成功的例子，祈雨多是成功的。农耕国家对及时雨的需要，使得佛教的求雨理所应当地走入了国家祀典。

（二）佛教与中土祈雨相融合的哲学基础

佛教祈雨介入中土祈雨，需要在一定思想层面之上，即它介入的是中土祈雨思想中的哪一种。

如前所述，佛教的祈雨契合的是中土祈雨观念中"德"的层面，虽然也多运用咒语，但其本质是宗教性而非巫术性的，或称其为宗教化了的巫术行为。这与中国本土之祈雨表面是儒教或道教的内容，其本质却只是巫术行为有很大不同。祈雨巫术由于它的实用性与急需性，并没有在儒教或道教中获得意义的发展，其行为的原初性是持续整个中国古代社会的，而佛教的祈雨却以其"德"的意义，以及慈悲利生之发心，显得进步

---

① 《法苑珠林校注》，第1886页。

② 同上。

许多。

在唐代高僧澄观对《华严经》的疏解中，我们能看到将佛教的祈雨契合周易之乾卦，从"德"切入，在哲理层面达到的完美互释。

这段疏解所疏的是《华严经》中的一段：

> 复有无量诸大龙王，所谓：毗楼博叉龙王、娑竭罗龙王、云音妙幢龙王、焰口海光龙王、普高云幢龙王、德叉迦龙王、无边步龙王、清净色龙王、普运大声龙王、无热恼龙王……如是等而为上首，其数无量，莫不勤力兴云布雨，令诸众生热恼消灭。①

澄观的疏注云："德中外则云行雨施，散去炎毒；内则慈云广被，法雨普沾，散业惑之热恼。"②

其疏钞中有：

> 德中外云行雨施者，语出周易乾卦，象曰，大哉乾元，万物资始乃统天，云行雨施品物流形，大明终始六位时成，时乘六龙以御天，乾道变化各正性命，保合大和乃利贞，首出庶物万国咸宁，释曰，乾为龙也，六爻皆龙，今释于龙，宜取乾德，况云行雨施。③

这种互释显示了佛教祈雨中"德"的层面与中国哲学契合程度可以到达的深刻程度。"祈雨"之"祈"，难离神秘，但是虽然同样都是"神秘"，佛教的祈雨为中土祈雨增添的是依于"德"的理性色彩。

（三）《法苑珠林·祈雨篇》思想内涵

佛教之于祈雨增益了中土祈雨的理性色彩，丰富了"龙"的形象并提高了其地位，而祈雨之于佛教也巩固了佛教的地位，佛教仪式被纳入国家祀典。释法琳《辨正论》卷四记载，贞观二年，太宗因"今百谷滋茂，万宝将成，犹恐风雨失时，字养无寄"④，颁布命令让京城及天下诸州寺

---

① 《大方广佛华严经》，《大正藏》卷10，第4页中。
② （唐）澄观：《大方广佛华严经疏注》，《卍新纂续藏经》卷7，第657下。
③ （唐）澄观：《大方广佛华严经疏钞会本》，《乾隆藏》卷130，第78页上—中。
④ 《大正藏》卷52，第512页中。

观的僧尼道士在每年的正月和七月转经行道，甚至还将一些重要的佛教祈雨仪式引入皇宫内举行。太宗至武宗，在长安或洛阳皇宫中设置了很多佛教内道场进行祈雨，诏请高僧进宫祈雨。五代时期甚至罢郊坛而祈于寺庙。在这种大背景下，《法苑珠林》设置《祈雨篇》实际上是中土祈雨与佛教之间互动影响深刻的产物。

此篇由"述意部""祈祭部""降雨部""河海部"以及感应缘若干则组成，其"述意部"表明，佛教之祈雨，其根本在于："夫圣道虚寂，故能圆应无方，以其无方之应，故应无不适。"降雨是凭借智慧之力、感通之力、三宝福力，所以"无请不谐，有祈必应"。且佛教之降雨犹有超越性的意义，使众生能够"并沐兹定水，继圣智之原，辟此爱罗，超有无之境也"。道世在篇尾自作颂说："玄言始开阐，云雾上升天。曖曃垂下布，驶雨遍山川。百草俱滋茂，五谷皆熟田。自非慈福力，岂感乐丰年。"① 这都说明道世对佛教与中土祈雨的切入点——"德"有清晰之认识。

1. "祈祭部"：祈雨具体步骤与所诵陀罗尼

"祈祭部"主要依《大云轮请雨经》介绍佛教祈雨方式，从这点能看到《大云轮请雨经》影响之大。在分析秘密佛教时期咒语、龙、修行力的结合时，我们已对此经有所介绍，道世在"祈祭部"中所引用的部分，是两个要点：请雨的基本步骤与那则重要的陀罗尼。现将请雨步骤条列如下，以领略秘密佛教祈雨的大概样貌②：

（1）其请雨主，于一切众生起慈悲心。

（2）受八戒斋，于空露地，应张青帐悬十青幡，净治其地牛粪涂场，请诵咒师坐青座上。若在家人受八戒斋，若比丘者应持禁戒。

（3）皆着清净衣，烧好名香，又以末香散法师座。

（4）应食三种白净之食，所谓牛奶酪及糠米。

（5）诵此大云轮品时，面向东坐，昼夜至心令声不断，供养一切诸佛。

（6）复以净水置新瓶中，安置四维，随其财力，办作种种食供养

---

① 《法苑珠林校注》，第 1869 页。
② 同上书，第 1870—1872 页。

诸龙。

（7）复以香华散道场中，及与四面法座，四面各用纯新净牛粪汁画作龙形。（耶舍法师传云，西国土俗以牛能耕地出生万物，故以牛粪为净，梵王帝释及牛并立神庙以祠之，佛随俗情故，同为净。）

（8）东面去座三肘已外画作龙形，一身三头并龙眷属。南面去座五肘已外画作龙形，一身五头并龙眷属。西面去座七肘已外画作龙形，一身七头并龙眷属。北面去座九肘已外画作龙形，一身九头并龙眷属。

（9）其诵咒师应自护身，或咒净水，或咒白灰，自心忆念以结场界，或画一步，乃至多步。若水若灰，用为界畔，或咒缕系颈，若手若足，咒水灰时散洒顶上，若于额上，应作是念，有恶心者不得入此界场。

（10）其诵咒者，于一切众生起慈悲心，劝请一切诸佛菩萨怜愍加护，回此功德分施诸龙，若时无雨，读诵此经，一日二日，乃至七日，音声不断，亦如上法，必定降雨。大海水潮，可留过限，若能具足依此修行不降雨者，无有是处，唯除不信不至心者。

从这些具体步骤上看，秘密佛教的整个祈雨过程是较为繁杂的，对清净以及"至心"要求颇高。

《大云轮请雨经》本内容短小，却有多处陀罗尼，道世选取的就是龙众们一再祈请的那则重要陀罗尼。

"祈祭部"也选取了《大方等无想经》中请雨方式的简略介绍，引文作出自《大方等大云经》，上文已引用，在此不再条列。

2. "降雨部"：佛教对降雨的认识

"降雨部"主要介绍佛教对降雨的认识，分别引述了《分别功德论》，《增一阿含经》和《华严经》的内容。

（1）雨的分类

引用《分别功德论》中的知识，说明雨的种类：

　　　　如《分别功德论》云，天及龙皆能降雨，何以取别，天雨，细雾下者是，龙雨，霶下者是。又阿修罗共天斗时，亦能降雨，有二种，有喜雨，有瞋雨，若雨和调者，是欢喜雨，若雷电霹雳者，是瞋恚雨（自外云雨雷电等并如前日月篇说）。①

（2）龙众降雨之空性与如来智能法雨之空性相同

有关降雨的经典，虽功能在于降雨，但往往将对降雨方法的介绍，融摄在对智慧的说明中，将如来智慧法雨慧施与龙王降雨相喻，其中比较常用的，就是以二者出处来说明空性，如道世所引用的这则：

> 又《增一阿含经》云，佛言，如是世间不可思议，如龙界不可思议，云何。此雨为从龙口出耶，答不从龙口出，为从眼耳鼻身出耶，亦不从此出。但龙意所念，若念恶亦雨，若念善亦雨，亦由根本而作此雨，如须弥山腹有天，名曰大力，知众生心之所念，亦能作雨，然雨不从彼天口眼耳鼻出也，皆由彼有神力故而作此雨。②

（3）以大海之于龙王喻无穷智慧之起于如来心愿

所引《华严经》中的铺叙，以一切大海水起于龙王心愿，喻一切智慧之起于如来心愿，且无有穷尽：

> 复如是，随心所念，于念念中出生无量不可思议智，彼诸智慧悉无来处。又言，佛子，一切大海水皆从龙王心愿所起，如来智慧亦复如是，悉从大愿力起。佛子，如来智海无量无边，不可言说，不可思议，我说少喻，汝今谛听。佛子，此阎浮提内流出二千五百河水，悉入大海……佛子，如是大海其水无量，珍宝无量，众生无量，大地无量。佛子，于意云何，彼大海水为无量不。答言，实尔。其水深广不可为喻。佛子，如是海水深广无量，于如来无量智海，百分不及一，

---

① 《法苑珠林校注》，第1873页；《分别功德论》原文为："何谓龙不可思议，凡兴云致雨者，皆由于龙。雨之从龙眼耳鼻口出，为从身出耶？为从心出乎？依须弥山止，有五种天，亦能降雨。何以别龙雨天雨？天雨者，细雾下者是，麁下是龙雨。何谓五种天，第一曲脚天、第二顶上天、第三放逸天、第四饶力天、第五四天王。阿须轮兴兵上天斗时，先与曲脚天斗，得胜然后次至顶上，次至放逸及与四天王乃至三十三天，下四天欲斗时，以雨却敌，更无兵仗。有二种雨，有欢喜雨，有瞋恚雨，和调降雨是欢喜也，雷雹霹雳是瞋恚也。阿须轮亦降雨，天亦下雨，龙亦降雨，各各致雨理不可定，故曰龙雨不可思议。"见《大正藏》卷25，第31页上—中。
② 《法苑珠林校注》，第1873页。

乃至不可为譬,但随所应化为作譬喻。①

3. "河海部":江河湖海在佛教中的譬喻意义

"河海部"介绍佛教对江河湖海的认识,以及江河湖海对法的象征意义。

如所引《涅盘经》中:"譬如大海有八不可思议,何等为八。一者渐渐转深,二者深难得底,三者同一咸味,四者潮不过限,五者有种种宝藏,六者大身众生在中居住,七者不宿死尸,八者一切万流大雨投之不增不减。"又如所引《金刚三昧不坏不灭经》中:"佛言,弥勒当知,阿耨大池出四大河,此四大河分为八河,及阎浮提一切众流皆归大海,以沃焦山大海不增,以金刚轮故大海不减,此金刚轮随时转故,令大海水同一咸味。"②

本篇"感应缘"选取故事也较多,共有二十二则,本土故事九则,"秦时中宿县有观亭水神""秦时丹阳县湖侧有梅姑神""汉时夜郎逐水竹王祠有竹节神""汉中平年江水内有蛾含沙射人""汉永昌不韦县有禁水毒气""太山之东有澧泉饮用神灵""二华之山当黄河有神擘分流""黄帝时有赤将子舆能随风雨上下""神农时有赤松子是雨师能服水入火",都是中国本土关于水、雨等的故事,能够广泛地反映本土社会对水、雨的认知。沙门求雨之事十三则,方式各种。两相会通,以中土关于水、雨的认知的广阔大背景,融摄了沙门祈雨之事。

第二节　关于咒术、梦、占相的新理论
——《眠梦篇》《占相篇》《咒术篇》研究

一　从《眠梦篇》看佛教"梦"理论

(一)中国本土"梦"理论

中国本土对梦之占卜的最早文献,存于甲骨。《甲骨文合集》③中即有很多殷王占梦吉凶的例子,"吉""凶"观念从那时起已是人们释梦的

---

① 《法苑珠林校注》,第1873—1874页。

② 同上书,第1875—1876页。

③ 郭沫若主编:《甲骨文合集》,中华书局1978—1982年版。

最主要的动因。在对占梦的关注中，古人总结出关于梦的理论，如《周礼·春官》将梦分为六种，"一曰正梦，二曰噩梦，三曰思梦，四曰寤梦，五曰喜梦，六曰惧梦"①，这乃是根据人在梦中的心理活动而分类。东汉王符《潜夫论·梦列篇》为首篇对梦的专论，提出了"十梦"说："凡梦，有直、有象、有精、有想、有人、有感、有时、有反、有病、有性。"②并对之作出了解释，但其分类标准为多重，有心理、生理、病理，还有占梦术。《黄帝内经》亦论及梦的成因，以之为病理现象来解析五脏五行。古人对梦的关注是持续的，汉、隋、唐、宋、明等朝史书《艺文》《经籍》诸志中著录的梦书即有 20 种之多。

古人对梦的解析，其标准既不统一，对其占问又极重视，现依成因、释梦方式，以及释梦目的作一概括。

1. 梦的成因

依据中国古代学者对梦的论述，③ 梦的成因分为：

（1）日月星辰成梦：日月星辰的运行对梦的形成有影响，与之相应，也依据此来释梦。

（2）阴阳五行成梦：梦的形成本源于阴阳五行相克相生而影响到人的身体。

（3）物理及生理的影响成梦：即外界的寒热、饮食及身体的疲惫状况，以及人所认识的客观世界的反映。

（4）因想成梦：人的思维、欲求而成梦。

（5）超越这些解释范围的梦。

但古人中也有认为，梦是不可依"想"来解的，是一种超意识的存在，如吕祖谦。中国本土道教关于梦之成因的叙述也是基于这些的，在阴阳五行成梦、因想成梦之外，又有尸虫致梦、精怪星宿成梦、魂魄散乱而成梦。④ 中国本土所论梦的成因，全为本土知识杂烩的结果，有一种知识

---

① 《周礼·春官·占梦》，（汉）郑玄注，（唐）贾公彦疏，赵伯雄整理，王文锦审定：《周礼注疏》，北京大学出版社 1999 年版，第 653—654 页。

② （东汉）王符，（清）王继培笺，彭铎校正：《潜夫论》，中华书局 1985 年版，第 315 页。

③ 参考骆巧凤《中国古代学者论梦的成因》，《宁波大学学报》（人文科学版）2007 年第 20 卷第 2 期。

④ 参考朱展炎《道教释梦理论管窥》，《宗教学研究》2009 年第 4 期。

就有一种成因，相互之间也并不截然区分，联系千丝万缕。

2. 梦的占问

关于释梦，在中国古代有些梦是不需要占解的，如王充所说的直梦，即直接应验的梦；还有一种民间所称的通神梦，即与鬼神相沟通的梦，这种梦主要起着传递信息的作用，也不需要阐释，全为直写。因为直梦、通神梦没有时间上的先后关系，只有梦与现实事件之间的逻辑关系，现实事件往往是对梦中所传递信息的一种行为上的反映。① 但象征性与预言性的梦还是需要占释的，其占释带给现实的指导意义推动人们以不同方法去占释：以象征释梦，如"天梦""日梦""龙梦"对帝王的象征意义；以文字占梦，这是象形文字的独具功能；以方位释梦，与中国文化中方位观念密切相关，如《左传》中"宋公梦鸟"之梦例；双人共证与卜筮相互参证释梦，这是需要借确定预兆来进行重大现实抉择时所用，如《左传》中孔成子与史朝以梦册立卫灵公的故事；还有针对噩梦的正解方式，如《左传·僖公二十八年》晋侯噩梦的正解。

人们占梦，是为了趋吉避凶，获得预兆，指导现实，从这个意义上讲，中国本土对"梦"的态度是实用的。道教又有专门针对噩梦的治疗，如药物治疗法、祝咒治疗法、存神思过法，其治疗的根本目的，不是疗梦，而是疗治噩梦可能征兆的现实。从帝王到民间，都在意攘却噩梦并有一套可遵循的程序，如娱神，如献祭，如诵咒。②

3. 梦的哲学意义

与对占梦实用性的关注相比，中国古代对梦的哲学意义的追求是有限的。先秦文献中将梦提升到哲学高度的是《庄子》与《列子》，《庄子》中约有十篇言及梦，他借"梦"来表达自己想要阐释的哲理，《齐物论》之"庄周梦蝶"提出人生与梦不辨彼此，《至乐》③ 中借骷髅之口说："死，无君于上，无臣于下，亦无四时之事，从然以天地为春秋，虽南面王乐，不能过也。"此以死为觉，以生为梦也。庄子描述"愚人"为"其

---

① 参考燕良轼《中国古代的主要释梦方式》，《沈阳师范大学学报》（社会科学版）2010 年第 2 期。

② 参考刘艳《先秦两汉占梦现象的文化考察》，硕士学位论文，陕西师范大学，2012 年，第 34—36 页。

③ 陈鼓应注译：《庄子今注今译》，中华书局 2009 年版，第 479—498 页。

寐也魂交，其觉也形开"。而梦的本质是颠倒的，"梦饮酒者，旦而哭泣，梦哭泣者，旦而田猎，方其梦也，不知其梦也。梦之中又占其梦焉，觉而后知其梦也。"而至人、真人是"古之真人，其寝不梦"，圣人"其寝不梦，其觉无忧。……虚无恬淡，乃合其德"。《列子》中的寓言承庄子之意，又将梦与觉的问题借寓言再次提出，如其《周穆王》①　中写过这样几个国度：古莽之国以梦中所为者为实，觉之所见者为妄；中央之国一觉一寐，以为觉之所为者实，梦之所见者妄；而阜落之国，其民常眠而不觉。其中将眠与觉、实与妄的对立进一步颠覆。其"蕉鹿梦"一则，郑人得鹿覆以蕉，回头却以为自己是做梦，无意听到了覆鹿地点的人将鹿窃取，可郑人又梦到了覆鹿地点和窃鹿之人，两人争讼，无人能辨。此则仍重在颠覆。"尹氏役夫梦"借尹氏之友说："若位足以荣身，资财有余，胜人远矣。夜梦为仆，苦逸之复，数之常也。若觉梦兼之，岂可得也？"

中国古人对于梦的这两种态度，一种极实用的，一种极哲理的，二者并行，极哲理的并不是以极实用的为理论基础发展而来的，二者都没有对梦的解析统一以一贯的标准。

（二）从《眠梦篇》看佛教梦的解析

《法苑珠林·眠梦篇》有"述意部""三性部""善性部""不善部""无记部"以及感应缘故事六则，在占梦之于中土有重要意义的大背景下，呈现佛教独有的梦的解析理论。现分部而述之，以明佛教之占梦特点。

其"述意部"点明三界为"心"所积，梦也是如此，这是以唯识学为根据的。以内识为本，因外境而生。从佛教伦理的立场看，一切法可分为"善、恶、无记"三性②（根据《大毗婆沙论》对善、恶、无记的解释，能招致可爱乐之果报的，或增强安隐的，叫"善"性；导致不可爱乐的果报，使人难以安隐的，叫"恶"性；如果两种皆非，则为"无记"性），梦的性质也是与三性相通。根据梦的成因具体又可分为有记之梦，

---

① 《列子·周穆王篇》，杨伯峻撰：《列子集释》，中华书局1979年版，第90—113页。

② 《阿毗达摩大毗婆沙论·五十一卷》云："问：何故名善、不善、无记？ 答：若法、巧便所持，能招爱果，性安隐故；名善。巧便所持者：显道谛。能招爱果者：显苦集谛少分。即有漏善。性安隐者：显灭谛。若法、非巧便所持，能招不爱果，性不安隐，故名不善。此总显苦集谛少分，即诸恶法。若法、与彼二种相违，故名无记。……"《大正藏》卷27，第263页上。

无记之梦，想梦，病梦。"有记""无记"是和三性相通的，"想"和"病"是另外的成因。

在"三性部"中，道世引用经律论中相关知识，介绍对梦之类别的具体划分，以及对梦之善、恶、无记三性的深入解释。①

依《善见律》中对梦的具体解释，根据梦的真实性、征兆性，梦又可分为四大不和梦（山崩，飞腾虚空，见虎狼狮子贼迹），是虚而不实的；先见梦（白天看见，晚上梦到），也是不实的；天人梦（善知识天人为现善梦，令人得善，反之恶知识造成噩梦），是具有真实意义的；想梦（根据前生的福德，若有福德现善梦，罪者现噩梦，如佛母诞佛陀时梦见白象从忉利天下入其右胁，梦见礼佛诵经持戒布施种种功德）。

依梦的三性（善、不善、无记），梦又分为善梦（礼佛、听法、说法），不善梦（杀、盗、淫），无记梦（青、黄、赤白等颜色）。佛教将"睡眠"情况认知得非常细微，"睡"与"眠"具有不同含义，"睡"指的是未入眠以前的昏沉状态，道世引用了《阿毗昙毗婆沙论》卷二十《杂揵度无惭愧品》的一部分内容，来说明佛教对"睡""眠"状态的论述。该品中本来内容较多，道世引用的是一小段，略作说明。关于"睡"与"眠"的相应情况，不同性质的"眠"中所作善恶的结果，这些由于太过专门，不再于此细说了，但有一点是非常值得强调说明的：道世引文的最后，点明了"问梦名何等法。答曰：是五盖中无明盖也"。这就交代出佛教对梦的根本观点：梦的根本是无明。"盖"，指升起智慧的障碍。依《摩诃止观》卷四："五盖者，所谓贪欲、嗔恚、睡眠、掉悔、疑。通称盖者，盖覆缠绵，心神昏暗，定慧不发，故名为盖。"

"善性部"引用《出生菩提心经》以及《杂宝藏经》中的知识，说明佛教对善梦的判断。《出生菩提心经》中，世尊告诉迦叶婆罗门，四种善梦得于胜法：梦见莲花、伞盖、月轮、佛形像。《杂宝藏经》中，恶生王梦见八事，为外道视为不吉，并建议杀害灭灾，王夫人至尊者迦旃延处礼拜问讯，尊者得知缘由，为其释梦，释梦为吉，其中一项，释为"王与夫人当有私密事"，后均应验，王亦因此"私密事"（即夫人因王将天冠与金鬘夫人而嫉妒，与王着恼）而自寤，遂敬奉供养尊者，驱诸外道

---

① 《法苑珠林校注》，第1018—1019页。

婆罗门。

"不善部"① 引《发觉净心经》，佛陀向弥勒菩萨讲菩萨当观二十种眠睡诸患：（1）懒惰，（2）身体沉重，（3）皮肤不净，（4）皮肉麁涩，（5）诸大秽浊威德薄少，（6）饮食不消，（7）体生疮疱，（8）多有懈怠，（9）增长痴网，（10）智慧羸弱，（11）善欲疲倦，（12）当趣黑暗，（13）不恭敬，（14）禀质愚痴，（15）多诸烦恼心向诸使，（16）于善法中而不生欲，（17）一切白法能令减少，（18）常行惊怖之中，（19）见精进者而毁辱之，（20）于大众中被他轻贱。

此外，该部还引一则佛教解噩梦的事例：不黎先泥国王夜梦十事，婆罗门解为恶事，并建议杀害以祭祠。国王非常忧愁，夫人摩尼建议去请问佛陀，佛陀说这梦无碍，是未来世的预知，不是今天的。未来恶世中"人当不畏法禁，淫泆贪利，嫉妒不知餍足，少义无慈喜怒无惭愧"。接着对每一条作具体解释。王闻长跪，心即欢喜，今受佛恩，令得安隐，作礼还归，重赐宫臣，从今以后不信诸异外道及婆罗门。足见，梦虽噩梦，但非今世。佛陀在世时，正确的释梦已成为使国王们敬信佛教的原因之一。

"无记部"中，引用《十诵律》中比丘在众中睡觉，佛陀所提供的提醒方式。道世自作的颂中说："昏沉睡盖，游想妄现。亲族虚聚，徒沾美宴。既寤空无，妄生爱恋。虽通三性，终成七变。"感应缘中，记载着四则白衣梦，两则僧人梦的故事。

佛教的梦理论，是独创的，自成系统的。《眠梦篇》中提供的知识仅为冰山之一角。概括起来：

第一，佛教视梦的根本属性为无明，不论善、不善、无记，其梦的产生，根本源于无明。如果无明破除，则不会有梦。

第二，佛教视产生梦的"睡眠"为修道的障碍，对"睡眠"的二十种过患有清晰的认识，对"眠"与"睡"的各种状态有清晰的认识。

第三，具体的眠梦：善、不善、无记，都有一定的结果，即福或不福。佛教对梦境有自己的解释方式，但这种方式并未在经典中得到体现，也许是禅定、神通、天眼，但无论如何，佛教反对杀害生命祭祀以攘却

---

① 《法苑珠林校注》，第1022—1025页。

噩梦。

因为有缜密的解析作为基础，佛教经典中，"梦"也成为对人生的经典譬喻，如《金刚经》中，"梦"作为"一切有为法"的喻象之一，也是以它对梦的整个理论为基础的。这与中国本土不同，中国本土梦在哲学层面上的意义并不源自对梦的实用解释，二者是并列产生的。而佛教的梦理论，既支撑对梦的解析，又支撑梦在哲学层面意义的升华，给予了中国本土"梦"的解析一个更具哲学高度的空间。

二 佛教关于"占相""咒术"的理论与态度——《占相篇》《咒术篇》研究

（一）佛教对占卜、咒术的态度，以及入传中土后的应用情况

就早期佛教所处印度的具体历史环境而言，占卜与外道咒术盛行，我们从阿含经典中能够看到大量的例证：

> 有婆罗门名曰种德……异学三部，讽诵通利，种种经书，尽能分别，世典幽微，靡不综练。又能善于大人相法，瞻候吉凶，祭祀礼义。①
>
> 有梵志子，名曰弥勒……通诸经藏，靡不贯练，诸书咒术，皆悉明睡，天文地理，靡不了知。②

那么，佛教对这些世俗意义上的占卜、咒术又是持什么态度呢？

以原始阿含为对象进行分析，有两种情况。一种，对于出家人，佛陀是明确反对这些行为的，称它们为"邪命""非法"，但对于在家人来说，占卜并不是完全无益，在家人可以通过占天文而预测天气，占地理知晓地形美恶，通过占男女知道人的生理和心理情况，通过占畜生知道牛羊品种好坏。这些技术可以帮助在家人更好地生活，是被允许的。但对于出家人，有漏的占卜，对于在无常世中趋向解脱毫无意义，佛陀多次说明这一

---

① 《长阿含经》卷十五，《大正藏》卷1，第94页上。
② 《增一阿含经》卷三十八，《大正藏》卷2，第758页上。

点，从不提倡。① 如佛陀对使用咒术等也仍然无法挽回母亲生命的波斯匿王说：

> 一切众生皆归于死，一切变易之法，欲令不变易者，终不有此事。大王，当知人身之法，犹如雪揣，要当归坏；亦如土坏，同亦归坏，不可久保；亦如野马幻化，虚伪不真；亦如空拳，以诳小儿。是故大王，莫怀愁忧，恃怙此身，当知有此四大恐怖，来至此身，不可障护，亦不可以言语、咒术、药草、符书所可除去。②

再如尊者那伽婆罗与一老婆罗门的对话。老婆罗门家男儿、作使人、兄弟、父母、妇，相断死去，又有八窖珍宝遗失，他"祠祀诸天，供养诸长老梵志，拥护诸神，诵诸咒术，亦能瞻视星宿，亦复能和合药草，亦以甘馔饮食施彼穷厄，如此之比，不可称也，然复不能济彼命根"③。那伽婆罗告诉他灭恩爱无明，无复有苦。老婆罗门因此出家，学四谛法，终成阿罗汉。

即使多做世俗之"方便"，如布施、祠祀，甚至咒术，也无法挽留无常，而要使自己免于受别离苦，唯有修习四谛，因为"此世无护，无可依恃；此世一切趣向老法；此世非常，要当舍去；此世无满，无有厌足，为爱走使"④。

严格意义上讲，佛教并无属于自身的占卜类知识。原始阿含中只有很多关于佛陀及弟子们具有洞晓世事之能力的记述，但世俗意义上的"占卜"是通过一定的方法、手段和征兆来推断未来的吉凶祸福，从而获得启示。而在佛教的记述中，我们看不到佛教徒们用了什么样具体的手段和征兆，也看不到他们之所以洞晓世事是因为在意"吉凶祸福"。我们随拣一例《杂阿含经》中的事例：

---

① 参考罗正心《远离邪命非法：〈阿含经〉里释迦牟尼佛对出家众所示占相、咒术的态度——兼论他对神通的看法》，《东方宗教讨论会论集》新3期。
② 《增一阿含经》卷十八，《大正藏》卷2，第638页下。
③ 《增一阿含经》卷三十五，《大正藏》卷2，第744页下。
④ 《大正藏》卷1，第626页下。

　　　　尔时，座中有一比丘作是念：云何知、云何见，疾得漏尽？尔
　　时，世尊知彼比丘心之所念，告诸比丘：若有比丘于此座中作是念，
　　云何知、云何见，疾得漏尽者，我已说法言……①

　　此中佛陀在弟子未开口前便已知道弟子心中疑问，他并没有用"占"
的方式。我们再举一例：

　　　　……尔时，世尊告阿难曰：如是，如是，如汝所说。诸佛无有因
　　缘亦不发笑，我今笑者，其有因缘。阿难当知，于我灭度百年之后，
　　此童子于巴连弗邑统领一方，为转轮王，姓孔雀，名阿育，正法治化，
　　又复广布我舍利，当造八万四千法王之塔，安乐无量众生。……②

　　佛陀预言自身灭度后百年阿育王布法之事，非常清晰，但他并没有用
"占"的方式。
　　类似的记述是很多的。佛教对未来的预知，在佛教经典的记述中，基
本上是来自修行而证得的无碍能力——"神通"。目犍连即为佛陀十大弟子
中的"神通第一"。依《华严大疏三》，"通"意谓作用自在无碍，佛、菩
萨、外道、仙人之所得者，即通力、神通等意谓。
　　因此，佛教之预知，并非"占"的结果，而是"神通"的结果。严
格意义上讲，就连"占相"，也并非纯正意义上的"占卜"，因为佛教提
供的占相知识，并不指向未来的吉凶祸福，而仅仅指向六道习性、因果善
恶。由于这方面的知识有推断既往之意，名之为"占"，也未为不可。佛
教后来又有专门的《地藏占察善恶业报经》，但于小处言是明因果，于大
处言是修圣道，由此亦区别于世间卜筮。
　　关于咒术，佛教确实有自己特有的咒语体系。但早期佛教并无秘密咒
语，有的只是"祝愿"，"祝""咒"于古汉语中通用。早期的祝愿虽然
并非秘密咒语，但其功能与秘密咒语是相重叠的，也是为了祝愿、祈祷，
只是并没有神秘力量的渲染而已。但民众对这种祝愿、祈祷的需要，以及

---

　　①　《杂阿含经》，《大正藏》卷 2，第 14 页上。
　　②　同上书，第 162 页上。

当时印度社会已盛行婆罗门教秘密咒语，都决定着佛教出现秘密咒语的必要。般若经典中即已多见秘密咒语。秘密咒语大量发展出之后，也仍然符合原始佛教拒绝"邪命""非法"的要求，即只是善咒、护持咒，绝不通过咒语的力量达到私欲的目的。① 而对于咒语的力量，佛教是极为重视的，视其为诸佛的心髓。

因此，虽然佛教中出现了占卜与咒术，以及其他巫术类的知识，但其对于此类知识的基本态度是不变的，一切都以四谛和无常为前提，占相离不开六道因果，咒术是为了配合信仰以及生活中的善用。

佛教入华至《法苑珠林》成书期间，僧人占卜、作谶、应用咒术显示神通之例不在少数，且对于佛教的传播至关重要。② 分析其原因，一方面固然是因为佛教本具这些知识以及神通的功能；另一方面也因为知识的易于杂糅。对于个体来说，他所具备的知识是杂糅而非纯粹的。早期本土出家者很可能本来就通会本土占卜、咒术之法，而外来者所使用的占卜、咒术以及其他神通，也并不一定完全属于佛教范畴，也有各个国家本土的方术。

如著名的佛图澄，《高僧传》中说他：

> 善诵神咒，能役使鬼物。以麻油杂胭脂涂掌，千里外事皆彻见掌中如对面焉，亦能令洁斋者见。又听铃音以言事无不效验。③

又如释耆域，他所应用的咒术，能够医枯树，医将死之病人，作咒之法类于方术：

> 域以应器着病者腹上，白布通覆之，祝愿数千言，即有臭气熏彻一屋。病者云：我活矣。域令人举布，应器中有若涎淤泥者数升，臭不可近。病者遂活。④

---

① 侯慧明：《论密教密法之渊源——佛教早期咒法》，《西北民族大学学报》（社会科学版）2013 年第 4 期。

② 严耀中：《魏晋南北朝时期的占卜谶言与佛教》，《史林》2000 年第 4 期。

③ 《高僧传》，《大正藏》卷 50，第 383 页中。

④ 同上书，第 388 页中。

再如释玄畅退兵：

> 虏骑追逐将欲及之，乃以杨枝击沙，沙起天暗，人马不能得
> 前。①

他本人的知识结构：

> 洞晓经律深入禅要，占记吉凶靡不诚验，坟典子氏多所该涉，至
> 于世伎杂能罕不必备。②

这些高僧知识背景相当杂糅而开阔，但身份都是佛教僧人，所使用的
咒术、占法，应是他们所修习的方术，《咒术篇》的感应缘也收录了大量
此类事迹。他们使用这些方术，而使佛教在中土获得了信任，但也有不好
的影响，比如北魏太平真君五年（444）正月，魏太武帝就下诏将沙门与
师巫、谶记一起禁绝。特别是到唐代以后，知识本身的杂糅，又加文化自
身的融合③，僧人占卜多用中国本土占卜之法，佛教中甚至发展出"文殊
菩萨占筮法"以及"观音灵签"等占卜方法，疑为本土占卜方法的演化，
而假以佛教之名，绝非佛教占卜的本义。

作为一部佛教类书，《法苑珠林》对此类知识进行收录介绍，其秉持
的态度，呈现的面貌，是以佛教占卜、咒术类知识的根本性质，以及其应
用中的具体情况为依据的。

（二）《占相篇》《咒术篇》提供的知识

1. 《占相篇》：突出善恶业缘

《占相篇》共有"述意部""引证部"和"感应缘"三部分。"述意
部"提纲挈领，简括佛教占相理论的主旨：

> 夫大教无私，至德同感。凡情缘隔，造化殊形。心境相乘，苦乐

---

① 《高僧传》，《大正藏》卷 50，第 377 页上。
② 同上。
③ 参考严耀中《论占卜与隋唐佛教的结合》，《世界宗教研究》2002 年第 4 期。

报异。如蜡印印泥，印成文现，其相可占。致使在人畜以别响，处胡汉以分容。贵贱有晦明之别，圣凡有清浊之异也。①

这是以佛教的因果观阐明"相"可以占的根本原因：有什么样的内心，就有什么样的外境；有什么样的造作，就有什么样的苦乐。人的相貌也是如此，就如同蜡印蘸上印泥盖章，可以从印章看到蜡印的样子，也可以根据人的相貌看到他的业缘情况。人畜的不同，胡汉的不同，贵贱、圣凡的区分，都是因为业缘。

"引证部"共两则，一则出自《佛说见正经》，一则出自《阿育王太子法益坏目因缘经》。这两则引证，一为说明"相"非究竟，一为说明"相"乃因果。

（1）"相"非究竟

所引《佛说见正经》中，正见比丘起疑，"佛说有后世生，至于人死，皆无相报，何以知乎？"他疑心为何佛说人在生死流转中的轨迹不能逆转，不能够认识从前。他还没发问，佛陀便知道了，于是向他讲述生死之喻。佛陀以树从核生，树复生果，果复生树来譬喻人生的生死流转，已经在不断更生又不断衰朽中的树木不可能回到从前的核，生死也是这样，本是由无明而来，经历辗转的十二因缘，"识"不断变幻，其所附着的四大不断更改新的父母、新的形体，不能够再认识从前，故而不可能再回到从前。

佛陀又举以矿石炼铁，又铸铁为器，铸成的铁器再回到从前的矿石是不可能的。人生也是如此，"识之转徙，住在中阴，如石成铁。转受他体，如铁成器。形消体易，不得复还"②。在识的转受过程中，由于六种原因，故而不可能再认识从前：

a. 住在中阴，不得复还。

b. 随所受身胞内。

c. 初生迫痛，忘故识想。

d. 生堕地，故所识灭，更起新见想。

---

① 《法苑珠林校注》，第 1857 页。

② 同上书，第 1858 页。

e. 已生便着食念，故识念断。

f. 从生日长大，习所新，无复宿识。①

佛陀接着对众弟子讲："识"只是随作善恶，身体崩坏了就离开了，不可能再认识旧面目。"未有道意，无有净眼，身死识去，随行变化，转受他体，何得相报也！"就如同月晦之夜，看不到五色，只有点亮火炬才能看到，人也只有勤修经戒，守摄其意，才能认识自己的本来面目，否则，便如同无手欲书，无目欲视，暗夜贯针，水中求火，终不可得。最后，佛陀告诫弟子们要勤行经戒，深思生死，本从何来，终归何所。得净结除，所疑自解。

这则引证，并不讲占相之道，讲解的是生死之道。生死之中，无论什么"相"，都是暂时的，如果不能勤修经戒，守摄其意，人也不可能认识自己从前的面貌，只能随识流转。这也是佛教占相理论的前提——虽然相貌可占，但并不究竟，在生死之中，人所呈现的相貌都是暂时的，后者不认识前者，只有通过修行，才能不被表相所缚，认识自己的本来面目。

（2）"相"乃因果

《阿育王太子法益坏目因缘经》是借阿育王太子法益因眼睛悟道的因缘，讲述五阴的幻化，以及人之相貌与其六道来处的关系：地狱、畜生、饿鬼、修罗、人相、天相，从不同道中来的众生各有各的相貌特征，如：

> 修罗相者，圆眼面方，黄体金发，尽备技术，阿须伦来。直前视地，无有疑难，见怨辄击，阿须伦来。又如人道来者之相：知趣所生，所执不忘，晓了事业，从人道中来。解诸幻伪，己不为之，所作平等，从人道中来……②

我们能看到，六道相貌观重视习性的分析：不同的因缘，不同的习性，呈现出不同的相貌。其理论的立足点在于"因果"，理论的框架是六道习性，而其理论的前提仍是相貌的不坚固、非究竟。原典中引文之前的一段颇能说明：

---

① 《法苑珠林校注》，第1858页。

② 同上书，第1862页。

眼如梦幻，当熟思惟。观此五阴，都无所有，无人无作，亦无受者，知之悉空，愚者深着。发毛身体，爪齿之属，血髓肠胃，不净充满。此身无净，亦无牢固，汝当思念，有为之法，此五阴形，幻化虚伪，由此流滞，不得解脱。①

道世在介绍完六道之相后，自己作的赞颂也颇能说明六道占相理论的主旨：

善恶相对，凡圣道合。五阴虽同，六道乖法。占候观察，各知先业。恶断善修，方能止遏。②

相貌可占，但非究竟，而且是由于善恶因缘。只有断恶修善，才是根本之道。

"感应缘"中则说明受持经典可更改命运。《占相篇》所引六则感应缘，前两则"汉黄头郎"与"汉周亚夫"事，乃本土占相故事，与佛教并无交集。这两则故事表现的是：相的可占性，以及命运的不可改变性。

"宋刘龄"一事，严格讲来，是一则毁佛受报故事，与"占相"无大的关联，如果说有关，无非是说明巫祝之占言、道士之占言，皆非可信。刘龄初奉佛，因其父暴亡，巫者说其家还将再亡三人，而其邻里道士趁机劝其毁佛。毁佛之后，刘龄受报，道士及参与之人亦受恶报。

"梁沙门释琰"，以及"梁沙门释智藏"两事，皆是突出受持《金刚般若波罗蜜经》能够改命理，延寿命。释琰与释智藏都被相师占出短命之相，又都通过受持《金刚般若波罗蜜经》改掉了短命之相。表明佛教不是命定论者，面相可以更改，而受持《金刚经》的一种功能即可以延长寿命。"周居士张元"一事，乃是讲述受持《药师经》能够疗愈其祖眼疾。

可见佛教的占相理论在中土的接受过程中，逐渐突破中土"命不可

---

① 《阿育王太子法益坏目因缘经》《大正藏》卷 50，第 180 页下。
② 《法苑珠林校注》，第 1862 页。

改"的理论,形成"命运可改"的故事,且受持经典及崇信佛法是更改命运的重要方法。

2. 《咒术篇》:体现中土信仰及生活实用

《法苑珠林·咒术篇》"述意部"对咒术的用途,是极力推崇的。道世将其用处总结为:"拔矇昧之信心,启正真之明慧,裂重空之巨障,灭积劫之深痾。"能够启慧灭障,是佛教咒语的根本出发点,咒术可以"持善不失,持恶不生"。但是道世也承认,咒语也可或碎石拔木,或移痛灭痾。随声发而苦除,逐音扬而事举。或召集神鬼,或驾驭虬龙。兴云布雨,集福祛灾。感应不穷,其来久矣前提是"依法施行"。接着"忏悔部"介绍用咒之法,其余几部介绍中土实用之咒。

(1)用咒之法

在"忏悔部"中,道世以自述交代使用佛教咒语的注意事项:

> 述曰:夫咒是三世诸佛所说,若能至心受持,无不灵验。比见道俗,虽有诵持无多功劝,自无志诚谤言无征。或有文字讹替,或有音韵不典,或饮噉酒肉,或杂食荤辛,或室宇污秽,或浪谈俗语,或衣服不净,或处所不严,致令鬼神得便。翻受其殃。若欲忏悔先立道场,悬缯幡盖烧众名香,四门护净禁止杂人,随其出入每须澡浴,多觅和香口内常含,至诚殷重自责己躬,愧谢十方一切贤圣。然后普为四生六趣,心心相续刹那匪懈。如是恳已定验不疑。故《菩萨善戒经》云,菩萨为破众生种种恶故受持神咒。故有五法不得为:一不食肉,二不饮酒,三不食五辛,四不淫,五不净之家不在中食。菩萨具足如是五法,能大利益无量众生,诸恶鬼神诸恶毒病无不能治。①

可见使用佛教咒语,一要至心忏悔且发心,且要心心相续毫无懈怠;二要文字和音韵正确;三要洁净。道世认为如此定有验征。

在此部,道世专门记录了《千转陀罗尼神咒》,并记录它的译出流布、文字以及功能。他很重视这则咒语,担心它在流传过程中会有失于实貌:

---

① 《法苑珠林校注》,第 1774 页。

此咒出于西梵由来盛传，至隋大业初，东都洛阳翻经馆笈多三藏译出此咒，以惠遗学。时有彦琮法师，即传译之领袖也，初获此本，通布华夷。时有长安延兴寺玄琬律师、弘法寺静琳法师等，并是道光日下，德振通贤，创获流布，洗荡瑕累。即于别院仍建道场，每至肇春，为受戒沙弥及余道俗相续不绝，灵相重叠。至今五十余年，时渐讹替，恐后人不知本末，故委具述之。①

这则咒语其实也就是今天广为流传的《大悲咒》，道世介绍此咒功能主要在于灭障：

千劫聚集业障一时诵已皆尽去尽，便获千佛所集善根，当得背于千劫流转中生老病死边际，转此生已见千转轮王。②

此外，他亦趁机点明该篇所收录咒语的原则：一是"今且逐要时济所须，意存灭罪除障。出四十余首"；二是"除病济贫护生延命杂术之徒。亦略述二十余"；三是"或此处无文西域有本，三藏口传，要用咒者。亦翻出三五，传之流行"。可见道世收录咒语遵循的原则首为中土实用。

（2）体现中土信仰特点及生活实需

"弥陀部""弥勒部""观音部""灭罪部""杂咒部"为道世所选取的相应咒语。前三者是为配合中土所盛行的弥陀信仰、弥勒信仰及观音信仰；"灭罪部"重点在于"灭罪除障"；而"杂咒部"重点在于生活实用。各咒不仅交代来源、出处、功能，亦交代具体使用方法。其方法各有不同，但总体来说，都需要虔心敬意，洁净身心，发善愿力；其功能亦各有所专，但总体讲，都为灭障助善，拔愚救厄。现将诸咒条列如下：

弥陀部：

①　《法苑珠林校注》，第1775页。
②　同上书，第1776页。

　　阿弥陀咒

　　阿弥陀鼓音声王大陀罗尼

弥勒部：

　　文殊师利菩萨所说陀罗尼

　　愿见弥勒佛咒

观音部：

　　观世音随心咒

　　灌顶章句陀罗尼神咒

　　破恶业障罪咒

　　六字章句咒

　　灌顶吉祥陀罗尼咒

灭罪部：

　　《东方最胜灯王如来经》中最胜灯王如来所付嘱娑婆世界陀罗尼
经

　　《东方最胜灯王如来经》中释迦牟尼佛所付嘱陀罗尼章句（两
则）

　　《大方等经》七佛说灭罪咒

　　《大般若经》中最胜天王所说陀罗尼

　　《大般若经》中如来所说神咒（共三则）

　　大般若咒

　　灭罪招福咒

　　礼佛灭罪咒

杂咒部：

　　护诸童子陀罗尼咒（《佛说护诸童子陀罗尼咒经》中大梵天王所说）

说）

　　护诸童子陀罗尼咒（《佛说护诸童子陀罗尼咒经》中世尊所说）

　　佛说止女人患血至困陀罗尼咒

　　佛说妇人产难陀罗尼咒

　　佛说除灾患诸邪恼毒咒

　　佛说多闻强记陀罗尼咒

　　观世音菩萨行道求愿陀罗尼咒

　　乞雨陀罗尼咒

　　止牙齿痛陀罗尼咒

　　咒谷子种之令无虫蝗灾起陀罗尼

　　咒田土陀罗尼

　　咒蛇蝎毒陀罗尼

　　疗百病诸毒陀罗尼咒

　　观世音菩萨说灭罪得愿陀罗尼咒

　　观世音菩萨说除卒得腹痛陀罗尼咒

　　观世音菩萨说除中毒乃至已死陀罗尼咒

　　观世音菩萨说除种种癫病乃至伤破陀罗尼咒

　　观世音菩萨说五种色菖蒲服得闻持不忘陀罗尼

　　疗腋臭鬼咒

　　疗疟病鬼咒

　　疗不得下食鬼咒

　　佛说疗一切病神水咒

　　观世音菩萨说随愿陀罗尼咒

　　佛说咒泥涂兵陀罗尼

　　从所选的这些咒语来看，道世主要是站在中土盛行的诸佛信仰与菩萨信仰，以及生活实用的立场来介绍咒语，注重咒语消灭业障、启发智能的功能，并不标举咒语的其他附加神异功能。这一点是值得注意的。

　　《法苑珠林》之《占相篇》《咒术篇》所选取的知识，首先是表明了佛教对待占卜、咒术类知识的态度；其次是面对其多种杂糅的实际应用情况，在众多占卜知识中，《法苑珠林》仅以"占相"名篇，《咒术篇》也仅交代了人们日常生活有善用之咒，显示出道世在这方面的清晰认识与正本清源的主张——佛教虽然有很多占卜谶言之例，也有相当多的咒语，但以知识而论，不能归为佛教所提倡的根本知识；再者也有知识分类的需要，即与《神异篇》构成不同角度。

自梁《高僧传》起，便有"神异"之篇。作为知识分类来讲，"占卜""咒术""神异"三者有重叠之处。由于《法苑珠林》在占卜类知识中仅择取"占相"，是以这一篇的知识内容以及感应缘，与"神异"尚好区分，但我们能看到，《咒术篇》的感应缘故事与《神异篇》的感应缘故事就是界限混淆的。这种情况下，道世将两类知识处理得各有重点，互补而不相混。

"占相""咒术"是方法本体，"神异"是应用表现，且神异之功并不仅仅只有"占相"与"咒术"。在介绍的时候，对于本体知识，道世突出知识本身与佛法的相应；对于"神异"的功能，道世突出佛教是怎样看待"神异"这种功能的。

"神异"或称"神通"，本是佛教徒修行过程中能够自然具有的能力，佛陀十大弟子之一的目犍连，即为神通第一。但在《杂阿含经》的记述中，已多次出现佛陀对追求神通的劝诫。在赤马天子的故事中，赤马天子对佛陀说：

> 我自忆宿命，名曰赤马，作外道仙人，得神通，离诸爱欲。我时作是念，我有如是捷疾神足，如健士夫以利箭横射，过多罗树影之顷，能登一须弥至一须弥，足摄东海，越至西海。我时作是念，我今成就如是捷疾神力，今日宁可求世界边。作是念已，即便发行，唯除食息便利，减节睡眠，常行百岁，于彼命终，竟不能得过世界边，至不生、不老、不死之处。①

赤马天子向佛陀表达困惑说，世界不生、不老、不死之处，无法以"捷疾神足"之神通而致。佛陀告诉赤马天子，若要度世界边，须明"世

---

① 《杂阿含经》卷四十九，《大正藏》卷 2，第 359 页上。

界、世界集、世界灭、世界灭道迹"，才可"得世界边、度世间爱"①。对于佛教徒来说，神通不过是依法修持趋向涅盘解脱过程中的自然能力，从来不是目的。

但是，修行者能够自然具有神通，在佛法于中土传播过程中，"神异"能使人生信，这都是事实。因此，道世在《神异篇》中，并无否定神异的态度，而是通过解释，使"神异"更加的合理，使人们对"神异"的理解能够更加理性。

在"述意部"中，他首先讲明"神异"的用途，是为了"抑夸强，催侮慢，挫凶锐，解尘纷。至若飞轮御宝，则善信归降；悚石参烟，则力士潜伏"。然后，他明确"神异"的根由是：理之所贵者，合道也；事之所贵者，济物也。故权者反常而合道，利用以成务。"如此，"神异"应该是大道的表现，而非"夸衒方伎，左道乱时，因药石而高飞，藉芳芝而寿考。与天上鸡鸣，云中狗吠，蛇鹤不死，龟蔡千年。称为是异，未可较其圣变也"②。

这样处理，既从知识的本身将它们系于佛教本来的因果之理、灭罪趋善之道中，又将"神异"纳入知识的功能——"神异"也作为一种知识，将其纳入"合道、济物"的大道当中，无论从哪个方面都不脱离佛教本义。

---

① 《杂阿含经》卷四十九，《大正藏》卷 2，第 359 页上—中。
② 《法苑珠林校注》，第 851—852 页。

第四章 佛教与儒治社会伦理的互释
——《轮王篇》《君臣篇》《至诚篇》《忠孝篇》等篇的研究

前言：儒学社会的建立

蔡元培在其《中国伦理学史》中说："我国伦理学说，发轫于周季。其时儒墨道法，众家并兴。及汉武帝罢黜百家，独尊儒术，而儒家言始为我国惟一之伦理学。魏晋以还，佛教输入，哲学界颇受其影响，而不足以震撼伦理学。"① 短短 72 字，可谓将中国伦理之要脉提点清晰。

在此，要以《法苑珠林》切入来探讨佛教对儒治社会伦理的态度及作为，首先将儒学提出、发展自己的伦理观点，直至掌握伦理话语权的过程略作交代。

先秦之际，儒墨道法各家都以伦理为思想之重要内容：道家的伦理标准是自然无为之大道，人自身的行事，人际之间，国际之间，都是以此大道为标准的。墨家的伦理，国家混乱，则语之尚贤、尚同；国家贫，则语之节用、节葬；国家熹音湛缅，则语之非乐非命；国家淫僻无礼，则语之尊天，事鬼；国家务夺侵凌，则语之兼爱非攻。法家之伦理，信赏必罚，以辅礼制，又主张势与术。儒家之伦理，以一字括其核心，曰"仁"；"仁"之表现，在制度曰"礼"，在人际曰"忠恕"，在家庭曰"孝"，具体思想，孔孟荀又呈现演进，孟重"义"，荀主"法"。② 春秋战国时代

---

① 蔡元培：《中国伦理学史》，中国社会科学出版社 2008 年版，第 3 页。
② 《春秋战国时期社会反思的主要类型一览表》，见陈劲松《儒学社会通论》，中国人民大学出版社 2007 年版。

的反思者虽然提供的方法意见不同，但都务在求治，旨在建立天下一统的
社会秩序。秦朝，"天下一统于君"变成了政治上的现实，其经历了"以
吏为师，以法为教"的失败，汉代先经过"君臣俱栖于无为"的休整，
在汉代中期，对国家意识形态地位进行角逐的各家中，剩下的只有在春秋
战国时期，特别是在秦代被当作无用于国而弃置一旁的，但又富于进取精
神，积极入世的儒学了。这与儒学本具的质素有关，也与儒学自身所作出
的改变相关。

　　儒学本具的质素包括重秩序、重血缘、重道德，虽参与社会锐意进
取，然思想是现实的，态度是理想的。同时，儒学还积极做出了改变，这
种改变不仅与秦汉大一统后中国思想世界的混成与融通有关，也与儒学自
身态度的调整相关。"其实从荀子起，儒学就已经具备了一种十分实用的
入世倾向。"① 经过陈涉、公孙弘、叔孙通、张苍等人以极其实用的态度
制定礼仪，清整尊卑，撰写《王制》，确定律历，建设明堂……尽量满足
王权需要；又经过《春秋繁露》到《白虎通》对儒家学说理论的不断补
充构建，先前体现象征主义与人本主义的儒学，一变而为吸收了阴阳五行
通俗观念，从而具有涵盖一切的理论框架。政治伦理方面儒学能够提供给
君主权威以理论支持；人伦方面以阴阳配性情，以五行配五常；制度方面
颇能建立一系列实用性的制度、法律的儒学；儒者也由先前的理想主义者
变为"通于世务，明习文法，以经术润饰吏事"② 的官吏。儒学最终取得
了国家意识形态的话语权。

　　独尊儒术之后，两汉君主皆以研习儒术为要务，行封禅、改正朔、易
服色、定官名、协音律、制定一系列礼制，以儒学价值为选官标准，官吏
儒学化，尊孔，建立儒家化的法律，立法上实现儒家"德主刑辅"的思
想，建太学，兴办儒学，儒者开办之私学亦兴盛，褒奖孝悌行为，建构儒
家经典，建立以"三纲五常"为内涵的道德习俗……一个具有从上到下
普遍认同的价值观的儒学社会得以建立。③

　　我们来看一看一个由儒学为主导的社会主要有哪些伦理的层面。梁漱

①　葛兆光：《中国思想通史》，复旦大学出版社 2009 年版，第 255 页。
②　（汉）班固撰，（唐）颜师古注：《汉书》，中华书局 1962 年版，第 3623 页。
③　夏增民：《儒学传播与汉魏六朝文化变迁》，博士学位论文，复旦大学，2007 年。

溟先生指出，儒家的社会理论特色是：它既不是"社会本位"，也不是
"个人本位"，而是"伦理本位""关系本位"。① 家国贯通、孝与忠贯通
成为儒学伦理的核心方法，儒学是通过这种方法而由家及国层层结构社会
的，将基于血缘之家的道德观念层层推广至国，结构出一个道德社会。在
儒学的道德表述中，"仁"只是一个抽象概括的概念，它需要一些具体的
途径来达到，最根本的就是"孝弟"，《论语·学而》："君子务本，本立
而道生，孝弟也者，其为仁之本与。"由"孝弟"才有真诚的爱人，由爱
此人才能推及爱彼人，由爱彼人才有"忠恕"，由普通人之间的"忠"，
而有君臣关系之"忠"。至汉儒那里，又以阴阳纲常理论对忠孝的关系作
规定，"君为阳，臣为阴；父为阳，子为阴；夫为阳，妻为阴。阴道无能
独行，其始也不得专起，其终也不得分功，有所兼之义。是故臣兼功于
君，子兼功于父，阴兼功于阳，地兼功于天。举而上者，抑而下也"②。
阴阳纲常之中，儒学社会所设定的君主是秩序之中心，具有绝对至上的地
位，与"天"对等互通；所设定的知识阶层以修身为本；所设定的普通
百姓规范于纲常之中，其评判标准是远古继承下来的善恶观；在关系上，
以亲族的、君臣的、忠孝的关系辅以师友的关系，而拒斥这以外的其他关
系，一切主体之间以忠孝为绳系，形成一个等差秩序的社会。一个儒学社
会一旦建立，便很难颠覆，因为它具有稳定的社会功能。虽经汉末动荡及
六朝更迭，治国之道依然是儒教的。佛教于中国扎根过程中，与儒治伦理
打交道是其不可避免的。本章拟以《法苑珠林》相关篇目为中心，探讨
佛教对于儒治社会伦理的态度、与其相沟通的层面，以及佛教伦理在此过
程中体现的价值。

第一节　佛教与中土"君道"
——《轮王篇》《君臣篇》《纳谏篇》研究

　　"君臣""纳谏"本不是佛教主要处理的问题，可在《法苑珠林》
中单列为篇，"篇"中又有悉心的设部，显现出佛教在文化本土化的过程

①　梁漱溟：《中国文化要义》，香港集成图书公司 1963 年版，第 94 页。
②　苏舆撰，钟哲点校：《春秋繁露义证》，中华书局 1992 年版，第 350 页。

中对儒家"君道"的有意参与和补充，而本属佛教知识的《轮王篇》与
此两篇相辅，共同体现佛教对中土"君道"的增损以及对自身建设的取
向。儒家"君道"方面的研究已颇为深入，本章在此基础上主要讨论的
问题是：佛教对中土君主观增添了哪些新的内容？佛教为何要凸显自身的
君道知识？在参与儒家君道建设的过程中，它的契合点在哪里，突出强调
的又是什么内容？

一　"君道"的选择与中土伦理思想的确立

对于"君道"，先秦各家思想都极为重视，不探讨君道就难资王者之
用，因此，探讨君道是各家建设其政治伦理的重要内容。当然各家的主张
是不同的。

儒家构想"内圣外王"式的君主，以追忆中的"圣王"形象为标准，
他集道德和权力于一身。这样一个君主，"为政以德，譬如北辰，居其所
而众星拱之"①。以德为原则，以礼为保证，以人为根本，实现儒家的安
民理想：庶之、富之、教之。②在原初儒家的君道理想中，"道"是第一
位的，士人是有自身人格尊严与精神自由的，孔子说"天下有道则见，
无道则隐"③，"君使臣以礼，臣事君以忠"④，孟子说"天下有道，以道
殉身；天下无道，以身殉道"⑤，君臣之间的关系也是"君之视臣如手足，
则臣视君如腹心"⑥。这样的一个社会构想，礼而有序，没有极权，任贤
用能，安民兴邦，当然这很难实现。

道家的君道重在无为，也主张圣人政治，虽然此圣人与儒家之圣人在
精神及行为上有所不同，但都是以具有极高智慧的人作为社会的希望。道

①　《论语·为政》，（宋）朱熹：《四书章句集注》，中华书局 1983 年版，第 53 页。
②　"子适卫，冉有仆。子曰：'庶矣哉！'冉有曰：'既庶矣。又何加焉！'曰：'富之。'
曰：'既富矣，又何加焉？'曰：'教之。'"《论语·子路》，（宋）朱熹：《四书章句集注》，中华
书局 1983 年版，第 143 页。
③　《论语·泰伯》，（宋）朱熹：《四书章句集注》，中华书局 1983 年版，第 106 页。
④　《论语·八佾》，（宋）朱熹：《四书章句集注》，中华书局 1983 年版，第 66 页。
⑤　《孟子·尽心上》，（汉）赵岐注，（宋）孙奭疏、廖明春、刘佑平整理，钱逊审定：《孟
子注疏》，北京大学出版社 1999 年版，第 376 页。
⑥　《孟子·离娄下》，（汉）赵岐注，（宋）孙奭疏、廖明春、刘佑平整理，钱逊审定：《孟
子注疏》，北京大学出版社 1999 年版，第 216 页。

家的圣人，行无为之治，薄税敛、轻刑罚、慎用兵、尚节俭，这些具体的做法与儒、墨的一些具体政治主张是相通的，不过其精神旨在无为罢了。

而法家之君道，并未给予王者以道德空间，虽然法家也讲"圣人"，但法家的"圣人"是法制的化身。"夫严家无悍虏，而慈母有败子。吾以此知威势之可以禁暴，而德厚之不足以治乱也。夫圣人之治国，不恃人之为吾善也，而用其不得为非。恃人之为吾善也，境内不什数。用人不得为非，一国可使齐。为治者用众而舍寡，故不务德而务法。"①

墨家的君道追求的是现世实用，"墨子学儒者之业，受孔子之术，以为其礼烦扰而不说，厚葬靡财而贫民，久服伤生而害事，故背周道而用夏政"②。君主的行为要符合"天志"，而"天"是兼爱兼利于民的，因为"天"兼有、兼食天下之人，故"天下兼相爱则治，交相恶则乱"③，"当察乱何自起，起不相爱。臣子之不孝君父，所谓乱也。子自爱不爱父，故亏父而自利；弟自爱不爱兄，故亏兄而自利；臣自爱不爱君，故亏君而自利……"④ 墨子的"兼爱"内容是"交相利"，他也讲"仁、义、礼、忠、孝、信"，但内容都是实利化的，与儒家并不相同。其对伦理道德的定义就是："仁，体爱也。义，利也。礼，敬也。忠，以为利而强低（君）也。孝，利亲也。信，言合于意也。"⑤

由此我们看到，先秦几家重要哲学思想对"君道"都有自己的建构。几派思想中，墨家在先秦一度成为显学，秦代推行法家思想，汉初实行黄老，各家"君道"都曾被运用，然而最终获得独尊地位的还是儒家，这是有历史必然性的。儒家追求的礼乐能够满足君主对政治象征的需要，它对道德的追求能够为从上到下的社会各阶层提供一种共同认同的社会伦理目标。不过，确立主流地位的儒家不同于先秦儒家，它不再给予"道"以最崇高的地位，而是给予君权以至高无上的地位，君臣之间君为臣纲。当一方为另一方之"纲"的时候，就再也无法实现先秦儒家希望的"手

---

① 《韩非子·显学》，周勋初整理：《韩非子校注》，江苏人民出版社 1982 年版，第 691—692 页。

② 《淮南子·要略》，何宁：《淮南子集释》，中华书局 1998 年版，第 1459 页。

③ 《墨子·兼爱》，吴毓江撰，孙启治点校：《墨子校注》，中华书局 1993 年版，第 155 页。

④ 同上书，第 154 页。

⑤ 《墨子·经上》，吴毓江撰，孙启治点校：《墨子校注》，中华书局 1993 年版，第 468 页。

足"和"腹心"之关系了。无论君权还是纲常,都阐释以阴阳,上配天意,这样的儒家已不再具有先秦儒家那种不妥协的品格了,虽然它仍然以"内圣"要求君王,以"天"约束君王,但这里的"天"既非殷周时期的自然神,也非原儒思想中作为秩序而存在的神,而是一个很被动的人格神,它根本上体现的是人的意志,是人将君权抬至最高,无可规范,必须假助于的结果。"内圣"也更难实现,"仁"与"刑"必须同时实行。白虎观会议形成的《白虎通》,使董仲舒的纲常思想被正式确立为社会行为准则,一个以帝王为中心,以父子、夫妻家庭为单位的完整的宗法社会便告形成,并以其稳定性贯穿整个古代社会。

二　佛教与君道的交集

(一) 佛教可资于治道的资源

佛教的思想从根本宗旨上来讲当然并非儒家那样致力于社会秩序的建设,但出世间的思想也是产生于世间的现状,故而不可能与世间相脱离,佛教在对世事的处理过程中也形成了自身对于人间政治的看法。

以阿含经的记载为例,当独裁政体的摩揭陀国想要攻打共和政体的跋只时,阿阇世派遣大臣禹舍前往询问佛陀是否可行,佛陀借与阿难的对话说出跋只国的"七不退法",分别是:(1)数相集会,讲议正事;(2)君臣和顺,上下相敬;(3)奉法晓忌,不违礼度;(4)孝事父母,顺敬师长;(5)恭于宗庙,致敬鬼神;(6)关门真正,洁净无秽,至于戏笑,言不及邪;(7)宗事沙门,敬持戒者。① 这七法每陈一事,佛陀便说:"阿难!若能尔者,长幼和顺,转更增盛,其国久安,无能侵损。"② 至七法讲完,禹舍向佛陀感叹道:"彼国人民,若行一法,犹不可图,况复其七?国事多故,今请辞还归。"③ 这种问政的场景与《左传》中问政的场景很相似,佛陀这位业余的政治家所提出的政治主张礼法兼用,上下敬和,重于道德,颇具实用性。

阿含经中,佛陀提出了国王应具备的素养与德行,这是出于对佛世时

① 《佛说长阿含经·游行经》,《大正藏》卷1,第11页上—中。

② 同上。

③ 同上书,第11页中。

独裁君王日趋残暴的一种回应。《增一阿含经》卷二十四第六提出了国王不应成就的十恶与应该成就的十德，分别是：

（1）悭贪，以小轻事便兴嗔恚，不亲义理。

（2）贪着财物，不肯庶几。

（3）不受人谏，为人暴虐，无有慈心。

（4）枉诸人民，横取系闭，在牢狱中，无有出期。

（5）非法相佐，不案正行。

（6）贪着他色，远离己妻。

（7）好喜嗜酒，不理官事。

（8）好喜歌舞戏乐，不理官事。

（9）恒抱长患，无有强健。

（10）不信忠孝之臣，翅羽鲜少，无有强佐。

此为十恶，相应"十德"为：

（1）不着财物，不与嗔恚，亦复不以小事起怒害心。

（2）受群臣谏，不逆其辞。

（3）常好惠施，与民同欢。

（4）以法取物，不以非法。

（5）不着他色，恒自守物其妻。

（6）不饮酒，心不慌乱。

（7）不戏笑，降伏外敌。

（8）案法治化，终无阿曲。

（9）与群臣和穆，无有竞争。

（10）无有病患，气力强盛。

佛陀的这些主张实在与中土儒家对君道的期待不谋而合，强调国王的私德，强调纳谏，强调与民同乐等。

除阿含经外，其他经典中也涉及为政之道，如《大萨遮尼乾子所说经》中说到逮捕罪犯的五个原则[①]；经中还对国王提出了具体的要求，不但对内仁民爱物，对外也以德服人；经中还论及税捐减免之道，以及国王自省的法门。值得注意的是经中对王者职责的阐释：

---

① 《大萨遮尼乾子所说经》，《大正藏》卷9。

王者，民之父母，以能依法摄护众生，令安乐故，名之为王。大王当知，王之养民，当如赤子，推干去湿不待其言……王于国内如是知已，以力将护，所应与者，及时给与；所应取者，念当筹量；役使知时，不夺民利；禁肃贪暴，民得安乐——是名摄护，名之为王。①

这比起孟子所主张的王者对民的仁爱、与民同乐等有过之而无不及。大萨尼乾子本是一个外道，但佛陀却印可了他的说法。王依德性之优劣分为四种：转轮王，少分王，次少分王，边地王。轮，指正义之轮，也指法轮，指圆满无缺的正法实行。转轮王是最优之七宝具足之国王，七宝分别是人宝、摩尼宝、轮宝、象宝、马宝、大臣宝、主藏宝，原始圣典阿含经中即多处预谶七宝成就之转轮王的出现，而且都是出现在"人寿八万岁"的未来。如《中阿含经》卷十三《王相应品说本经第九》：

诸比丘！人寿八万岁时，有王名螺，为转轮王，聪明智慧，有四种军，整御天下，由己自在……②

对"转轮王"的定义和期盼是佛教君道理想的又一种具体体现。

（二）佛教对"无资于治道"的反驳

佛教到中土来以后，在崇佛者与排佛者进行的一系列论争中，是否有资于治道也是论争的一个重要话题。排佛者一再以佛教无资于治道进行攻击，崇佛者则举出佛教有资于治道的内容进行反驳，双方所取的反驳角度又有多种。

1. 提出佛教是"无为之化"

如《弘明集》道恒法师《释驳论》：

云无益于时政，有损于治道。夫弘道者之益世，物有日用而不知故。老氏云，无为之化，百姓皆曰我自然，斯言当矣。是以干木高枕

---

① 《大萨遮尼乾子所说经·卷三·王论品》，《大正藏》卷9，第330页。
② 《中阿含经》卷十三，《大正藏》卷1，第509页下。

而魏国大治，庚桑善诲而畏垒归仁。沙门在世，诚无目前考课之功，名教之外实有益于冥，近取五戒训物，非六经之畴，远以八难幽崄，非刑法之匹，请以三藏铨罪，非律令之流畅，以般若辩惑，非老庄之谓，道品无漏拔苦因缘，则存而不论周孔之教，理尽形器至法之极，兼练神明精麁升降，不可同日而语其优劣矣。昔宰助化以道佐治，国境晏然民知其义，年农委积物无疵疠，非益谓何？①

这是以老子"无为之化"比拟佛教对现实政治的贡献，这样理解并不一定全面。前文我们已探讨过，佛教中是有现实的政治策略的，并不仅仅是"无为之道"，不仅仅是"冥益"，但这也确是一个角度。接下来，在《释驳论》中，针对认为沙门是"五横"的批判，道恒法师反驳说，提出"五横"的法家，运用其思想的朝代却连三世都没有到。针对佛教对人无非是"诱喻"和"胁迫"的说法，道恒说佛教不过是根据"众生缘有浓薄，才有利钝，解有难易，行有浅深"，所以用不同的方法"抑扬顿挫，务使从善"。②

2. 提出"佛儒合明论"

在与排佛者的争论中，慧远提出"佛儒合明论"。其《沙门不敬王者论体极不兼应》中说：

　　常以为道法之与名教，如来之与尧孔，发致虽殊潜相影响，出处诚异终期则同，详而辩之指归可见。理或有先合而后乖，有先乖而后合，先合而后乖者，诸佛如来则其人也，先乖而后合者，历代君王未体极之至。斯其流也，何以明之。经云，佛有自然神妙之法，化物以权广随所入，或为灵仙、转轮、圣帝，或为卿相、国师、道士，若此之伦在所变现，诸王君子莫知为谁，此所谓合而后乖者也。或有始创大业而功化未就，迹有参差故所受不同，或期功于身后，或显应于当年，圣王即之而成教者，亦不可称算，虽抑引无方必归涂有会，此所谓乖而后合者也。若今乖而后合，则拟步通涂者，必不自崖于一揆，

---

① 《释驳论》，《弘明集》卷六，《大正藏》卷52，第36页中。

② 同上。

若今合而后乖，则释迦之与尧孔，归致不殊断可知矣。是故自乖而求以对夫独绝之教不变之宗，故不得年而同语其优劣，亦已明矣。①

慧远提出佛儒合流的两条途径："先合而后乖"或"先乖而后合"，将佛儒两家异同之处全都"合"而流之了，所以，慧远说："释氏之化，无所不可，适道固自教源，济俗亦为要务。"② 终极之道与"济俗"之道的共同提倡，是佛教为自身争取地位的途径之一。

3. 其他论述

高僧与崇佛之士亦着意凸显佛教济于俗务的内容，如何尚之对宋高祖说："悠悠之徒，多不信法，以臣庸蔽……何者，若使家家持戒，则一国息刑。故佛澄适赵，二石减暴；灵塔放光，符健损虐。故神道助教，有自来矣。而萧摹所启，亦不谓全非……"③ 羊玄保说："此盖谈天人之际，岂臣所宜预。窃恐秦楚论强兵之术，孙吴尽吞并之计，将无取于此耶。"④ 皇帝也承认这不是国家之间用兵的方法，何尚之很巧妙地反驳说："夫礼隐逸则战士怠，贵仁德则兵气衰。若以孙吴为志，苟在吞噬，亦无取于尧舜之道，岂唯释教而已耶。"⑤ 被宋高祖褒奖为："释门有卿，亦犹孔氏之有季路，所谓恶言不入于耳。"⑥ "帝自是信心乃立，始致意佛经。"⑦ 可见宋高祖之前"未甚崇信"的根本症结在于不确定佛教是否能使他"坐致太平"。而在论辩中何尚之所说的"息刑""减暴""损虐"，都是与君道相关的内容。

（三）中土帝王向高僧问政的事实

佛教之资于中土治道还可见于帝王向高僧问政的事实。

释僧导之于宋孝武帝，"翻然应诏"，于瓦官寺开讲《维摩》，一席引言能使大众泫泪动容，且说道：

① 《沙门不敬王者论体极不兼应》，《弘明集》卷五，《大正藏》卷52，第31页上—中。
② "慧远法师尝云释氏之化无所不可适，道固自教源，济俗亦为要务。"《何令尚之答宋文皇帝赞扬佛教事》，《弘明集》卷十一，《大正藏》卷52，第69页下。
③ 《高僧传》卷七，《大正藏》卷50，第367页下。
④ 《何令尚之答宋文皇帝赞扬佛教事》，《弘明集》卷十一，《大正藏》卷52，第70页上。
⑤ 同上。
⑥ 同上。
⑦ 《高僧传》卷七，《大正藏》卷50，第368页上。

护法弘道，莫先帝王。陛下若能运四等心，矜危劝善，则此沙石瓦砾，便为自在天宫。

帝称善久之，坐者咸悦。①

同时代的僧因与他同为罗什的学生，评价他"准之孔门，则导公入室，吾可升堂"。另有释慧琳被孝武帝称为"黑衣宰相"，亦可见其佐治之功。②

后秦苻坚认为："襄阳释道安是神器，方欲致之，以辅朕躬。"攻下襄阳后对权翼说："朕以十万之师取襄阳，唯得一人半。"翼曰："谁耶？"坚曰："安公一人，习凿齿半人也。"苻坚欲出师伐南，也向道安征求意见："朕将与公南游吴越，整六师而巡狩，涉会稽以观沧海，不亦乐乎。"安对曰："陛下应为天御世……"……安曰："若銮驾必动，可先幸洛阳，枕威蓄锐，传檄江南，如其不服，伐之不晚。"符坚没有听从，结果大败于山西，单骑而返。③

石勒、石虎之于佛图澄亦极重视，先行请问，才采取行动。佛图澄亦借机谏言为政，如他与石勒：

澄因而谏曰，夫王者，德化洽于宇内，则四灵表瑞，政弊道消，则彗孛见于上，恒象着见，休咎随行，斯乃古今之常征，天人之明诫。

勒甚悦之，凡应被诛余残，蒙其益者，十有八九。④

他对石虎也极力谏言少杀少刑：

澄曰，帝王之事佛，当在心，体恭心顺，显畅三宝，不为暴虐，不害无辜。至于凶愚无赖，非化所迁，有罪不得不杀，有恶不得不刑，但当杀可杀，刑可刑耳，若暴虐恣意，杀害非罪，虽复倾财事

---

① 《高僧传》卷七，《大正藏》卷50，第371页下。
② 同上书，第371页上—下。
③ 《高僧传》卷五，《大正藏》卷50，第351页下—354页上。
④ 《高僧传》卷九，《大正藏》卷50，第373页下。

法，无解殃祸。愿陛下省欲兴慈，广及一切，则佛教永隆，福祚方远。虎虽不能尽从，而为益不少。①

文帝问求那跋摩将何以教之，跋摩说：

> 夫道在心，不在事，法由己，非由人。且帝王与匹夫所修各异，匹夫身贱名劣，言令不威，若不克己苦躬，将何为用。帝王以四海为家，万民为子，出一嘉言，则士女咸悦，布一善政，则人神以和。刑不夭命，役无劳力，则使风雨适时，寒暖应节，百谷滋繁，桑麻郁茂。如此持斋，斋亦大矣；如此不杀，德亦众矣。宁在阙半日之餐，全一禽之命，然后方为弘济耶。②

帝乃抚机叹曰：

> 夫俗人迷于远理，沙门近于近教，迷远理者，谓至道虚说；滞近教者，则拘恋篇章。至如法师所言，真谓开悟明达，可谓天人之际矣。③

此外，唐太宗对玄奘法师于初见之时即：

> 因广问彼事，自雪岭巳西，印度之境，玉烛和气，物产风俗，八王故迹，四佛遗踪，并博望之所不传，班、马无得而载。法师既亲游其地，观观疆邑，耳闻目览，记忆无遗，随问酬对，皆有条理。帝大悦，谓侍臣曰：昔符坚称释道安为神器，举朝尊之。朕今观法师词论典雅，风节贞峻，非唯不愧古人，亦乃出之更远。④

且"帝又察法师堪公辅之寄，因劝归俗，助秉俗务"⑤。被法师婉拒

---

① 《高僧传》卷九，《大正藏》卷50，第383页中—387页上。
② 《高僧传》卷三，《大正藏》卷50，第341页上。
③ 同上书，第340页上—342页中。
④ 《大正藏》卷50，第253页上—中。
⑤ 同上书，第253页中。

后，仍多次逼劝，"帝以法师学业该赡，仪韵淹深，每思逼劝归俗，致之左右，共谋朝政"①。

我们看到，帝王向高僧问政，是因为高僧们高瞻的学识与深渊的智慧能够提供给他们有效的政治建议，高僧们亦趁机建议善政、少刑等，出于信服，帝王往往会有所听从，于社会国家的安乐实有增益。鉴于佛教所遭受的无资于治道的批评，以及帝王对佛教参辅之功的实际需要，《法苑珠林》之《轮王篇》《君臣篇》《纳谏篇》，其实是佛教与中土君道交集过程中对印度佛教本有资治内容的有意识的总结。

三 《轮王篇》《君臣篇》《纳谏篇》体现的君道理论

（一）轮王政治

1. 以轮王规范中土帝王

轮王是在早期阿含经典中即已出现的概念。道世设《轮王篇》旨在给予帝王在佛教中的定位，即将"转轮圣王"作为中土帝王的参照目标。其"述意部"云：

> 盖闻飞行皇帝，统御四洲。边鄙逆命，则七宝威伏；十善引化，则千子感现。囊括遐迩，独处中原。发慈父之抚育，感赤子之忠臣。世居久远，贪逸弥繁。峻极威戎，远思天报。于是行转轮之猛，腾帝释之宫。图度非分，退失轮王之位，怀悲苦切，剧同涂炭之殃。哀斯痛矣，深可嗟乎。②

作为转轮圣王的帝王，本有着佛法一般的自在与威势，于人间自在无碍，他能够征服边鄙，雄踞中原，感用良臣，抚育人民，但由于时日渐长，渐渐变得贪逸，结果"图度非分"，退失了轮王之位。以轮王规范帝王，既给予其地位，又赋予其责任，示予其警示。

2. "轮王"之种类③

---

① 《大正藏》卷50，第255页上。

② 《法苑珠林校注》，第1329页。

③ 《轮王篇》"会名部"中道世引用真谛三藏法师所讲，并参考《杂阿毗昙心论》以及《仁王般若波罗蜜经》中相关内容，对轮王种类特征作出说明。见《法苑珠林校注》，第1330页。

（1）轮王的种类：军轮王，财轮王，法轮王。

（2）轮王的出世时间：轮王出现世间的时间是成劫人寿无量岁时，以及住坏劫人寿八万岁时。低于八万岁，财轮王就不能出世了，因为他的福德寿命长远，此劫与他的福德寿命相违背。但是法轮王还是会出世，如佛陀就是法轮王，其出世是为了令众生知道苦无常。只有在弥勒佛出世时，人民具有福德，财轮王与法轮王才都出世。

（3）财轮王又有四种：金轮王，又称道种坚德王，化被四天下；银轮王，又称性种性王，王除北郁单外的三天下；铜轮王，又称习种性王，王北郁单及西俱耶尼二天下；铁轮王则唯局阎浮提，王一天下。铁轮有二百五十辐，铜轮有五百辐，银轮有七百五十辐，金轮有千辐。他们都是以上品十善而得称王的。

（4）军轮王的出现时间是人寿减八万岁时，以军威伏，王一天下，如阿育王等。

（5）如来为法轮王。

3. 轮王的福德①

（1）"七宝"

转轮圣王的七宝包括金轮宝、白象宝、绀马宝、神珠宝、玉女宝、居士宝（又名典财宝）、主兵宝。每种珍宝都极为殊胜，我们来看道世所引《长阿含经》中关于金轮宝的描述，其余众宝的描述限于字数不再列出：

　　……云何金轮宝成就，若转轮圣王出阎浮提地，刹利水浇头种，以十五日月满时沐浴香汤，上高殿上，与婇女众共相娱乐。天金轮宝忽现在前，轮有千辐，光色具足天金所成，天匠所造非世所有，轮径丈四，轮王见已默自念言，我曾从先宿诸旧闻如是语，若刹利王水浇头种，以十五日月满时沐浴香汤，升法殿上婇女围绕，自然金轮忽现在前，轮有千辐光色具足，天匠所造非世所有，轮径丈四，是则名为转轮圣王。②

---

① 《轮王篇·七宝部》中引用《长阿含经》《十诵律》《起世经》《大楼炭经》《大萨遮尼乾子经》中相关知识，说明轮王的七宝与福德。见《法苑珠林校注》，第1331页。

② 《法苑珠林校注》，第1331页。

金轮宝所带来的福德是四方的臣服与尊敬，只要轮王所到之处，诸小王们都会供养尊敬，且国土内人民安乐，治以法教。我们来看轮王与小王的对话：

> 尔时东方诸小王见大王至，以金钵盛银粟，银钵盛金粟，来诣王所，拜首白言，善哉大王，今此东方，土地丰乐，多诸珍宝，人民炽盛，志性仁和，慈孝中顺，唯愿圣王，于此治正，我等当给使左右，承受所治。当时轮王语小王言，止止诸贤，汝等则为供养我已，但当以正法治化，勿使偏抂，无令国内有非法行，身不杀生，教人不杀生，偷盗、邪淫、两舌、恶口、妄言、绮语、贪瞋嫉妒邪见之人，此即名为我之所治。①

可见轮王与各处小王都行使善政，以十善立国，在观点上非常统一，因此也政治和谐。除了上述七宝，轮王还具有其他几种"七宝"，物质方面和修行方面皆有。②

（2）"四神德"

转轮圣王有四种神德，道世分别选取了两种经典对"四神德"的说明，虽然顺序不一，但内容是相同的，现依其中一种来介绍：

> 谓四神德，一长寿不夭无能及者，二身强无患无能及者，三颜容端正无能及者，四宝藏盈溢无能及者。

转轮圣王与其人民的关系也极其和谐，如同父子关系，虽然人民要贡王以珍奇，但王使人民自享：

---

① 《法苑珠林校注》，第 1331 页。
② "又《萨遮尼乾子经》云，佛言，大王当知，转轮圣王复有七种名为软宝，所有功德少前七宝，何等为七，一剑宝，二皮宝，三床宝，四园宝，五屋舍宝，六衣宝，七足所用宝。"见《法苑珠林校注》，第 1335 页。"又《中阿含经》云，若转轮王出于世时，当知有此七宝出世，如是如来无所着等正觉出于世时，当知亦有七支宝出于世间，云何为七，一念觉支宝，二择觉支宝，三精进觉支宝，四喜觉支宝，五息觉支宝，六定觉支宝，七舍觉支宝。"见《法苑珠林校注》，第 1335—1336 页。

王之国土安隐丰乐，平正如掌，衣食自然，不须营觅，唯行十善，不为非法，犹如北欎单，不可具述。

4. 轮王之局限

"顶生部"以《贤愚经》和《顶生王故事经》中顶生王的故事来说明轮王之局限。顶生王因宿值供佛善根而作转轮圣王，威德殊胜，受五欲妙乐，然不自足，上至帝释天宫欲杀帝释而代之，念生而堕落。顶生王的故事说明五欲乐的不究竟，"当知乃至五欲而无厌足，染着聚集贮欲无厌，所谓足者，至贤圣道然后乃足"①。

轮王命中之后的去处，此部也予以简单交代："又《起世经》云：轮王舍命必生天上，与三十三天同处共生，命终已后始经七日，七宝并皆隐没。"②

5. 轮王之代表——阿育王

佛教一向以阿育王作为轮王代表，"育王部"以《杂阿含经》中阿育王的因缘故事介绍轮王代表阿育王的一生，阿育王由过去生中以沙供佛而得转轮圣王果报，但初时凶恶，后来皈依佛教，助播善法。

总的来看，轮王政治的特点是"善"，以充分符合人性的善政达到天下的和平与自我地位的巩固，道世最后的自颂中说：

> 睿业澄晖，宿佑因净。七宝来投，千子威并。十善御宇，四洲归正。无思不惬，有意斯盛。秉式康衢，昆虫养性。八万增寿，四八光莹。鬼神翊卫，不言而令。乐哉至矣轮。

（二）王者之"道"

《君臣篇》以"述意部""王德部""王过部""王业部""王福部""王都部"以及感应缘故事五则组成，道世从经律论中广泛择取提炼佛教对王者道德之具体要求，以五个方面呈现，使王者的责任和享受更为清晰。

---

① 见《法苑珠林校注》第1337—1338页所引《顶生王故事经》。
② 见《法苑珠林校注》第1338页所引《起世经》卷二〈转轮圣王品〉。

1. 佛教之"王"与中土帝王观的会通

在"述意部"中，道世论述了佛教与中土帝王观会通的渠道。道世论述道，佛陀之所以嘱累帝释和国王们，是因为"天力可以摧万邪，王威可以率兆庶也"。而如今将佛陀咐嘱的内容再整理，为了能够传播流通，"以四众之微弱，恐三宝之废坏，藉王者以威伏，假王者以势逼，令有不肖者寝其瑕疵，讪黩者掩其纰紊，助大猷以惟新，扇皇风以遐畅，一变告其渐，再变涤区宇，群生佩圣德之恩，佛法得委寄之道"①。

简言之，就是以王者之威，使天下安乐，同时使佛法兴盛，王者不仅代表权力，同时也代表佛法，这就是当初佛陀付嘱的意图。在道世看来，其与中土王者同时承载着神圣秩序的象征意味是一致的：

> 如俗曰，昔者圣王立制，意使阴阳有位，君臣有章，男女有别，政令有序，故王者南面而治天下，居后于北宫，居太子于东方。天子立庙，王后立市，日蚀则王修德，月蚀则后修形，此体阴阳之位也。故干始于子，故子为天正，坤始于未，其衡在丑，阴不专制，往而承阳，故丑为地正，圣王承天序地以成其功，故寅为人正，三正迭用，有变无绝。是以王者必存二代之后体三正也。易曰，西南得朋，乃与类行，东北丧朋，乃终有庆，故使臣从乎君女归乎男也。干始于子，左行而终于戌，坤始于未右，行而终于酉，故使男贵左女贵右也。②

王者同时具有世俗层面与神圣层面两种意义，这是佛教帝王观与中土帝王观会通的基础。

2. 王者应成就的功德

国王如果成就了十种功德，虽无大府库，无大辅佐，无大军众，而可归仰。这十种功德是：

> ·一种姓尊高，二得大自在，三性不暴恶，四愤发轻微，五恩惠猛

---

① 《法苑珠林校注》，第1351—1352页。

② 同上。

利，六受正真言，七所作谛思善顺仪则，八顾恋善法，九善知差别知所作思，十不自纵任不行放逸。①

王者还应该具有五种方便：

一善观察摄受群臣，二能以时行恩妙行，三无放逸专思机务，四无放逸善守府库，五无放逸专修法行。

此外有五种可爱乐法：

何等为五，一世所敬爱，二自在增上，三能摧怨敌，四善摄养身，五能往善趣。

又有五种能带来可爱乐果的事情：

一恩养世间，二英勇具足，三善权方便，四正受境界，五勤修法行。

国王还有三种圆满：

一果报圆满，二士用圆满，三功德圆满。②

这些功德、方便、可爱乐果等，层层演绎，都是对国王德行的要求。反之，如果做不到这些，即使有大府库、好的辅佐以及众多军队，也是不能归仰的。

3. 王者的过失

经典中所记载的王者过失与王者的功德一样，也有两个层面，一是不

---

① 《法苑珠林校注》，第 1352—1353 页。
② 同上书，第 1353 页。

敬正法，当然这里的正法指的是佛法①；二是暴虐无道，做与王者功德相反之事②。

道世还引用了《百喻经》中的故事，来说明王者暴虐贪婪只会招致苦果。③《百喻经》中讲，国王听说有人讲他的过错，便听信佞人所言，捉一贤臣取其脊上肉百两，后来追悔，复用千两肉去补，而不免其人苦痛。愚人亦如此，若使百姓劳苦，供自己享用，便如同取其脊上肉复用千两肉去补，自己会非常痛苦。

道世还引用《杂譬喻经》中的故事说，一位喜食人肉且奉外道祭天的国王，身生双翅，决定捕捉五百人祭天，还差一人时捕捉到了一位国王，名为"立信王"，立信王以其实际行为度化了啖人王，使其崇信正法。④

4. 王者需要信、爱、敬、孝、忠

佛典中陈述王者需要做的具体事情，与王者功德相若，只不过陈述得稍具体一些，主要是要施以正法，以德治国，待民以慈等。从佛教的视角来看，国王之位的得到是由于宿命行善，故而当珍惜；而且"世间荣位如幻如梦不可久保"，故而当无念淫泆，无受佞言，当受忠谏，治以节度，"当畏地狱考治之痛"。道世还引用了《摩达国王经》中国王受养马比丘因缘故事感触而归命三宝、受五戒的故事，这个故事的用意主要在于提供一个国王归信三宝的案例。⑤

---

① "如像法决疑经云，乃至一切俗人不问贵贱，不得挝打三宝奴婢畜生，及受三宝奴婢礼拜，皆得殃咎，故《萨遮尼捷经》云，若破塔寺或取佛物，若教作助喜，若有沙门身着染衣，或有持戒破戒，若系闭打缚，或令还俗，或断其命，若犯如是根本重罪，决堕地狱受无间苦，以王国内行此不善，诸仙圣人出国而去，大力诸神不护其国，大臣诤竞四方咸起，水旱不调风雨失时，人民饥饿劫贼纵横，疫疬疾病死亡无数，不知自作而怨诸天。""又《仁王经》云，国王大臣自恃高贵灭吾法，以作制法制我弟子，不听出家不听造作佛像，立统官典制等安籍记录僧，比丘地立白衣高坐，又国王太子横作法制，不依佛教因缘破僧因缘，弦官摄僧典主僧籍，苦相摄持，佛法不久。"见《法苑珠林校注》，第 1354 页。

② "又《瑜伽论》云，大王当知，王过有十，何等为十，一种姓不高，二不得自在，三立性暴恶，四猛利愤发，五恩惠微薄，六受邪佞言，七所作不思不顺仪则，八不顾善法，九不知差别忘所作恩，十一向纵任专行放逸。"见《法苑珠林校注》，第 1355 页。

③ 《法苑珠林校注》，第 1355 页。

④ 同上书，第 1356 页。

⑤ 同上书，第 1358—1359 页。

所引《法句喻经》中佛陀教化国王的故事讲，国王本来尊受五戒，后来却有懈怠，佛陀向他讲述能够成为国王之因缘：

> 佛告大王，本以五事得为国王，何等为五，一者布施得为国王，万民奉献宫观，资财无极，二者兴立寺庙供养三尊床榻帏帐，以是为王，在于正殿，御座理国，三者亲身礼敬三尊及诸长德，以是为王，一切万民莫不为之作礼，四者忍辱身三口四及意无恶，以是为王，一切见者莫不欢喜，五者学问常求智慧，以是为王。①

作为国王需要做到：

> 奉佛以信，奉法以爱，奉僧以敬，奉亲以孝，奉君以忠，常行一心精进布施，劳身苦体初不懈倦，是福追身得为王子。②

王者需要做的具体事情则有：

> 一者领理万民无有枉滥，二者养育将士随时廪与，三者念修本业福德无绝，四者当信忠臣正直之谏，无受谗言以伤正直，五者节欲贪乐心不放逸，行此五事名闻四海福禄自来，舍此五事众纲不举……③

5. 王福

"王福部"所引《旧杂譬喻经》中的故事，意在说明国王有善恶之行，恶行应忏悔；所引《迦叶经》中尼弥轮王舍弃轮王之位而出家的故事，意在表明成为王者并不是福报的终极，真正的福报还在于学法悟道。

6. 王都

"王都部"中说明王者都城的丰饶及灵瑞，并引《大智度论》中对王

---

① 《法苑珠林校注》，第 1359 页。
② 同上。
③ 同上书，第 1360 页。

舍城来历进行说明。关于"王舍城"之名的来历，有多种说法，《大智度论》及其他经典都有说明。《大智度论》中引述的有三种，其中一种故事介绍得较详细：此地古世之时有国王出家作仙人，在与婆罗门的论议中，因为支持婆罗门"天祀应杀生噉肉"的说法而生陷地中。此地之人因这位王者的话语而一直于天祀中杀羊，当他的儿子即位时，也想出家作仙人，但回想起父王出家作仙人而生陷地中，左右为难，此时有仙鹿引导他发现了一片丰饶的新天地，他于是定居在此，即为王舍城。

本篇的感应缘故事不过是取简公杀庄子仪之事以及几位末世之帝的故事，与转轮圣王并不相应，只取其反意。

（三）佛教与纳谏

1. "谏"对中土政治的重要性

"谏"是儒家政治伦理中臣子"以道事君"的方式。《论语·先进》记孔子说："所谓大臣者，以道事君，不可则止。"[①] 孟子说："君有大过则谏，反复之而不听，则易位。"[②]《荀子·臣道》中也说从道不从君，主张对君主要"谏、争、辅、拂"[③]，"事圣君者，有听从无谏争；事中君者，有谏争无谄谀；事暴君者，有补削无挢拂。迫胁于乱时，穷居于暴国，而无所避之，则崇其美，扬其善，隐其败，言其所长，不称其所短，以为成俗"[④]。对于儒者来说，政治道德最重要的表现是忠谏或建言。忠君也表现在这里。

汉儒虽然削弱了"道"的地位，但对于"谏"，是很严肃的。汉儒也看到秦政之缺乏规谏机制，贾山曾说：

　　秦皇帝居灭绝之中而不自知者，何也，天下莫敢告也。其所以莫敢告者何也？亡养老之义，亡辅弼之臣，亡进谏之士，纵恣行诛，退

① （宋）朱熹：《四书章句集注》，中华书局 1983 年版，第 128 页。

② 《孟子·万章下》，（汉）赵岐注，（宋）孙奭疏，廖明春、刘佑平整理，钱逊审定：《孟子注疏》，北京大学出版社 1999 年版，第 291—292 页。

③ （清）王先谦撰，沈啸寰、王星贤点校：《荀子集解》，中华书局 1988 年版，第 250 页。

④ 同上书，第 251 页。

诽谤之人，杀直谏之士。①

董仲舒的《举贤良·对策》中也说：

> 故举贤良方正之士，论谊考问，将欲兴仁谊之休德，明帝王之法制，建太平之道也。臣愚不肖，述所闻，诵所学，道师之言，庶能勿失耳。若乃论政事之得生，察天下之息耗，此大臣辅佐之职……②

这种谏争，就其实质而言，是儒士用自己的思想——道德理想与伦理观念干预皇权政治，限制专制权力，不断改造政府，使之更符合儒家思想精神。③统治者与儒家士大夫之间的各种紧张，贯穿了整个中国历史。皇帝倾向于强调大量各种各样的集体扩张目标，而儒家士大夫则着意限制这些目标，而去强调文化目标和意识形态。在中国，这种论战是政治斗争的一个主要焦点。④

2. 佛教与"纳谏"

在《法苑珠林》所体现的佛教对君道的补益中，特立"纳谏"为一篇，择取内典中有助证成纳谏之重要性的内容，以明君王纳谏之义。其"述意部"以明镜、玄栉、良医、喻谏言：

> 夫纳其理则言语绝，乖其趣则诤论兴。然直言者德之本，纳受者行之原，所以籍言而德显，纳受而行全。譬目短于自见，必借镜以观形，发拙于自理，必假栉以自通，故面之所以形，明镜之力也，发之所以理，玄栉之功也。行之所以芳，盖言之益也。是故身之将败，必不纳正谏之言；命之将终，必不可处于良医也。⑤

---

① 《汉书·贾邹枚路传》，（汉）班固撰，（唐）颜师古注：《汉书》，中华书局 1962 年版，第 2727 页。

② 《汉书·董仲舒传》，（汉）班固撰，（唐）颜师古注：《汉书》，中华书局 1962 年版，第 2495 页。

③ 李晃生：《儒家的社会理想与道德精神》，百花洲文艺出版社 2006 年版，第 136 页，

④ 阎步克：《士大夫政治演生史稿》，北京大学出版社 1996 年版。

⑤ 《法苑珠林校注》，第 1371 页。

"引证部"中取诸佛典中向国王纳谏故事，如《杂宝藏经》中伽尸国恶受王行为非法，鹦鹉王前去为他说国王非法七事和三败国事：

> 夫为王者率土归仰，王当如桥济度万民，王当如称亲疏皆平，王当如道不违圣踪，王者如日普照世间，王者如月与物清凉，王如父母恩育慈矜，王者如天覆盖一切，王者如地载养万物，王者如火为诸万民烧除恶患，王者如水润泽四方，应如过去转轮圣王，乃以十善道教化众生。①

恶受王听此言至诚至款，即以鹦鹉为师，修正行，行风教，臣子心生忠敬，人民无不欢喜。

鹦鹉言中树立的王者标准，是天地日月的化身，至道德性的体现，其高度已达极限，较之原儒及汉儒的王者与天有过之而无不及。

道世还引用《大萨遮尼乾子经》中萨遮尼乾子对严炽王直说王的罪过的故事：

> 大王之罪，太极暴恶，太严，太忽，太一，太卒。②

严炽王很生气，准备处死他，萨遮尼乾子请求再让他说几句，他于是说了自己的罪过：

> 大王当知，我亦有罪，由太实语，不虚语，称事语，以我如是大恶人前，急性人前，无慈悲人前，卒作事人前，如是行人前说如是实语。大王当知，点慧之人不应一切时一切处常说实语，应当善观，可与语人，不可与语人，可语时，不可语时，当知实语，世人不爱不善赞叹。③

这与《荀子》中所提到的谏道是相类的，且说得更透彻。不过严炽

---

① 《法苑珠林校注》，第 1372 页。
② 同上书，第 1373 页。
③ 同上。

王听到萨遮尼乾子这么说，便心意宽解诚心忏悔。

接下来的材料是将"纳谏"在佛教中尚能融摄的意义对象和内容进一步扩大化，如《大庄严论》中羌老母以已有三位做罗汉的儿子向国王申请免税，国王心生敬信之事①；《旧杂譬喻经》中沙门对阅叉鬼讲解害食自己的后果，阅叉鬼作礼而去②；《摩邓女经》中摩邓女受佛陀劝化，放弃对阿难的爱恋，入道修行③；《百缘经》中善来比丘多闻第一，得阿罗汉果④；《中阿含经》中修禅境界中需除"刺"，即需对症、超越之事。道世在该材料后注云："除此刺者是名纳谏。"⑤《大鱼事经》中小鱼不受大鱼之嘱，为渔师所捕，道世自注云："为不受语，为网所害。"⑥《摩诃僧祇律》中野干主不受众野干谏，毁坏义井之罐，终为婆罗门杖杀。经中以此为提婆达多本生故事：

> 尔时野干主者，今提婆达多是。时群野干者，今诸比丘谏提婆达多者是。当知过去时已不受知识软语，自丧身命。今复不受比丘谏，当堕恶道，长夜受苦。⑦

可见道世对《纳谏篇》的编集，虽意在契合儒家政治伦理，但也把它提升到修行的高度，甚至认为是普通人生亦需注意的行为模式，将纳谏在佛教内典中的意义扩至最大。篇末道世自作颂曰：

> 智人受谏，愚人拒违。譬同明镜，影照瑕疵。见过须改，慕在知机。顽嚚固执，困厄何依。⑧

回顾《轮王篇》《君臣篇》《纳谏篇》等篇目，我们看到佛教对政治

---

① 《法苑珠林校注》，第 1374 页。
② 同上书，第 1375 页。
③ 同上。
④ 同上书，第 1377 页。
⑤ 同上书，第 1378 页。
⑥ 同上。
⑦ 同上书，第 1379 页。
⑧ 同上。

的要求是至高之德与至善之治的完美统一，以"轮王"的理想来作王者的典范，并对王者的行事作以多方的具体要求，可谓与先秦儒家"内圣外王"的理想有同工之处，而且更加的完美。但是，佛教对王者的福德与责任的诸多规范中，又时刻不忘对修行的警策——王者的福报也是会衰颓的，是不能避免痛苦的，王者也需要修行。

第二节　佛教与君子人格
——《审察篇》《思慎篇》《俭约篇》《惩过篇》《和顺篇》等篇的研究

　　人格的理想，是每一种思想成其为思想的关键。因为思想是为人而设，由人完成。不同的思想，也自然指向不同的人格；不同的教育，最终构建出不同的社会。当然，良好教育的受众从未发展到以全体的人为对象，对于幸运的部分的人，不同的思想赋予不同的名称，儒家称为"君子"。儒家君子人格的塑造在以儒学伦理为规范的社会中是很重要的一项内容。①《法苑珠林》中所表现的佛教对儒教伦理的支持，也着意突出佛教内容中与儒家之君子人格相契的内容，《审察篇》《思慎篇》《俭约篇》《惩过篇》《和顺篇》《诫勖篇》概为此类。且君子人格的内涵丰富多样，道世所把握的点又颇能体现佛、儒于后世进一步整合的思想线索。

一　儒家君子人格的内涵与维度
1. 君子与社会

　　"君子"这个词，如众多研究者已经提及的那样，在西周与春秋前期，主要指贵族在位者，孔、孟、荀所论及的君子，主要指德位君子，有时也指职位君子，其后渐渐加重了道德之称的含义。不过应该说，"君子"一词所具有的身份维度始终是存在的。

　　《论语》中的"君子"，指的是有闲暇和余力进行自我精神修养的人。

---

　　① "孔子的经权学说要求在普遍的道德原则与具体的道德行为之间保持适当的张力，而这种张力又是通过存在于特定境遇中的个体而达到。这样，个体人格在孔子的价值体系中便具有了特殊的意义：惟有造就完善的人格，主体才能在复杂的社会生活中对价值原则的绝对性与相对性作出合理定位。"杨国荣：《善的历程——儒家价值体系研究》，上海人民出版社2006年版，第118页。

从其中所提到的君子品性与学习之间的关系，又可将其理解为：有机会接受教育的人。《论语》中孔子对不同人格的称谓有"小人、乡原、君子、仁人、志士、圣人"等，这些不同的称呼又可归为三类"小人、君子，圣人"①．在孔子那里，"圣人"是永远只能靠近却无法企及的理想，连尧舜都不是圣人，但"君子"是可以达到的修养目标。孔子重礼，其"礼"的核心是"仁"，"仁"是第一位的，"仁"可实现由个人的自我安顿而达成的社会有序和谐。②他说"礼不下庶人"，重在庶人无机会接受教育，自然也无法理解"仁"，很难达到"礼"的要求。作为平民教育的开创者，他当然是希望君子越多越好。

　　孟子对不同人格的称谓有"狂狷、圣人、乡原、中行者"，孟子提到的圣人包括伯夷、伊尹和柳下惠。《孟子》开篇就讲"仁义"，他主张人的仁义行为应该由内心发出，而非仅是符合外在的标准。孟子多处论及民与君子的区别："无恒产而有恒心者，惟士为能。若民，则无恒产，因无恒心。"③孟子说："人之所以异于禽兽者几希，庶民去之，君子存之。舜明于庶物，察于人伦，由仁义行，非行仁义也。"④但对于"民"，孟子的态度是非常爱护的，首先，"民为贵，社稷次之，君为轻"⑤。其次，君子与民之间是爱护与被爱护的关系，他说："君子之于物也，爱之而弗仁。于民也，仁之而弗亲。亲亲而仁民，仁民而爱物。"⑥且"霸者之民，欢虞如也。王者之民，皞皞如也。杀之而不怨，利之而不庸，民日迁善而不知为之者。夫君子所过者化，所存者神，上下与天地同流，岂曰小补之

---

① 吾淳：《中国社会的伦理生活》，中华书局 2007 年版，第 203 页。

② 《论语·宪问》中说"子曰：修己以敬……修己以安人……修己以安百姓。修己以安百姓，尧舜其犹病诸！"程树德、程俊英、蒋见元点校：《论语集释》，中华书局 1990 年版，第 1041 页。

③ 《孟子·梁惠王上》，（汉）赵岐注，（宋）孙奭疏：《孟子注疏》，北京大学出版社 1999 年版，第 23 页。

④ 《孟子·离娄下》，（汉）赵岐注，（宋）孙奭疏：《孟子注疏》，北京大学出版社 1999 年版，第 223 页。

⑤ 《孟子·尽心下》，（汉）赵岐注，（宋）孙奭疏：《孟子注疏》，北京大学出版社 1999 年版，第 387 页。

⑥ 《孟子·尽心上》，（汉）赵岐注，（宋）孙奭疏：《孟子注疏》，北京大学出版社 1999 年版，第 377 页。

哉?"① 国君与君子的努力，只是为了民的幸福。

荀子强调"礼"而非"仁"，先礼后仁。礼具有强制规范性，所以要制法度，"虽王公士大夫之子孙也，不能属于礼义，则归之于庶人。虽庶人之子孙也，积文学，正身行，能属于礼义，则归之卿相大夫"②。礼的强制性，也是以"性恶"为基础的，虽然荀子的有些话也强调"仁"的首要性，"将原先王，本仁义，则礼正其经纬，蹊径也"③。"人主仁心设焉，知其役也，礼其尽也。故王者先仁而后礼。"④ 但总体看来，强制规范性的"礼"仍是核心。和孔孟着重于个人的安顿不同，荀子着重人在社会中的安顿，他所论的人格层次与社会阶层之间是呈现对应关系的，其《荀子·儒效》中有："以从俗为善，以货财为宝，以养生为己至道，是民德也。行法至坚，不以私欲乱所闻，如是，则可谓劲士矣。行法至坚，好修正其所闻以矫饰其情性，其言多当矣而未谕也，其行多当矣而未安也，其知虑多当矣，而未周密也，上则能大其所隆，下则能开道不己若者，如是，则可谓笃厚君子矣。修百王之法，若辨白黑，应当时之变若数一二，行礼要节而安之若生四枝，要时立功之巧若诏四时，平正和民之善，亿万之众而博若一人，如是，则可谓圣人矣。"⑤ 相较而言，荀子对"义利""君子小人"有了更大众的视角、更礼制化的解释，即君子就应以"义"衡量，应该将"利"给予民。⑥

不管是由"仁"而"礼"，还是由"礼"而"仁"，儒家道德是有等级的，这是事实。"乐道安贫的方法只能劝导知识阶级中之有修养者，那

---

① 《孟子·尽心上》，（汉）赵岐注，（宋）孙奭疏：《孟子注疏》，北京大学出版社 1999 年版，第 357 页。

② 《荀子·王制》，（清）王先谦撰，沈啸寰、王星贤点校：《荀子集解》，中华书局 1988 年版，第 148 页。

③ 《荀子·劝学》，（清）王先谦撰，沈啸寰、王星贤点校：《荀子集解》，中华书局 1988 年版，第 16 页。

④ 《荀子·大略》，（清）王先谦撰，沈啸寰、王星贤点校：《荀子集解》，中华书局 1988 年版，第 488 页。

⑤ 《荀子·儒效》，（清）王先谦撰，沈啸寰、王星贤点校：《荀子集解》，中华书局 1988 年版，第 129—130 页。

⑥ "这也就是说，荀子的君子小人之辨主要是以伦理为划界标准而非以道德为划界标准，以起码的人为划界标准而非以高尚的人为划界标准。"吾淳：《中国社会的伦理生活》，中华书局 2007 年版，第 103 页。

些'因无恒产则无恒心'的一般民众，决不能使他们也领悟'饭疏食饮水曲肱而枕之'的快乐。"① 精英总是于大众中确立自己位置的。不过后世之儒者自我塑造的君子，仍是孔孟所说的"君子"，这大概是由于儒者自身所具的自我安放意识。

2. "君子"的内涵与维度

儒家对"君子"的内涵，是有多方面的阐解的。

《易经》中论及"君子"，强调："君子中正，君子自强，君子谦虚，君子知机。"②

《论语》中对君子的情怀修养和为人行事都有很多描述，如在内在的修养与情怀方面："君子不忧不惧"③，"君子坦荡荡，小人长戚戚"④，"君子义以为质，礼以行之，孙以出之，信以成之，君子哉！"⑤，等等；在君子外在的行为方面，"君子之道四焉：其行己也恭，其事上也敬，其养民也惠，其使民也义"⑥，"君子笃于亲，则民兴于仁；故旧不遗，则民不偷"⑦，等等。

孟子于这两方面之外，又进一步强调君子与道之间的关系⑧，强调君子和其他人不同的地方⑨，更加重视君子与君、民、国家之间的关系，君

---

① 周予同：《周予同经学史论著选集》，上海人民出版社 1983 年版，第 578 页。

② 叶岗：《〈周易〉的君子观及其衍说》，《同济大学学报》（社会科学版），2004 年第 4 期。

③ 《论语·颜渊》，（宋）朱熹：《四书章句集注》，中华书局 1983 年版，第 133 页。

④ 《论语·述而》，（宋）朱熹：《四书章句集注》，中华书局 1983 年版，第 102 页。

⑤ 《论语·卫灵公》，（宋）朱熹：《四书章句集注》，中华书局 1983 年版，第 165 页。

⑥ 《论语·公冶长》，（宋）朱熹：《四书章句集注》，中华书局 1983 年版，第 79 页。

⑦ 《论语·泰伯》，（宋）朱熹：《四书章句集注》，中华书局 1983 年版，第 103 页。

⑧ 《孟子·离娄下》中有："孟子曰：'君子深造之以道，欲其自得之也。自得之，则居之安；居之安，则资之深；资之深，则取之左右逢其原，故君子欲其自得之也。'"见（汉）赵岐注，（宋）孙奭疏：《孟子注疏》，北京大学出版社 1999 年版，第 220 页。

⑨ 《孟子·离娄下》中有："孟子曰：'君子所以异于人者，以其存心也。君子以仁存心，以礼存心。仁者爱人，有礼者敬人。爱人者，人恒爱之；敬人者，人恒敬之。有人于此，其待我以横逆，则君子必自反也：我必不仁也，必无礼也，此物奚宜至哉？其自反而仁矣，自反而有礼矣，其横逆由是也，君子必自反也：我必不忠。自反而忠矣，其横逆由是也，君子曰："此亦妄人也已矣。如此，则与禽兽奚择哉？于禽兽又何难焉？"是故君子有终身之忧，无一朝之患也。乃若所忧则有之：舜，人也；我，亦人也。舜为法于天下，可传于后世。我由未免为乡人也，是则可忧也。忧之如何？如舜而已矣。若夫君子所患则亡矣。非仁无为也，非礼无行也。如有一朝之患，则君子不患矣。'"见（汉）赵岐注，（宋）孙奭疏《孟子注疏》，北京大学出版社 1999 年版，第 233 页。

子能够给君、民、国家带来什么。比如孟子说："君子居是国也，其君用之，则安富尊荣；其子弟从之，则孝悌忠信。'不素餐兮！'孰大于是？"①"广土众民，君子欲之，所乐不存焉；中天下而立，定四海之民，君子乐之，所性不存焉。君子所性，虽大行不加焉，虽穷居不损焉，分定故也。君子所性，仁义礼智根于心，其生色也睟然，见于面，盎于背，施于四体，四体不言而喻。"②

　　而荀子则强调君子的理性，君子是礼义之源③，君子是法律之源④，还提出对君子一些实用方法方面的要求，如"君子性非异也，善假于物也"⑤，"事圣君者，有听从无谏争；事中君者，有谏争无谄谀；事暴君者，有补削无挢拂。迫胁于乱时，穷居于暴国，而无所避之，则崇其美，拘其善，违其恶，隐其败，言其所长，不称其所短，以为成俗"⑥。君子对君主"从命而利君谓之顺"⑦。

　　《大学》《中庸》论及君子，强调的是君子道德的自我修养。如

---

　　① 《孟子·尽心上》，（汉）赵岐注，（宋）孙奭疏：《孟子注疏》，北京大学出版社1999年版，第369页。

　　② 同上书，第362页。

　　③ 如《荀子·王制》中有："天地者，生之始也；礼义者，治之始也；君子者，礼义之始也。为之，贯之，积重之，致好之者，君子之始也。故天地生君子，君子理天地。君子者，天地之参也，万物之总也，民之父母也。无君子，则天地不理，礼义无统，上无君师，下无父子，夫是之谓至乱。君臣、父子、兄弟、夫妇，始则终，终则始，与天地同理，与万世同久，夫是之谓大本。故丧祭、朝聘、师旅，一也；贵贱、杀生、与夺，一也；君君、臣臣、父父、子子、兄兄、弟弟，一也；农农、士士、工工、商商，一也。"（清）王先谦撰，沈啸寰、王星贤点校：《荀子集解》，中华书局1988年版，第164页。

　　④ 《荀子·君道》中有："法者、治之端也，君子者、法之原也。故有君子，则法虽省，足以遍矣，无君子，则法虽具，失先后之施，不能应世之变，足以乱矣。"《致士篇》："君子也者，道法之总要也，不可少顷旷也。得之则治，失之则乱；得之则安，失之则危；得之则存，失之则亡。故有良法而乱者，有之矣；有君子而乱者，自古及今，未尝闻也。传曰：'治生乎君子，乱生乎小人。'此之谓也。"（清）王先谦撰，沈啸寰、王星贤点校：《荀子集解》，中华书局1988年版，第230、261页。

　　⑤ 《荀子·劝学》，（清）王先谦撰，沈啸寰、王星贤点校：《荀子集解》，中华书局1988年版，

　　⑥ 《荀子·臣道》，（清）王先谦撰，沈啸寰、王星贤点校：《荀子集解》，中华书局1988年版，第251页。

　　⑦ 《荀子·臣道》，（清）王先谦撰，沈啸寰、王星贤点校：《荀子集解》，中华书局1988年版。

"《诗》云：'瞻彼淇澳，绿竹猗猗。有斐君子，如切如磋，如琢如磨。瑟兮僩兮，赫兮喧兮。有斐君子，终不可喧兮！'如切如磋者，道学也；如琢如磨者，自修也；瑟兮僩兮者，恂栗也；赫兮喧兮者，威仪也；有斐君子，终不可喧兮者，道盛德至善，民之不能忘也。"①且二典尤为强调"诚"，《大学》中强调正心诚意，其第七章第十章中都有论述"诚"的问题；而《中庸》的第二十四章、二十五章、二十六章、三十二章都论述"诚"，以"诚"来沟通人与天。

我们可以将经典中关于君子的论述归为两方面的要求，一方面是君子内在心性修养的要求，一方面是君子外在行为方式的标准。总体说来，君子是这样一种人，他有着循序渐进的内在修为方式，直至文质彬彬，充盈其体，而后显示为"仁"，显示为"义"，表现到外在行为上，并实现其内在价值。向内向外两个维度②，于先秦儒家典籍中皆有体现，只不过各自会有不同的倾向。主要体现了向内维度的，以《孟子》《大学》《中庸》为主。内省之方又有多种，《法苑珠林》所设的《至诚篇》《审察篇》《思慎篇》《俭约篇》《惩过篇》《和顺篇》《诚勖篇》便是紧扣君子人格中内省的一面，展现佛教于人格培育与儒家可会通的资源。至于佛教本来致力于培养的，是一种内在超越型的人格，本无"君子"之说，而这超越性的人格由其超越，又早已远远达到了君子的要求，与"君子"的塑造颇有可通。

二　佛教精神与君子人格的互释——《至诚篇》《俭约篇》《审察篇》《和顺篇》《思慎篇》等篇的研究

（一）菩萨修行之"勇猛精进"与儒家"至诚"的互释——《至诚篇》

1. "至诚"在儒家心性修养中的重要性

"至诚"是儒家心性修养论格外强调的内心状态，也是一种修养方法。"诚"的提出，在《尚书·尧典》中就有："曰若稽古，帝尧曰放勋，

---

① 《大学章句》，（宋）朱熹：《四书章句集注》，中华书局1983年版，第5页。

② 参考郑淑媛《先秦儒家的精神修养》，人民出版社2006年版。该书对先秦儒家精神修养学的历史演变过程探讨甚细，对其修养的逻辑结构也有详细说明，将先秦儒家于人之精神修养方面的不断丰富称为"学"，其由建立到拓展，向内，向外，分为四个时期。

钦明文思安安，允恭克让，光被四表，格于上下。"① 其中的"允"即为
"诚"意。

孔子没有明确谈到"诚"，孟子直接谈到"诚"，他说："诚者，天之
道也；思诚者，人之道也。至诚而不动者，未之有也；不诚，未有能动者
也。"② 孟子还说："万物皆备于我矣。反身而诚，乐莫大焉。"③ 孟子把
"诚"与天道相提并论，天道以其诚而能化生万物，人道也必须思诚才能
产生真正的道德行为。正因如此，人道才能合于天道，从而实现"天人
合一"的崇高理想。所以孟子宣称："反身而诚，乐莫大焉。"

《中庸》以"诚"为中介，将"天"与"性"作以贯通。"诚则明
矣，明则诚矣，唯天下之至诚，为能尽其性；能尽其性，则能尽人之性；
能尽人之性，则能尽物之性；能尽物之性，则可以赞天地之化育；可以赞
天地之化育，则可以与天地参矣。"④ "诚"是天道，也是人道，只要进行
修养教化，每个人都可以上以知天。在这个历程中，"诚"是将精神修养
从外在转向内在的关键。

对于个人来说，"诚"不仅可以使自己成为自己，而且可以使物
成——"自诚明，谓之性"⑤。而"天命之谓性，率性之谓道"⑥，于是，
天道的"诚"与人道的"诚"贯通。且"诚"能知己，知物，成己，成
物，并且能推知未来，永远不停止。⑦ 天之道的"诚"，其情感表现是
"不勉而中，不思而得，从容中道"⑧。体现天之道的"性"也应至诚。
只要遵循"性"的原初状态去做就自然是道。

"至诚"在儒家修身中具有如此重要的意义，道世在《法苑珠林》中

---

① （汉）孔安国传，（唐）孔颖达疏：《尚书正义》，北京大学出版社 1999 年版，第 25 页。

② 《孟子·离娄上》，（汉）赵岐注，（宋）孙奭疏：《孟子注疏》，北京大学出版社 1999 年版，第 200 页。

③ 《孟子·尽心上》，（汉）赵岐注，（宋）孙奭疏：《孟子注疏》，北京大学出版社 1999 年版，第 353 页。

④ 《中庸·二十一章》，（宋）朱熹：《四书章句集注》，中华书局 1983 年版，第 32 页。

⑤ 同上。

⑥ 《中庸·二十章》，（宋）朱熹：《四书章句集注》，中华书局 1983 年版，第 31 页。

⑦ "至诚之道，可以前知。国家将兴，必有祯祥；国家将亡，必有妖孽。见乎蓍龟，动乎
四体。祸福将至，善，必先知之；不善，必先知之。故至诚如神"。《中庸·二十四章》，（宋）
朱熹：《四书章句集注》，中华书局 1983 年版，第 33 页。

⑧ 《中庸·二十章》，（宋）朱熹：《四书章句集注》，中华书局 1983 年版，第 31 页。

所设《至诚篇》说明佛教修行同样需要"至诚"的品性，以会通佛教修行与儒家君子人格的塑造。

2. 《至诚篇》的知识呈现

《至诚篇》由"述意部""求宝部""求戒部""求忍部""求进部""求定部""求果部""济难部"以及感应缘故事十四则组成。其知识呈现的背后，体现出极为精妙的编撰思想，主要有两点，一为以大乘菩萨修行所需之"勇猛精进"释"至诚"之内涵；二为感应缘故事的选取着重体现在佛教的俗世信仰层面，以祈念观音与"至诚"相应，现分别论述之。

（1）以大乘菩萨修行所需之"勇猛精进"释"至诚"

《至诚篇·述意部》中说：

> 夫至诚所感，无神弗应；大士运心，无机不赴。励己克意，尽未来际。所以一一弘誓，莫不忍智相应，心心广博，皆在阿惟越致。自非立行重于松筠，起愿逾于金石。殁命护持，深心救济。弘道以报四恩，育德以资三有。此则功被三祇，果周十地也。①

这是说，至诚之心，就是菩萨修行誓愿之心以及对众生的护持之心。

"求宝部""求戒部""求忍部""求进部""求定部""求果部"恰与大乘菩萨修行之"六度"相应。"求宝部"其实是讲"布施"，而且有提领作用，"求果部"其实是讲般若道果，各部皆以"勇猛精进"贯穿，以"勇猛精进"同于"至诚"。我们先来看"求宝部"。

"求宝部"中所引的故事来自《大意经》，大意为布施众生而入海求宝，受龙王四宝珠，反为海神所夺，大意誓意要抒尽海水，海神说："如日终不堕地，如大风不可揽束。日尚可坠，风尚可揽，大海水不可抒令竭也。"大意笑而答之，生死难断自己尚且誓愿断之，况此小海，且曾供养诸佛，誓愿志行勇于道决，所向无难，是以誓竭海水。以其精诚，天王相助，抒竭欲尽，海神振怖，出珠还之。

这个故事有深刻的象征意义，大意求珠是为布施众生而非自己，另

---

① 《法苑珠林校注》，第 827 页。

外，他以断生死的志向来喻抒大海水的志向，求珠遇挫折，誓愿以断生死之力来抒大海水，因为他有曾供养诸佛发愿"所向无难"的愿心，其实求宝也就是修行的象征，求宝之所向无难也就是修行路上志意坚决，所向无难。道世还引了《摩诃僧祇律》中海神心中所想与所说偈语："精勤方便力，志意不休息。专精之所感，虽失复还得。"① 这个故事说明修行之志力再恰切不过，故事中的"宝珠"在佛典中意蕴丰富，《法华经》中有衣珠喻，以珠喻宝贵自性。道世选取此故事，即将儒家之心性词汇"至诚"解释作佛教修行所必需"勇猛精进"力。

此部是六度之首——"布施"，其实也是总摄，以下各部都与修行之"力"相关，各以一两个经典中的小故事，按六度之顺序，将六度每一步的力量总归于"勇猛精进"力，从而会通于"至诚"。"持戒部"讲持戒力，"求忍部"讲忍辱力，"求进部"讲精进力，"求定部"讲禅定力，"求果部"照应篇题，讲至诚可获道果，"济难部"以鹦鹉和野鸡的菩萨本生故事说明菩萨的济生精神。可以说道世对此篇的编撰是有着精妙的用心，他自作的"颂"也体现出对于此篇尤为感怀：

> 志诚抱冰雪，暮齿迫桑榆。太息波川迅，悲哉人代拘。岁聿皆采获，冬晚惧严枯。精诚求施戒，忍精定慧眸。结侣同共远，胜地心相符。商人不顾死，罗刹未能逾。求宝竭大海，神怖捧明珠。寄言求道者，立志报非虚。②

感慨人世的短暂，抒怀应志求菩提。

（2）以祈念观音释"至诚"的现实效用

道世在"感应缘"三字之后便附有自己对本篇感应缘故事采撷的思想，他说：

> 详夫古今，无问道俗，但有至诚，克必感征。且列外中有三，内

---

① 《法苑珠林校注》，第828—829页。
② 《法苑珠林校注》，第837页。

中十一。内外合说，略述一十四验。①

意在将古今道俗重在至诚有感的故事拣择而出，这十四个故事分别是："晋明帝杀力士含玄""楚熊渠夜行射石""楚干将莫耶藏剑""宋韩凭妻康王夺""宋伏万寿念观音""宋顾迈念观音""宋沙门慧和念观音""宋韩徽念观音""宋彭子乔念观音""赵沙门单服松吞石""唐董雄念观音""唐沙门道积谏志""唐沙门法诚经验""唐比丘尼法信经验"。

初看起来这只是和《法苑珠林》中很多篇目的感应缘一样，尽量宽泛地选取故事，以达到中土文化与印度佛教文化的会通，但细究起来不能不说此篇的感应缘选取是有一番导向的。本篇各部是以大乘修行会通儒家之"六度"，但所选感应缘故事，既无儒士之事，又无"六度"感应之事，其中四则是民间感应故事；十则佛教故事中，两则有关信仰之精诚的，六则都是关于观音信仰，另有两则关于经文信仰。我们来看其中一则观音信仰的故事：

> 宋韩徽者，未详何许人也。居于枝江，其叔幼宗，宋末为湘州府中兵。升明元年，荆州刺史沈攸之举兵东下，湘府长史庾佩玉阻甲自守，未知所赴，以幼宗猜贰，杀之，戮及妻孥。徽以兄子系于郡狱，铁木竟体，钳桎甚严，须考毕情党，将悉诛灭。徽惶迫无计，待期而已。徽本尝事佛，颇讽诵观世音经，于是昼夜诵经，至数百遍。方昼，而锁忽自鸣，若烧炮石瓦爆炘之声，已而视其锁，渟然自解。徽惧狱司谓其解截，遽呼告之。吏虽惊异，而犹更钉鍱。徽如常讽诵，又经一日，锁复鸣解，状如初时。吏乃具告佩玉，玉取锁详视，服其通感，即免释之。徽今尚在，勤业殊至。②

观音信仰与经文信仰简单易行，在故事中又能满足现实所需。"至诚"虽是儒士心性修养的词语，但其根源仍在于民间，道世本篇所选感应缘是立足于民间信仰的层面，将"至诚"的行为落实定位为简易易行

---

① 《法苑珠林校注》，第837页。
② 同上书，第842页。

的观音信仰与经文信仰。即使阅读者未能明白篇名和各部的深意，也可在感应缘中明了："至诚"的行为方式，在佛教之外便是民间故事中精诚所感之意，在佛教之内便是至心祈念观世音菩萨，重在一种"方便"。

《至诚篇》虽以六度作为各部内容，但与《法苑珠林》中以"六度"为名的各篇并无重复，"六度"各篇重于对布施持戒等行为理论上的全面解说，而《至诚篇》中的"六度"强调的是贯穿这六种行为的"力量"，并以此勇猛精进力通于儒家之"至诚"，说明无论是儒家心性修养还是佛教的大乘修行，"至诚"以及可以解释为"至诚"的"勇猛精进"都是最重要的。同时，也提供给民间信仰形态层面达到"至诚"的方法，那就是以简单易行的观音信仰与经文信仰达到至诚。

（二）佛教"息欲"与儒家"俭约"的互释——《俭约篇》

儒家经典提倡"俭约"，如《易·节象》："当位以节，中正以通。天地节而四时成；节以制度，不伤则，不害民。"① 《论语》："子曰：奢则不孙，俭则固。与其不孙也宁固。"② "节用而爱人"③，"敛从其薄"④。《孟子》："贤君必恭俭礼下，取于民有制。"⑤ 《荀子》："足国之道，节用裕民，而善臧其余。节用以礼，裕民以政。彼裕民以多余，裕民则民富，民富则田肥以易，田肥以易则出实百倍。上以法取焉，而下以礼节用之。"⑥ ……

归纳这些对俭约的提倡，有两层意义：（1）为政方面节用以爱民之义；（2）修身方面节俭以养德之义。《法苑珠林·俭约篇》释以修行人无欲无求之意，无欲无求但要依随所得，要有所施。

此篇短小，仅有"述意部"，"引证部"二部，"述意部"中说：

---

① 周振甫：《周易译注》，中华书局 1991 年版，第 212 页。

② 《论语·述而》，（宋）朱熹：《四书章句集注》，中华书局 1983 年版，第 102 页。

③ 《论语·学而》，（宋）朱熹：《四书章句集注》，中华书局 1983 年版，第 49 页。

④ （晋）杜预注，（唐）孔颖达正义：《春秋左传正义》，北京大学出版社 2000 年版，第 1662 页。

⑤ 《孟子·滕文公上》，（汉）赵岐注，（宋）孙奭疏：《孟子注疏》，北京大学出版社 2000 年版，第 134 页。

⑥ 《荀子·富国篇》，（清）王先谦撰，沈啸寰、王星贤点校：《荀子集解》，中华书局 1988 年版，第 177 页。

　　夫谬之于空谈，不如证之于事实，闻之于髣像，不如决之于耳目。故信不如学，言不如行。所以研机适理，寔极圣之洪基；息缘俭务，是至人之大量。不树无方之心，宁有不穷之应。是以一毫一粒，而意济四生；一念一弹，而常资六度。斯则功超半息，发弥来际；抱素俭约，而亦德逾高范也。①

　　点出佛教修行"息缘俭务，意应无穷"之义。"引证部"中共有四则来自不同经律论的故事：

　　第一，《阿毗达摩大毗婆沙论》中的故事：以大迦叶波尊者和薄拘罗尊者的区别说明修行者要依随所得而行，无所拣别，即使是拣去妙者接受粗者也不应当。

　　引用《中阿含经》中薄拘罗尊者未出家时的朋友向他请问妙法时，薄拘罗对自己多年来修行无欲生活的讲解，来说明薄拘罗所依修行方式之俭约安然，足至涅盘。②

　　第二，引用《摩诃僧祇律》中达腻伽罗汉的偈语以说明息欲寂灭之乐：

　　　　欲得寂灭乐，当习沙门法。止则支身命，如蛇入鼠穴。欲得寂灭乐，当习沙门法。衣食系身命，精粗随众得。欲得寂灭乐，当集沙门法。一切知止足，专修涅盘道。③

　　第三，《旧杂譬喻经》中的故事：比丘未留食给猕猴终致其死，之后佛教比丘每食皆割省其余以施蠢动，不得尽之，以说明佛教修行之济度群生之义。④

　　第四，引用《五分律》中龙王因比丘乞珠而远离的故事以及梵志不愿乞于迦夷国王的故事，说明修行人应尽量不乞于人。⑤

　　对于佛教修行来说，"息欲"是早期佛教的要点所在，即使在大乘修

---

① 《法苑珠林校注》，第1415页。
② 同上书，第1415—1416页。
③ 同上书，第1416—1417页。
④ 同上。
⑤ 同上书，第1417页。

行中，它的地位也是不容抹杀的。一个修行者，必须能够达到对世俗欲望超脱自在的状态。本篇以这一点通于儒家君子心性"俭约"一义，虽然侧重不同，但重在让人看到二者在人的培养过程中可以相通的地方。本篇所选取的两则感应缘故事也是独自隐逸修行者的故事，一为单道开，一为杜智凯。在"引证部"末尾道世自作颂云：

> 六情无怵恣，四摄启幽心。俭约避人物，偃息慕山林。曲涧停驺响，交枝落幔阴。池台聚冻雪，檐牖参归禽。石采无新故，峰形讵古今。大车何杳杳，奔马送駬駬。何以修六念，虔诚在一音。未泛慈舟宝，徒劳抒海深。①

也表达了息心清修无欲之乐。

（三）佛教"妙观察智"与儒家"审察"的互释——《审察篇》

儒学强调的审察，强调的是对学问的审察，对人的明辨，是君子在为学、交际以及辅政时所必要的修养，如无审察之能，则求知无以求真知，交友难以交到真君子，辅政也难以适机。②

道世也列"审察"为一篇，在"述意部"中他说：

> 夫圣人利物，审境观心。调识情于宝所，运假实于妄诚。故审非慧无以穷其实，慧非审无以察其照。然则照察之源，审定之要，故能无法不缘，无境不察。然后缘法察境，乃知同趣于玄功，交养于万法也。③

道世所释的"审察"实与"慧"一体，属"慧"的范畴，又可称作

---

① 《法苑珠林校注》，第1419页。

② 《中庸·二十章》："博学之，审问之，慎思之，明辨之，笃行之。"（宋）朱熹：《四书章句集注》，中华书局1983年版，第31页。又如《论语·卫灵公》："子曰：'众恶之，必察焉；众好之，必察焉。'不能从众。"再如《论语·颜渊》："子张问：'士何如斯可谓之达矣？'子曰：'何哉，尔所谓达者？'子张对曰：'在邦必闻，在家必闻。'子曰：'是闻也，非达也。夫达也者，质直而好义，察言以观色，虑以下人。在邦必达，在家必达。夫闻者也，色取仁而行违，居之不疑。在邦必闻，在家必闻。'"（宋）朱熹：《四书章句集注》，中华书局1983年版，第167、138页。

③ 《法苑珠林校注》，第1380页。

"妙观察智"①,与儒家对心性的要求会通起来,名之为"审察"。大乘修行的目标是"利物",在道世看来,"审察"是修行者能够利物的前提。有了"审察",修行者才能自如无碍,任运自由而不会偏离,所以"审"与"慧"相结以用,不可分离。其实,作为"妙观察智"的"审"本来就是"慧"的一部分,有了妙观察,才能万法圆融、万境清明,才能知道万物都是最高的道的体现。

"述意部"之后有"审怒部""审过部""审学部"三部,以三个方面充实佛教修行中"审察"的内涵,现通过各部所引经律论大意作以概观。

1. 审怒

(1) 引用《摩诃僧祇律》中佛陀通过婆罗门误杀宗师的那俱罗虫来向比丘说明"宜审谛观察,勿行卒威怒"的道理。②

(2) 引用《太子沐魄经》,佛陀为比丘讲述自己的本生故事,佛陀为波罗奈国太子沐魄时,生性淡泊,至十三岁尚耳不听音,目不视色,状类喑哑聋盲。其父忧愁之中,请婆罗门相师为其占相,相师说其不详。经大臣商议,决定生埋太子。而由于太子相好,举世无双,生埋之前,彩女与臣仆皆来求情。国王与太子乘四望象车令国中人民观瞻,太子最终发语,讲述自己因世间无常,恍惚如梦,为全身避害、济神离苦而不语,最终出山修道,终得成佛。③

2. 审过

(1) 引用《付法藏因缘经》中故事,比丘尼通过妙观察看到作为众首的比丘阿沙罗未得解脱,即通过让阿沙罗明白"佛法庄严"的真意意识到这一点,为其说法致得阿罗汉。另外,修行者通过善观察可逐渐修正自己的过失。④

(2) 引用《百喻经》中毗舍阇鬼的故事。二毗舍阇鬼共有一箧,一杖,一屐,各欲得二,于是纷纭斗诤。箧中可出一切所需;执杖可令一切

---

① 《大乘本生心地观经》卷二:"三、妙观察智,转分别识得此智慧,能观诸法自相共相,于众会前说诸妙法,能令众生得不退转,以是名为妙观察智。"见《大正藏》卷3,第298页下。

② 《法苑珠林校注》,第1381页。

③ 同上书,第1382—1384页。

④ 同上书,第1384页。

怨敌归伏；著屐可令人飞行。遇一人说可为其均分，此人持此三物，著屐飞翔，两鬼一无所得。箧喻布施，杖喻持戒，屐喻禅定，二鬼喻外道，欲分而诤喻有漏心，说明六度漏失其中任何一个都将无所得，需得善行六度，方有道果。①

3. 审学

（1）引用《旧杂譬喻经》中的故事，两位学道之人于路途中见象迹，其中一人仅凭象迹便判断出是一头母象，且怀雌子，象一目盲，象上坐一位妇人，怀有女儿。另一人不了解，请他解说。他解说是从象所踏地的情况、小便情况，以及象附近的草的情况等来判断的，并说这是由于自己"纤密意思维"。他们的老师也说："夫学当以意思隐审乃达也。"②

（2）引用《百喻经》中以磨大石作小戏牛，所磨既重，所期甚轻，来比喻世人学问精勤自有胜果，不宜追求小戏牛一样的名闻，得不偿失。③

（3）引用一人以勤问勤学而摆脱罗刹的故事来说明勤学勤问的重要，故事出处待考。④

儒家之"审"学，重在以一种怀疑批判的精神去判断真知，陶取真知；这三则故事作为佛教思想对"审学"内涵的丰富，说明绵密思维、不求名闻以及勤于问学对于学习的重要性，"审学"的意义扩大了。审怒与审过的内容也是对儒家"审察"的一种拓宽，重在以"妙观察"减少修行的阻碍；感应缘内容设置也甚为奇特，所引的分别是《博物志》《白泽图》《抱朴子》三则对山川精怪之观察解释，虽为异说，但却说明民间本具的一种对万物的精神，观察事物的生动有趣的态度。

（四）佛教"忍辱柔和"与儒家"和顺"的互释——《和顺篇》

儒家讲求"和"，是君子相处于万物间的一种状态。"和"的要求首先是君子的内在，然后是君子的家庭，再者是君子的人际关系，接

---

① 《法苑珠林校注》，第 1385 页。

② 同上书，第 1386 页。

③ 同上。

④ 同上书，第 1387 页。

着是整个国家的礼仪秩序，最后是大宇宙间的和谐。《周易·系辞》："刚柔相摩，八卦相荡。鼓之以雷霆，润之以风雨；日月运行，一寒一暑。"① 这里"刚柔相摩"在于追求同一事物的两端之"中"，"八卦相荡"则是追求多种事物之间的"和"。"中"为其大因，"和"为其大果。"和"的要义在于生生不息。《和顺篇·述意部》中说：

> 夫善恶乖背，言行两违。祸衅从生，怨毒弥重。所以言之者易，行之者难。是故刚柔得中，违顺得性。譬铸剑太刚则折，太柔则卷。欲剑无折，必加其锡。欲剑无卷，必加其金。何者，金性刚而锡质柔，刚柔均平则为善矣，含性和平则为嘉矣。故罗云密行以自调，故圣赞以美誉；提婆粗行以犷恶，故众毁以过彰。俗书云，西门豹性急，佩韦以自缓；董安于性缓，带弦以自急。故阴阳调天地之和也，刚柔均人物之性也。②

我们看到"述意部"主要论述的也是儒家的这层意思，但是提到"罗云密行以自调，故圣赞以美誉；提婆粗行以犷恶，故众毁以过彰"，显然有以佛教修行中需要的"柔和"品格来对应"和顺"之意。在接下来的"引证部""和施部""和国部""和事部"中，又多方取择经典，表现佛教"柔和"的品格，以与"和顺"相应。

1. 菩萨心性柔软仁和

《密迹金刚力士经》中，佛陀向阿阇世王讲解菩萨仁和的八种方法：一志性质直而无谀谄，二性行和雅常无佞伪，三心存淳熟永无虚妄，四心行坚要亦无赢劣，五无迷惑志存于仁和，六为世众佑受其德行，七心行了达而无所着，八思惟罪福心无所念。

接下来佛陀又向阿阇世王讲述能够使菩萨"行逮如是力无极之势"的十法，基本上也是忍辱柔和之法：一宁弃身命勤受正法，二未曾自大谦恪下意礼敬众生，三见于刚强难化众生立之忍辱，四见饥馑人以好美膳而充施之，五睹诸恐惧劝慰安之，六若有众生得于重疾疗以良药，七若有赢

---

① 《周易·系辞上传》，周振甫：《周易译注》，中华书局 1991 年版，第 229 页。

② 《法苑珠林校注》，第 1437 页。

劣人所轻慢，敬念恋之令无忽易者，八以净泥水涂如来庙补其亏缺，九见孤苦人贫匮困厄常负重担，使去其难极重之殃，十若有无护无所依归常将济之。是为十事法。①

所引《正法念经》中也说明菩萨应该和合众生、心性柔软，其中有孔雀菩萨所说偈："若人心柔软，犹如成炼金。斯人内外善，速得脱众苦。若人心器调，一切皆柔软。斯人生善种，犹如良福田。"②"和国部"引用了《杂宝藏经》中白香象和合两国的故事；"和事部"中引用了《摩诃僧祇律》中故事，有一贩难熟陈豆者与以一贩懒驴者，二者互贩，并各自说了恶言；懒驴又和买他的人互相恶言咒诅，后来买驴人改换了方式，以柔和语夸赞，驴子也变成柔和的态度并卖力干活，以此说明菩萨柔和语的重要性。

此外，所引《呵鵰阿那含经》中说明阿那含需要隐秘不让人知的八事，分别是："一不求不欲令人知，二信不欲令人知，三自羞不欲令人知，四自惭不欲令人知，五精进不欲令人知，六自观不欲令人知，七得禅不欲令人知，八黠慧不欲令人知。"之所以不欲令人知，是"不欲烦扰于人故"。这展现了佛教在心性柔和方面要求极高。

2. 柔和布施

引用《佛说一切施王所行檀波罗蜜经》中佛陀讲述自己做一切施王时的本生故事。一切施王少小已来好喜布施，慈仁忍辱无伤害意，当邻国要攻打一切施王的国家时，因为不愿意看到刀兵相害，一切施王将印绶脱下，夜中离开自己的国家。路上遇到向他求乞的婆罗门子，他又劝婆罗门子将自己的头或者鼻耳割下来送给占领了他的国家的人，可以得到赏赐，婆罗门子不愿这么做；一切施王又劝他将自己捆缚起来回去，这样也会得到赏赐。婆罗门子以相术看见一切施王回去后能够重新做王，于是同意。一切施王的人民听闻他回来，都感念哭啼，他的德行也终令强占他国家的国王愧服于地，以国相还。这个故事说明了柔软布施的心所造就的功德坚实无比，具有大力。③

---

① 《法苑珠林校注》，第 1438—1439 页。
② 同上书，第 1439 页。
③ 《法苑珠林校注》，第 1440—1443 页。

佛教所主张的品性，虽可多方面来阐述，但每一种都具有"柔和"的性质。这种"柔和"发自内心的了悟，以及对众生的慈悲，究其发源来讲，与儒家君子心性之"和"未必相同，究其具体感受状态来讲也各有异；但是二者相通，它们都是由内而外，无论对事，对人，还是对国家关系，都能以"柔和"来调适，修养过程中也都有多重境界能够令人不断超越。所以，以佛教的"柔和"相应儒家君子的"和顺"，很恰切地突出了佛儒两家对人格修养之"和"的相通之处。

（五）佛教修行之"戒"与儒家"戒惧谨慎"的互释——《思慎篇》《惩过篇》《诫勖篇》

《思慎篇》《惩过篇》《诫勖篇》三篇，其实都是君子心性中的"戒惧谨慎"之意。关于"戒惧谨慎"，儒家经典中资源甚多，我们看一下儒家经典中对这一品质的要求。

《易传·系辞下》曰："其出入以度外内，使知惧"；《易传·象·震》曰："君子以恐惧修省"；《易传·乾》曰："庸言之信，庸行之谨"；《易经·既济》六四："终日戒"；《易传·系辞下》曰："君子安而不忘危，存而不忘亡，治而不忘乱，是以身安而国家可保也"；《易传·象·需》九三："敬慎不败。"[1] "博学之，审问之，慎思之，明辨之，笃行之"，[2] "故言有召祸也，行有招辱也，君子慎其所立乎"[3]；还有《大学》中"……瑟兮僩兮者，恂栗也……"[4]《诗经·小雅·小旻》"战战兢兢，如临深渊，如履薄冰"，等等。

概而言之，思慎重在"防"，惩过重在"警"，诫勖重在"诫"，虽各有侧重，但含义有重合，总体上，都是要求君子于日常行为中常存"戒惧谨慎"，这样才能无咎，也才能顺利完成事业。

《法苑珠林》将"戒惧谨慎"以三篇分述：《思慎篇》《惩过篇》《诫勖篇》各为一篇，各自赋予它们佛教修行对"戒惧谨慎"的阐释

---

① 以上分别见于周振甫译注《周易译注》，中华书局1991年版，第269、181、5、223、263、29页。

② （宋）朱熹：《四书章句集注》，中华书局1983年版，第31页。

③ （清）王先谦撰，沈啸寰、王星贤点校：《荀子集解》，中华书局1988年版，第7页。

④ （宋）朱熹：《四书章句集注》，中华书局1983年版，第5页。

和应用——围绕佛教之"戒",需专心防"欲",需常存警策,常相诚喻。

从本节我们看到,《法苑珠林》所把握的这几点也是后来理学于君子心性修养方面尤为重视的。从心性方面会通于儒家君子人格的涵养,《法苑珠林》在内容编撰上的这种把握,对于佛教与儒学在其后的发展态势颇有前瞻,因佛教与儒学于士人影响力的消长,关键处在于"心性"学说。众多宗派的创立使得唐代佛教一变印度佛教而为中国佛教,各宗派的学说中最能体现中国佛教特色的,当为华严宗与禅宗的心性学说。华严宗与禅宗南宗几乎同时创立,华严宗创始者法藏提倡妄尽还源观,禅宗南宗提倡明心见性;华严宗哲学要义登峰造极,禅宗教外别传不立文字,两者相互沟通,相互调和,对唐代儒学构成极大冲击,由此开始提出心性之学,渐演而为后来之理学,由理学而心学,与禅宗的方法更为相似。《法苑珠林》所把握的这几点:至诚、俭约、审察、思慎、诫勖、和顺……几乎涵盖了儒家心性修养之学的重要方面,经过道世的会通,不仅表现出佛教亦有助于君子心性的养成,君子的心性修养也在佛教修行中具有了意义。

第三节　佛教与核心伦理之"忠孝"
——《忠孝篇》研究

一　儒家"忠"与"孝"的分离与会通

先秦时期,"忠"的含义有着一个演变的过程,①"孝"的含义也有

---

①　曲德来《"忠"观念先秦演变考》一文中对"忠"观念在先秦的演化作有较详尽的文献考述,文中认为,"忠"观念产生于春秋初期,它要求君主"忠于民",具体表现是"思利民"。春秋中期以后,"忠"作为政治伦理原则,由要求君主"忠于民"演变为要求臣下忠于社稷和公家之事,忠于君主,但忠于君主是其次的,依附社稷和公家之事,而且是有条件的;同时,"忠"还演变为一般道德规范,要求君子,也就是当时的贵族"考中度衷",为人谋尽心无隐。这是由于"礼崩乐坏"之后,随着新的君臣关系以及"士"阶层的迅速崛起。至战国时期,由于郡县制与君主专制政体的形成,新型君臣关系的出现,"忠"作为一般道德原则的一面被抛弃,作为政治伦理原则,则成了对臣下的绝对要求,这在实际政治领域和一些思想家如墨子、荀子、韩非子的学说中有充分反映。"忠"的多个内涵,在很长一段时期内是并存的。见《社会科学辑刊》2005年第3期。

一个演变过程，① 二者有着从同一词语中分离而出的过程，各有内涵。先秦儒家已强调忠君之"忠"与血缘之"孝"的会通，会通的方式，孔孟荀又依次有演进。孔子明确把孝道从家庭伦理道德延伸到了国家政治伦理范围，一是将家庭行为与社会行为联系起来，将孝悌作为忠顺的基础②；二是人们若能奉行孝悌之道，并把这种风气影响到政治上去，本身就是一种政治行为，以"孝"作为判断士人能否从政的标准。③ 孟子明确将家国天下联系起来，"天下之本在国，国之本在家，家之本在身"。④ 孟子又以孝道为王道教化的重要内容，"仓廪实而知礼节，衣食足而知荣辱"。在人们生活安定的情况下，再申之以孝悌忠信之道，达到人与人之间依礼而行。不过孔孟都认为孝是人自然的血缘之爱，他们以此自然之爱也是延伸到君臣关系的前提。但对于荀子来说，"孝"是君子圣人制作编订的礼仪，并非血缘亲情之爱；且荀子是将君父并称、忠孝混同的，且君恩大于亲恩，若忠孝必取其一时，当舍亲保君，弃孝尽忠。"孝"在这里，已有成为"忠"之附庸的趋势。

由先秦"忠""孝"观念的发展理路我们可以看到，二者渊源甚深，互为依存。在发展方向上，"孝"总是作为基础，作为前提，但"忠"却是作为目的，作为意义，以此达到社会秩序的建构。至《孝经》则明确

---

① "春秋之'孝'源于西周之孝观念……以父为对象的孝只限于君宗的范围，是调节君宗与储君嗣宗关系的重要政治准则，并不是维护一般父子关系的伦理准则。"查昌国：《论春秋之"孝"非尊亲》，《安庆师范学院学报》1993 年第 4 期。"原始宗法时代，后世之所谓'忠'，是包括在'孝'之内的，臣对君亦称'孝'，君对臣亦称'慈'，因为当时'圣人能以天下为一家'。至春秋时，异国异族之君臣关系逐渐代替同国同族之君臣关系，所以忠与孝才分离。甲骨文、金文、《易经》、《诗经》、《尚书》中都没有忠字。"章书业：《春秋左传研究》，上海人民出版社 1983 年版，第 269 页。

② "有子曰：'其为人也孝悌，而好犯上者，鲜矣；不好犯上，而好作乱者，未之有也。君子务本，本立而道生。孝悌也者，其为仁之本与？'"《论语·学而》，（宋）朱熹：《四书章句集注》，中华书局 1983 年版，第 47 页。

③ 《论语·为政》："或谓孔子曰：'子奚不为政？'子曰：'书云："孝乎惟孝，友于兄弟，施于有政。"是亦为政，奚其为为政？'""季康子问：'使民敬，忠以劝，如之何？'子曰：'临之以庄，则敬；孝慈，则忠；举善而教不能，则劝。'"另外，《子张》《为政》《先进》《子路》中都有对以孝为政治行为的提倡。

④ 《孟子·离娄上》，（汉）赵岐注，（宋）孙奭疏：《孟子注疏》，北京大学出版社 1999 年版，第 192—193 页。

主张"移孝作忠"①，"夫孝，始于事亲，中于事君，终于立身"②。而且说："立身行道，扬名于后世，以显父母，孝之终也。"③ 对于天子来说："爱亲者，不敢恶于人，敬亲者，不敢慢于人。爱敬尽于事亲，而德教加于百姓，刑于四海，盖天子之孝也。"④ 此可视为孔子忠孝观的发展。虽然"移孝作忠""以孝劝忠"，但也有"当不义，子不可以不争于父，臣不可以不争于君"⑤ 的谏诤思想，因此《孝经》的忠孝观与早期儒家的忠孝观是一脉相承的。

汉初提倡孝，是鉴于秦代家庭人伦的失败，也是出于血缘团体为汉代最重要的地方基层结构的需要。⑥ 高祖六年，为表现孝道，高祖尊太公为太上皇，便公开下诏说："人之至亲，莫亲于父子，故父有天下传归于子，子有天下尊归于父，此人道之极也。……今上尊太公曰太上皇……"⑦ 从惠帝开始，汉王朝还在选举制度上设置了"孝弟力田"科。《汉书·惠帝纪》载，四年"春正月，举民孝弟力田者复其身"⑧。《汉书·高后纪》载，元年春正月，"初置孝弟力田二千石者一人"⑨。在高祖之后，汉皇帝（光武帝除外）的谥号也都被冠以"孝"字。《汉书·惠帝

---

① "君子之事亲孝，故忠可移于君。"见《孝经·广扬名章》，（唐）李隆基注，（宋）邢昺疏：《孝经注疏》，北京大学出版社1999年版，第46页。

② 《孝经·开宗明义章》，（唐）李隆基注，（宋）邢昺疏：《孝经注疏》，北京大学出版社1999年版，第4页。

③ 同上。

④ 《孝经·天子章》，（唐）李隆基注，（宋）邢昺疏：《孝经注疏》，北京大学出版社1999年版，第5页。

⑤ 《孝经·谏争章》，（唐）李隆基注，（宋）邢昺疏：《孝经注疏》，北京大学出版社1999年版，第48页。

⑥ 血缘团体是汉代最重要的地方基层结构，以同姓家族为中心的组织——家庭与家族有独立的生机与机能，政治必须由家族、家庭的自治来补充和完善，朝廷必须通过从中央到地方的各级行政机构（郡县）和每一个这种基层家族、家庭发生政治、经济上的关系（赋税、兵役等）才能行使它的统治权力。经济上，以小农户为主的经济也是以家族、家庭为本位的。参考赵克尧《论汉代的以孝治天下》，《复旦学报》1992年第3期；季乃礼：《论汉初的"孝治"》，《学术月刊》2000年第9期；等等。

⑦ （汉）班固撰，（唐）颜师古注：《汉书》，中华书局1962年版，第47页。

⑧ 同上书，第89页。

⑨ 同上书，第99页。

纪》注云："孝善述父之志，故汉家之谥，自惠帝已下皆称孝也。"①

不过，在汉初思想家的著作中，很少能找到把孝亲与忠君完全联系到一起的论述，虽然统治者也着意强调"忠"观念，强调"孝"的最终目的并不止于"孝"，但二者并没完全联系到一起。② 直至董仲舒，才提出了一套较为完备的孝治理论，他对《孝经》的"夫孝，天之经也，地之义也"进行阐发，认为：天有木火土金水五行，其中，木作为五行之始，水作为五行之中，这是上天安排好的不变的次序。五行相生的关系是"木生火，火生土，土生金，金生水，水生木"，五行的时空配置是"木居左，金居右，火居前，水居后，土居中央"。无论是五行的相生关系，还是时空配置，反映在日常的生活世界里，无不具有道德意义——反映了人间的父子伦常关系。五行成为父子伦常关系赖以成立的基础。在其周而复始的不断运行中，其授者，即为父之道；其受者，即为子之道。因五行各司其职——木主生而火主养，金主死而木主藏，火乐木而养以阳，水克金而丧以阴，延伸到土之事天竭以忠，确立了孝子忠臣的道德行为准则。因五行之中土为贵，故人道之中孝为贵，具有合理性、永恒性与神圣性。君王也需要崇奉孝道，以孝治天下："夫为国其化莫大于崇本。……民如子弟，不敢自专，邦如父母，不待恩而爱，不须严而使。"③ 将孝悌、衣食、礼乐作为治国的三根本。在实践中，一方面以君王之孝作为道德感召的主要条件，④ 另一方面以经典学习和礼乐教化为两种与圣王教化相沟通的途径。⑤

这种社会秩序的建立方式一直贯穿整个封建经济时期，即使在魏晋南

---

① （汉）班固撰，（唐）颜师古注：《汉书》，中华书局 1962 年版，第 86 页。

② 参考晋文《论经学与汉代忠孝观的整合》，《江海学刊》2001 年第 5 期。

③ 参考《春秋繁露·五行对》《春秋繁露·五行之义》《春秋繁露·立元神》，苏舆撰，钟哲点校：《春秋繁露义证》，中华书局 1992 年版，第 314、320、166 页。

④ 参考吴凡明《董仲舒孝治之思与汉代社会秩序建构的德化机制的建立》，《求索》2008年第 11 期。

⑤ "经典学习和礼乐教化被董仲舒提高到为政之本的地位，不仅借助政治的力量和权威得到保证，而且深入到民众的日常生活中。这两方面的有机结合，使得以孝悌为本原，以仁义为核心来建构社会秩序已不再是某种抽象的理念，而是深入人心的社会成员的共同信念。礼乐制度通过个体在其中感受到的愉悦的内心感受，使外在的强制性的规定转化为内在精神需求。"参考吴凡明《董仲舒孝治之思与汉代社会秩序建构的德化机制的建立》，《求索》2008 年第 11 期。

北朝儒学受到冲击的时期，统治者仍是以孝治为治国之本的。如泰始四年
（268）六月丙申，晋武帝下诏："士庶有好学笃道，孝悌忠信，清白异行
者，举而进之，有不孝敬父母，不长悌于族党，悖礼弃常，不率法令者，
纠而罪之。"① 对《孝经》的注解和讲读也受到重视，如晋元帝亲自讲释
《孝经》。② 虽然作为君臣之社会关系的"忠"与作为父子血亲关系的
"孝"毕竟并非同指，时而也会有矛盾，但其统一性也是相对稳定的，在
二者关系上我们看到："孝"是一个本原，即使二者发生矛盾时有时会以
忠保孝或以忠克孝，但对"孝"的重视，统治者是绝不敢忽略的。

二　佛教本有的"忠孝"观

　　佛教之本义，本也关注到了子女对于父母的责任，以及居士对于国家
的责任。③ 这在佛陀说法之前的印度传统中便是被强调的。"阿育王法敕"
中即提到"服从父母是美德"，"对父母的正确行为是服从"。更古老的
《奥义书》也说："做那样的人，视母亲为神。做那样的人，视父亲为
神。"佛陀也是重视家庭关系并强调孝行的。对于在家人来说："他告诫
那些决定过世俗生活的人，要保持家庭的纽带，同时也要保持家庭作为社
会单位的荣誉与尊严。"对于家庭的荣誉和尊严而言，"父母享有高度尊
敬的家庭受到极大的赞扬，佛陀说这样的家庭应当与梵同一阶层，与古圣
同一阶层，它们'值得供养'"。④ 对于如何尊敬和孝养父母，佛陀的解说
是比较特别的，除了像《私伽罗所说经》中所解说的赡养、侍奉、献祭
等较为平常的义务外，佛陀主张："受于父母的恩义通常是不可能报答完
的，只有在一种情形下得以回报，这就是，孩子唤起父母对佛法的信心，
使他们具备德行，由卑琐变得慷慨，或者驱除他们的愚昧，使他们拥有智
慧。"⑤ 这样，出家圣众的孝行也被肯定了。

---

① （唐）房玄龄：《晋书》，中华书局1974年版，第57页。

② 永和十二年（356）二月辛丑，"帝讲《孝经》"；升平元年（357），"三月，帝讲《孝
经》，壬申，亲释奠于中堂"。《晋书·武帝纪》，（唐）房玄龄：《晋书》，中华书局1974年版，
第201—202页。

③ 参考哈玛拉瓦·萨达提沙《佛教伦理学》，上海世纪出版集团2007年版。

④ 同上书，第94页。

⑤ 同上书，第95页。

　　由于修行生活某种程度上意味着对政治的出离，佛教经典中难以看到对出家人应该如何对自己国家尽责的明确记述，但从哈玛拉瓦·萨达提沙对"居士与国家的关系"的分析中我们可以看出，"佛陀一贯强调事物背后的思想"，从佛经对于人类社会及人类生命变迁历程的描绘，以及一些经典中对于理想的国度以及理想的公民的看法，以及佛陀本人对国家行为的建议，我们看到，正如佛陀强调君主的道德一样，佛陀强调民众的职责也在于道德。

　　至此我们看到，佛教不仅提倡寻常意义的孝行为，而且提倡升华到"开启父母智慧"层面的孝行为；对于公民对国家的责任，它是落实到公民自身道德层面的，一个道德完具的人也理应在社会中享有崇高的地位。

　　可是即便如此，魏晋南北朝至隋唐的几百年间，"忠孝"一直是佛教被批判的一个核心内容，批判者所提出的问题，归纳起来有以下几方面：（1）沙门剃发毁形，有违"身体发肤，受之于父母，不得毁伤"之教。（2）沙门不育后代，有违孝道。　（3）沙门不奉养父母，是为不孝。（4）沙门不敬王者，是为不忠。（5）建寺耗费钱财，广需供养又不事生产，无利于国家，有违忠道。这其实是由于佛教修行行为与中土"忠孝"的内涵发生了矛盾，慧远所提出的沙门不敬王者，又与"忠"内涵发生矛盾。前文中在论述祭祀时已论述过家族祭祀观念在中土的重要性，这与本有出家修行传统的印度是不同的，在中国，家族以繁衍为重责，祭祀之日无人为祭，是家族的不幸。所以，"忠孝"问题上，佛教受到指责与辩难的时间很长，问题也很集中，经常是重复的。

三　佛教在"忠孝"辩难中的表现

　　关于佛教在"忠孝"问题上所遇的辩难，在辩难的初期，如东晋时期，还有一些较新颖的发问角度，以及较为全面、深入、重辩证的回答；屡问屡答之后，不仅问题重复，回答也难有新意，只不过因为发问时的态度与切入点毕竟不尽相同，其回答也并不完全相同。现将几次有代表性的辩难梳理如下。

　　1. 初期牟子进行的辩论

　　《牟子理惑论》中提问的一方针对沙门剃发、衣着、不拜敬，以及不娶妻生子进行辩难，牟子回答的理论点有：

　　（1）对孝的规定不能是很死板的，只要德行合乎轨范，不应该拘泥于小的外在的特征。并举例：齐人渡江，其父堕水，齐人将其父攘臂捽头；泰伯祝发文身从吴越之俗，而孔子称赞他；豫让吞炭漆身，聂政毁面自刑，伯姬蹈火高行截容，也被人们赞为"高义"，没听说讥讽他们自毁的。沙门只是剃发而已，离这些行为还差得远。

（2）关于财货，老子即说过：名与身孰亲，身与货孰多，仁义礼节只是中士的追求，恬淡者是不追求这些的，先命后利，沙门也不在意这些。而且许由栖巢木，夷齐饿首阳，也没人讥讽他们无后无货，沙门修道德弃世乐，也不过是求仁得仁罢了。对于须达挐不要父财、妻子、国家，辩以大人不拘其常，且须达挐成大道，父国受其祚，怨家不得入。至于成佛，父母兄弟都能得度，这也是孝。

（3）对于沙门所穿的衣服，牟子也用老子所提倡的质朴原始，无须用章甫之冠曲裳之饰来论述，沙门穿衣也是同样。

《牟子理惑论》所用的辩论思路，后来宗炳、孙绰所用大概如此。如宗炳在《明佛论》中说"幽明永济，孝之大矣"①。孙绰在《喻道论》中以大段文字更充分地论述了沙门以体道为孝，是为大远，超越小善。

2. 慧远的辩驳

慧远所针对的是庾冰与桓玄的提问，桓玄嫌庾冰问难得不够，② 又写《桓玄与八座书论道人敬王事》以问难：

> 夫佛之为化，虽诞以茫浩，推于视听之外，然以敬为本，此处不异，盖所期者殊，非敬恭宜废也。老子同王侯于三大，原其所重，皆在于资生通运，岂独以圣人在位而比称二仪哉？将以天地之大德曰生，通生理物，存乎王者，故尊其神器而礼寔惟隆，岂是虚相崇重义存君御而已哉！沙门之所以生生资存，亦日用于理命，岂有受其德而遗其礼，沾其惠而废其敬哉！既理所不容，亦情所不安。③

---

① （晋）宗炳：《明佛论》，《弘明集》卷二，《大正藏》卷52，第15页中。

② "晋成康之世，车骑将军庾冰，疑诸沙门抗礼万乘所明理何。骠骑有答，至元兴中，太尉桓公亦同此义，谓庾言之未尽，与八座书云……"《沙门不敬王者论》，《弘明集》卷五，《大正藏》卷52，第29页下。

③ （晋）慧远：《桓玄与八座书论道人敬王事》，《弘明集》卷十二，《大正藏》卷52，第80页中。

我们看到，桓玄的补充，一方面将对王者之敬的合理性提升到超越于形式的地位，即人们对王者的礼敬并不是一种外在的形式，而是诚心实意地崇敬王者的神妙功德。如此补充，意在陷对方于无可辩驳之地，因为以"形式"为理由已被论者否定在先，论者又似为佛教圆场般指出佛教也是以敬为本，如此，佛教似乎没有任何理由不敬王者。

慧远认为时人对庾冰桓玄的辩答有不尽人意之处，于是自己作书辩答。他提出佛教徒有内外之别（在家、出家），他从在家、出家两种不同的佛教徒身份所应遵循的不同行为方式入手，说明佛教重视人之常情，助于帝王教化。因为佛教要求在家众务要侍奉双亲，礼敬君王；想要出家修行，也要获得君亲的同意。但对于出家众来说，他们的追求是"遁世以求其志，变俗以达其道"①，这一追求中必然会有不能顺应自然化育的行为，"变俗则服章不得与世典同礼，遁世则宜高尚其迹"②。正因为如此，他们才能"拯溺俗于沈流，拔幽根于重劫。远通三乘之津，广开人天之路"③。实际上僧众已经协助帝王治化百姓了，所以应该说他们是"内乖天属之重，而不违其孝；外阙奉主之恭，而不失其敬"④。应该看到他们行为的真实深刻之根本意义，实则超越了自然化育和教以仁义。

接下来，针对以"天地以得一为达，王侯以体顺为尊"之老子理论，认为"体顺"是根本的观点，慧远以老子"以身为患"之说来论辩，又以《求宗不顺化三》来辨明佛教不应自然顺化的合理性。"达患累缘于有身，不存身以息患，知生生由于禀化，不顺化以求宗，义存乎此，斯沙门之所以抗礼万乘，高尚其事，不爵王侯，而沾其惠者也。"⑤

《求宗不顺化》给对方辩者留下了进一步辩论的空间，即，佛教修行者所追求的"宗"是否存在，如果存在，为什么中国的典籍没有记载，上古的帝王也没有提及；自古中土只遵循"唯天为大，唯尧则之"，而认为佛教所追求的"宗"或"极"，是虚无缥缈的，也许根本没有。

---

① 《大正藏》卷52，第30页中。
② 同上。
③ 同上。
④ 同上。
⑤ 同上书，第30页下。

针对这层辩论空间，慧远首先提出："非体极者之所不兼，兼之者不可并御耳。"① 并非体证最高道理的人不能兼顾教化所有的人，而是被兼顾的人不能同时接受一样的教化。人很难接受其智慧范围以外的东西。古代讲授"大道"的"五变而刑名可举，九变而赏罚可言"，世间教化还有这么多的差等，何况方外之智？

再者，慧远提出：中土上古的圣人没有说，典籍没有记载，并不意味着他们对于方外的智慧不了解，不认同。只是他们的态度谨慎，对六合之外存而不论，六合之内论而不辩，对春秋经世先王之志辩而不议。因为没有亲眼所见，亲耳所闻，以此推之，圣人之意、内外之道是可以合明的。"道法之与名教，如来之与尧孔，发致虽殊，潜相影响；出处诚异，终期则同。"② 慧远将它们相合的途径分为"先合而后乖，先乖而后合"两种途径加以辨析。最终点出：这些归宿相同的教化，之所以表现不同，还是因为应对的对象不同。因此，将它们放在一起讲评优劣，显然是不合适的。

慧远不想给论辩者留下任何空间，在他的思维中，论辩者还有可能提出另外一个问题：你的所有这些论点的基础，都在于大道中有永恒存在，如果没有永恒存在，求宗求极也就没有意义。而事实上，"神"不过是阴阳聚合的产物，"形离则神散而罔寄，木朽则火寂而靡托，理之然矣"。庄子也说："人之生，气之聚，聚则为生，散则为死。若死若生，为彼徙苦，吾又何患？"③

这个提问是紧扣佛教所追求的终极意义的，如果精神在死后并不存在，那么追求"宗""极"也就没有了意义。

慧远同样以《庄子》为论据论证："知化以情感，神以化传，情为化之母，神为情之根，情有会物之道，神有冥移之功。但悟彻者反本，惑理者逐物耳。"④ 接着提出"火之传于薪，犹神之传于形；火之传异薪，犹神之传异形"⑤ 之说。最后，慧远以王者应为"奉宣时命远通殊方九译之俗"的人"资以粮粮锡以舆服"，类比沙门接受四事供养的合理性，以反驳"退居之宾"的观点："今所疑者，谓甫创难就之业，远期化表之功，

---

① 《大正藏》卷52，第31页上。
② 同上。
③ 同上书，第31页中—下。
④ 同上书，第31页下。
⑤ 同上书，第32页上。

潜泽无现法之效，来报玄而未应。乃今王公献供，信士屈体，得无坐受其德，陷乎旱计之累，虚沾共惠。贻夫素餐之讥邪?"①

慧远的整个辩论以佛教中僧俗二群的不同要求及佛教的辅治之功切入，自设问答，层层深入，由忠孝问题而提出求宗不顺化、体极不兼应、形尽神不灭，应该说在佛教针对忠孝而辩的文章中是逻辑非常严密、说理非常透彻的一篇。

此外，慧远与北周武帝也有一场辩论，见于《周祖平齐召僧叙废立抗拒事》，"孝"又是其中一个关键辩难点。慧远与北周武帝的对话巧妙而又针锋相对，慧远指出：孔经亦云：立身行道以显父母，即是孝行，何必还家。帝说：父母恩重交资色养，弃亲向疏未成至孝。慧远说：如果这么说，您左右的人都有双亲，为什么不放了他们让他们回家侍奉呢，反倒让他们服长役不能见父母。武帝说也按时放他们回去归养。慧远说那么佛教也听许僧人们冬夏随缘修道，春秋归家侍养，所以才有目连为了母亲而乞食，如来亲自担棺下葬，这其中道理都是相通的。

3. 针对顾道士《夷夏论》的辩论

顾道士《夷夏论》引起了第一次较为集中的佛道间就"忠孝"问题的正面交锋。道教以"孝"攻击佛教，引起了明征君（僧绍）《正二教》、朱昭之《难顾道士夷夏论》、朱广之《疑夷夏论谘顾道士》、惠通《驳顾道士夷夏论》等一系列的回应。② 我们且从四篇文章中针对同一疑难的反驳来看看这次的辩论情况。

---

① 《大正藏》卷52，第32页下。
② 约在南朝宋明帝泰始三年（467），顾欢以佛、道立教既异，学者互相诽毁，乃著《夷夏论》以定是非。顾欢《夷夏论》的主要论点如下：佛道同源，道在佛先；佛道二教虽然都是"圣教"，但表现形式完全相反，道教是"无死"之教，佛教是"无生"之教；华夷地域不同，人性有别，故立教应因地制宜，不能错杂，中国只能用孔、老之教治理，佛教不适用于中国。在论中，顾欢引用了道教伪经，以老子为释迦牟尼之父，用"狐蹲狗踞"等辱骂性的词语强调中外异性，并用舟行于水、车行于陆，鱼游于水、鸟飞于天的比喻，企图退佛教于天竺。此论一出，立即激起轩然大波。宋司徒袁粲率先反驳，接着大量的"折顾""难顾""谘顾"文章纷纷出现。这些反驳文章在《弘明集》中的顺序是：南齐明僧绍《正二教》、宋谢镇之《与顾道士书》（又称《折夷夏论》）、《重与顾道士书》，宋朱昭之《难顾道士夷夏论》，宋朱广之《疑夷夏论谘顾道士》，惠通《驳顾道士夷夏论》，宋僧愍《戎华论折顾道士夷夏论》，它们对顾欢进行了针锋相对的全面驳斥。

论曰，下弃妻孥上废宗祀，嗜欲之物咸以礼申，孝敬之典独以法屈，悖德犯顺曾莫之觉。又曰，全角守祀继善之教也，毁貌易姓绝恶之学也，理之可贵者道，事之可贱者俗。

正曰，今以废宗祀为犯，顺存嗜欲以申礼，则是孝敬之典在我为得，俗无必贱矣，毁貌绝恶自彼为鄙，道无必贵矣，爱俗拘旧崇华尚礼，贵贱迭置义成独说，徒欲蠢溺于凡观，岂期卒埋于圣言耶①

又云，下弃妻孥上废宗祀。夫鬼神之理，冥寞难明，故子路有问宣尼不释，当由生死道殊神缘难测，岂为圣不能言，良恐贤不能得。三达之鉴照之有在，足下已许神化东流，而复以丧祭相乘，与夺无定，为恨三也。②

论云，嗜欲之物皆以礼伸，孝敬之典独以法屈，悖德犯顺，曾莫之觉。疑曰，若悖德犯顺，无施而可，慈敬惠和，触地而通，是以损膳行道，非征凶之宅，服冕素餐，非养正之方，屈申之望可相绝于此矣。③

又云，下弃妻孥，上废宗祀，嗜欲之物，皆以礼申，孝敬之典，独以法屈。夫道俗有晦明之殊，内外有语默之别，至于宗庙享祀禘祫皇考，然则孝敬之至世莫加焉，若乃烟香夕台韵法晨宫，礼拜忏悔祈请无辍，上逮历劫亲属，下至一切苍生，若斯孝慈之弘大，非愚瞽之测也。④

总体看来，几篇文章反驳的立论点仍在不能以既定的就是好的、合乎礼仪的，而崇尚大道的反而为不合乎礼仪。每篇文章的表述略有不同。

4. 针对《三破论》的辩论

《三破论》今已不存，其作者也难考证，现在只能从刘勰《灭惑论》和僧顺《释三破论》的引文中知其大概。"三破"，即说佛教对中国有三大危害：入国而破国，入家而破家，入身而破身。这个发难态度是相当犀利的。反驳《三破论》的文章，主要有释玄光的《辩惑论》、刘勰《灭惑

---

① （南齐）明征君（僧绍）：《正二教》，《大正藏》卷52，第38页上。
② （宋）朱昭之：《难顾道士夷夏论》，《大正藏》卷52，第43页下。
③ （宋）朱广之：《疑夷夏论谘顾道士》，《大正藏》卷52，第44页下。
④ （宋）惠通：《驳顾道士夷夏论》，《大正藏》卷52，第46页上。

论》、释僧顺《释三破论》三篇。其中以刘勰《灭惑论》理论高度为最上，其主要论点是：

（1）针对佛教入国而破国之说，刘勰认为塔寺之兴，阐扬灵教，功立一时，而道被千载。没有佛法的时候，历史上已经发生过很多灾祸，把国家的治乱归结于佛教是无根据的。

（2）针对佛教入家而破家之说，刘勰认为："内外迹殊，而神用一揆，不相矛盾。"出家要征得家人的同意，这在《法华经》中就有明示；而按照经典在家修行，维摩诘也提供了很好的范例。所以，佛教的理念并非无根之木，突兀地不孝双亲，而是因为知道"瞬息尽养，则无济于幽灵；学道拔亲，则冥苦永灭"。至于服制，刘勰举出人们乐于追溯的三皇至治之时，对服制亦不讲究，"岂可谓三皇教民弃于孝乎？"所以"佛之无服，理由拔苦，三皇废丧，事沿淳朴"。

（3）针对佛教入身而破身之说，刘勰认为，出家证道有辅教之用，但也并非要所有人都出家，僧俗的标准是不同的。不过，要对尘世有初步的超离，仍需从戒定切入，而妻子爱累，发者形饰，所以要澄神灭爱，修道弃饰。

5. 唐代佛道二教间就"忠孝"问题反复进行的辩难

唐代，对于佛教"忠孝"问题的批判还在继续，由于佛道二教关系恶化，又鉴于帝王的以孝治国，[①] 道教不断以"孝"为题批判佛教，佛教也不断予以回应，这些文章主要收录在《广弘明集》中，包括释彦琮《通极论》，释法琳《唐破邪论》《十喻九箴篇》，释明槩《决对傅奕废佛法僧事》，李师政《内德论》等等。此时辩难的表现已经类似吵架，以"忠孝"辩论为名，两教互相攻击，略举一段：

　　奕言。众僧剃发染衣。不谒帝王违离父母。非忠孝者。今之道士戴帻冠巾。应拜时君。在家侍养为忠孝不。今既不然岂独偏责。夫论

---

　　① 唐代以孝治国，从皇族的亲力而为即可看出，他们不仅极力塑造自己的孝悌形象，还亲自宣扬及注解《孝经》；皇族成员孝行卓著者即被著录于史书，以示垂范；唐代皇帝以"孝"为谥，也可说明这点。对于民间，唐代帝王建立了一整套严密完整的褒奖机制，对孝行进行实实在在的褒扬和奖励。对于官员，要求"侍亲""丁忧"，及"起复"，将官员孝行作为官员评价的重要机制。参考崔磊《唐代孝道伦理探讨》，硕士学位论文，华中科技大学，2007年。

忠者。事君以尽命。殉义以忘身。孝者奉亲竭诚存没以资济。故道安直谏以辅秦。佛图忠言以匡赵。目连捧钵而饲母。释迦担棺而葬亲。宁国济家岂非忠孝也。不如道士张鲁乱于汉朝。孙恩反于晋国。陈瑞习道而夷族。公旗学仙而灭门。乱国破家岂有忠孝也。①

至于辩论的论点，并未再出新意。

四　从《忠孝篇》《不孝篇》看佛教与中土"忠孝"观的整合方向

在长时期的辩论、融合过程中，"忠孝"，特别是"孝"，一直是一个焦点。我们看到在别的辩论中，如"形神之辨"，"孝"也成为两家争论的据点，持神有论的佛教辩论者常用"孝"的实现来说明"有神"的意义；另一方神灭论者也以"孝"的实现作为"神灭论"胜利的结果之一，以儒家经典中对"孝"的描述来说明孝行重在以形式表达虔敬与追思，而非真的有"神"。可见在中土，无论对于不同的观点持有者还是不同的宗教，谁都不愿意违背"孝"，只有支持了"孝"，才有立足之地。

这些不断进行的辩论达到了什么样的效果呢？我们看到，在一些崇佛的朝代，如梁朝，在各位臣子对皇帝的简短应答中，基本上都认为佛教有辅教忠孝之功。② 时至唐代，帝王以孝治国，忠孝辩难集中在两教之间上演，如此背景下，道世编撰《法苑珠林》将"忠孝"与"不孝"特作两篇，以作为佛教的知识门类，就不难理解了。在《忠孝篇》与《不孝篇》的具体编撰中，又体现出一些具体的意图和倾向。《忠孝篇》主要体现孝亲、尊师、助国之义，《不孝篇》主要体现佛教因果理论对于不孝行为的惩戒作用。

（一）孝亲、尊师、助国

《忠孝篇·述意部》中说：

> 窃闻孝诚忠敬，高迈董黯之贤；反慢尊亲，罪过王寄之逆。是以木非亲母，供则响溢千龄；凡非圣僧，敬则光逾万代。理应倾心顶

---

① 《广弘明集》，《大正藏》卷52，第169页中。
② 《大梁皇帝敕答臣下神灭论》，《大正藏》卷52，第60页中。

戴，获福无边。何得起慢高心，反生轻侮也。所以立身行道，扬名于后代。终身尽孝，实建国之美。故念子路见于孔丘曰："由事二亲之时，常食藜藿之食，为亲负米百里之外。亲没之后，南游于楚，从车百乘，积粟万钟。累茵而坐，列鼎而食。犹愿食藜藿之食，为亲负米，不可复得。"每感斯言，虽存若亡。父母之恩，云何可报！慈深河海，孝若涓尘。永慕长号，痛贯心首。俗称乳哺生我肉身，一世之恩尚复难报，况复如来大悲普洽，等同一子，拔除三涂，得离四生，长辞八苦，永御三乘。静思恩重，岂同凡俗。内心崩溃，如焚如灼。情切于理，痛甚刀割。历劫瞻敬，长荐珍羞，亦未能报须臾之恩。故《涅盘经》云：佛有一味大慈悲，愍念众生如一子。众生不知佛能救，毁谤如来及法僧。[①]

"述意部"的这段话意图明确，逻辑严密。首先由敬父母的合理性言及敬僧的合理性，然后提出立身行道与终身尽孝都意义重大，最后由子路侍亲讲父母恩，由父母恩言及佛恩，是以终身尽孝是报父母恩，立身行道是报佛恩，二者不再有矛盾，且由敬父母故，亦应敬僧。

"引证部"中所列引证，义有四重：

第一，证佛陀所说父母恩深重。（引《末罗王经》《增一阿含经》《四十二章经》）

第二，证应敬师僧。（引《地狱经》《萨婆多论》《敬师经》《杂阿毗昙心论》）

第三，证菩萨之慈惠如鹤鸟之以己身肉饲子。（引《六度集经》）

第四，证孝养亦是成佛之因。（引《杂宝藏经》）

经过道世的这些引证，达到了一种效果，孝养与成佛，菩萨与父母，报父母恩与尊敬师僧互为贯通了，那么，佛教与孝道也就再无矛盾可言。

"太子部"引用了《大方便佛报恩经》中一段较长的佛本生故事。佛陀曾为波罗奈国太子，时臣子篡逆，国王得守宫殿神报示，避投他国。途中断粮，太子以身肉饲父母而几于命陨，余命未断前发下极大善愿，愿毕宿世恶，愿父母此难逢吉，愿以余血肉施虫饱满，愿来生得成佛道。天帝

---

① 《法苑珠林校注》，第1471—1472页。

释化为虎狼相验，其父母亦平安至邻国，以其子孝养，感得邻国出兵相助，后得团聚还归。①而"睒子部"是取《杂宝藏经》中佛陀本生故事。一切妙见菩萨为悲心故化生为迦夷国失目夫妻之子，并助父母入山学道，性极慈孝，灵物皆感。由于其着鹿衣，为入山射猎的迦夷国王误杀，王知情后，亦为感恸，发愿侍其双亲。睒子父母悲恸，感得释梵四天王以神药使睒子复活。王亦欢喜，欲以国财报道人之恩，睒子劝其安隐人民，皆令奉戒，勿自放逸即为报恩，王依睒子语而行。②

审视道世所设这两部类与所引经典，理应叹服其涉猎的广博与所取的巧妙，这两则故事中，孝与国与道皆自然无碍，孝亦是修道，亦是助国。

"业因部"是以《杂宝藏经》中波罗奈国长者子"慈童女"孝养与违背父母所感得的快乐与痛苦，说明孝养与违逆父母的因缘果报。此外，还取《成实论》中"如于佛诸圣人及父母等起善恶业，则受现报"说明佛、圣人与父母有同等地位。另有《文殊师利问经》中佛陀所说偈语："日月照诸华，无有报恩想。如来无所取，不求报亦然。"这就阐释报佛恩的更深层含义：佛陀并无所取，亦并不求报。③

道世末尾自作一简颂，再次突出忠与孝，与修道，与报佛恩三者的相通："入朝辅主，立志存忠。居家事亲，敬诚孝终。况佛大恩，普济无穷。酬恩报德，岂惰虔躬。"④

其实，纵观各部，并无显提"忠"字，落脚点主在"孝"，突出孝亲与尊重师僧、报佛恩，以及助国的合一，"忠"义可隐而寻之，故名为"忠孝篇"。此篇感应缘皆为汉地孝亲故事或传说，与僧人并无干系，这也是因为除少数篇类的感应缘故事有独特用意之外，《法苑珠林》很多篇感应缘故事的选取与篇中部类的设置用意不同，篇中部类主要表达该篇主旨，而感应缘有将本土故事与佛教故事相混之意，为了显露文化的一种相融。在此不再多述。

（二）佛教因果理论对不孝行为的惩戒意义——《不孝篇》

《不孝篇》的设立，是为突出惩戒之义，而佛教之惩戒是佛教因果理

---

① 《法苑珠林校注》，第 1475—1478 页。

② 同上书，第 1478—1483 页。

③ 同上书，第 1483—1485 页。

④ 同上书，第 1485 页。

论与中土善恶观相互作用的结果，是佛教对中国社会伦理的一种特殊补充。《忠孝篇》之外《不孝篇》的设立，也正是此义。因"孝"观念于中国虽至关重要，却并无惩戒的措施，佛教的业报因果理论用在这里恰为对忠孝伦理的遵守提供一种佛教的制约，可看作其对忠孝伦理的一种特别贡献。因有专章述因果与中土伦理的结合，此不赘述。

《法苑珠林》设《忠孝篇》《不孝篇》二篇，实有佛教与中国文化交涉中屡遭辩难，必须以忠孝明自身的必要。在具体的知识呈现中，又巧妙突出孝亲、修道、助国三者间的浑然一体，消除或至少弱化"忠孝"与修道之间历来为人们所关注的矛盾。《不孝篇》又突出佛教因果理论于中土孝惩戒方面的独有之功。如此将此两篇作以审视，才能够于它们的知识呈现和相应文化背景作以更透彻的了解。

第五章　在因果之链中：中土普遍观念的转化
——《业因篇》《受报篇》《罪福篇》等篇的研究

中土并非没有自己的报应之说，"积善之家必有余庆，积不善之家必有余殃"①，只是这庆与殃的主体是家庭而非个人，其得以发生的根本，仔细追究起来，源自对既定秩序的顺应或违背（本章第二节有详细论述）。而佛教的因果理论，基于"缘起性空"的缘起观，主张并无"上帝"这般的主宰者或"天"这样的道德衡量者，一切都是依照"业"的理论精密而无偏倚地运转，一切行为都处于因果的链条当中，身份、地位皆不能改变。因果论是佛教伦理中相当重要的一则，它的传入带给中土与善恶报应、罪福贫富等一系列的普遍观念以刺激和改变，将它们都运转于因果的精密齿轮上。《法苑珠林》在知识呈现中不仅让我们对佛教因果论有一较为完整的理论认识，对因果论与中土普遍观念结合的结果也作以较系统的知识呈现。本章主要围绕《业因篇》《受报篇》《罪福篇》等篇探讨佛教的业报因果论与中土报应论的异同，及其给中国普遍伦理带来的变迁。

第一节　从《业因篇》《受报篇》看佛教的因果论

《法苑珠林》的知识分类中，对佛教的因果论作以集中呈现的是《业因篇》与《受报篇》，此两篇紧紧相连，一者讲"因"的理论，一者专讲"果"的理论，将佛教的因果论解释得颇为详尽，两相对照，使人对佛教因果观念的要领能够更容易地把握。这两篇介绍的是原原本本的印度佛教

---

① 《周易·坤卦·文言》，周振甫：《周易译注》，中华书局1991年版，第16页。

因果理论的面貌。其他相关的篇类，呈现的是中国观念在因果理论影响下发生了转化的面貌。因果理论的重要性，使得呈现文化转变的《法苑珠林》，也需要专述它的专篇，本篇由"述意部""业因部""十恶部""十善部""引证部"五部组成，并无感应缘，道世的编撰显露出他对知识归纳、整理、呈现的准确把握与深刻用意。

一　"业"的理论——《业因篇》

（一）"业"与觉悟之路

在呈现"业"的基础知识之前，"述意部"中，道世先以简短的文字揭示出了解"业"的重要性，即佛教的因果论在其哲学体系中之所以如此重要，是因为善恶业的造作不仅产生因果，还具有更深刻的意义——跟最终的觉悟相关。其"述意部"中说：

> 夫涉其流者，则澄爱河而清五浊；失其宗者，则震邪山而起三障。静言兹理，岂虚也哉！是知善由信发，恶由邪开。所以一念之恶，能开五不善门；一念之善，能除累劫之殃。是故善须雕琢自勉，可有心师之训；恶须省退惩过，可有情悔之时。不尔徒烦长养，浪饰画瓶。终糜碎于黄尘，会楚苦于幽府。贻厥缋素，鉴勖意焉。①

这是说得到了佛法旨趣的人，能够澄爱河而清五浊，而失离了这种宗旨的人，就会引发邪恶并升起三障②。人的行为，与是否体悟佛法有很大关系，善的行为其实是由"信"而来，"恶"的行为其实是由"邪"生发。"所以一念之恶，能开五不善门；一念之善，能除累劫之殃。"善恶业行由于其根本的动因，而具有此般的重大意义。善行萌发后，需要长养

---

① 《法苑珠林校注》，第2011页。
② "三障"：一、烦恼障，贪欲嗔恚愚痴等之惑；二、业障，五逆十恶之业；三、报障，地狱饿鬼畜生等之苦报。见《大般涅盘经》卷十一。又，一、皮烦恼障，三界中之思惑也，贪嗔等之惑，对于外之六应而起，如皮之在身外；二、肉烦恼障，三界中之见惑也，断见常见等皆属于内心之分别者，如肉之在皮内；三、心烦恼障，根本无明也，由此无明惑迷真心而妄起，故名心烦恼障，见孔目章。又，三重障也，一、我慢重障；二、嫉妒重障；三、贪欲重障。见《佛说瑜伽大教王经》卷五。

培护，渐渐便能体悟"心如工画师"的奥义；恶行萌发后，需要收敛自省，渐渐也能幡然悔悟。否则，人生虚掷，是没有意义的。这简短的述意，不仅揭示了"业"于信仰上的深刻长远的意义，还提示人们如何通过善业到达智慧，如何在恶业产生后能够认识并悔悟，"业"的意义并不仅在于因果事件的发生，还在于其积累与觉悟之路关系甚大。

（二）"业"的基本理论

1. "业"的种类、性质

对于"业"的定义，《业因篇》并没有再作说明，概因以之为常识。"业"，根据丁福保《佛学大辞典》中引用的《俱舍光记（十三）》"造作，名业"，业为造作之义。它并不是佛教特有的观念，印度传统宗教，包括印度教、锡克教、佛教、耆那教都有业力的观念。

佛教对"业"种类的划分，《业因篇》引用的是《阿毗达磨杂集论》中的分类，分为：（1）黑黑异熟业[①]，即染污的，果报不会令人爱悦的"业"；（2）白白异熟业，即三界的善业，不是染污的，能够产生令人爱悦的果报；（3）黑白黑白异熟业，善与不善交杂的，难以区分的"业"；（4）非黑白无异熟业，与前三种有漏之业相区别，这是无漏之业，是智慧之业，所以离黑白，也没有因果的转化，这种无漏业是用来断尽有漏习气的关键。[②]

2. 对"业"进行认知的重要性

"业因部"所引《优婆塞戒经》与《杂阿毗昙心论》中的两条知识都是为了说明人们对"业"进行认知的重要性。一者，业使诸相呈现，

---

① 异熟，佛教名词，旧译为果报，即因过去善恶而得到的果报。"异熟"的解释有几种，（1）指"因"变"果"，此"果"的性质不同于"因"的性质，"因"有善有恶，而"果"具有非善非恶的无记性。（2）指"因"与"果"必隔时而熟，或"变异而熟"，即业因必须在后世才能得到果报。《俱舍论》卷二："或所造业，至得果时，变而能熟，故名异熟。果以彼生，名异熟生，彼所得果与因别类，而是所熟，故名异熟。"《成唯识论述记》卷二："言异熟者，或异时而熟，或变异而熟，或异类而熟。"

② "如《对法论》云：复次有四种诸业差别，谓黑黑异熟业，白白异熟业，黑白黑白异熟业，非黑白无异熟业能尽诸业。黑黑异熟业者，谓不善业，由染污故，不可爱异熟故；白白异熟业者，谓三界善业，不染污故，可爱异熟故；黑白黑白异熟业者，谓欲界杂业，善不善杂故，非黑白无异熟业能尽诸业者，谓于方便无间道中，诸无漏业以方便道无间道，是彼诸业对治故。非黑者，离烦恼垢故；白者，一向清净故；无异熟者，生死相违故；能尽诸业者，由无漏业，为永拔得黑等三有漏业与异熟习气故。"《法苑珠林校注》，第 2012 页。

"佛告善男子，一切模画无胜于意，意画烦恼，烦恼画业，业则画身"，"彼业为诸行，严饰种种身"；二者，不了解"业"的道理，只会流转生死，要时刻想到"业"，才会时刻寻求离世解脱，如"若善男子，有人不解如是业缘，无量世中流转生死，虽生非想非非想处，寿八万劫，福尽还堕三恶道故"①。

3. 关于"因"的理论

"业"与"因"虽然都指因果链中"因"的部分，但"业"有已造作、既成之意，"因"有牵发、引动的动作之意。关于"因"的种类，"业因部"中引用《涅盘经》中所述加以说明。

从"因"的形态上去区分，"因"包括"生因"（如草木结籽），"和合因"（如善与善心和合不善与不善心和合，无记与无记心和合等和合发生的因），"住因"（如："下有柱，屋则不堕。山河树木，因大地故而得住立。内有四大，无量烦恼，众生得住，是名住因"），"增长因"（因缘衣服饮食等故，令众生增长。如外种子，火所不烧，鸟所不食，则得增长。如诸沙门婆罗门等，依因和尚善知识等而得增长。如因父母，子得增长），"远因"（譬如因咒，鬼不能害，毒不能中。依凭国王，无有盗贼，如芽依因地水火风等，如水钻人绳，为酥远因。如名色等，为识远因。父母精血，为众生远因）。②

从"因"对于涅盘的意义区分，"因"分为"作因"和"了因"。"一切诸法复有二种因，一者作因，二者了因。如陶师轮绳，是名作因；如灯烛等照暗中物，是名了因。善男子，大涅盘者，不从作因而有了因。了因者，即是三十七品助道之法六波罗蜜，是名了因。又云，三解脱门三十七品，能为一切烦恼作不生生因，亦为涅盘而作了因。善男子，远离烦恼则得了了见于涅盘，是故涅盘唯有了因无有生因。"③

4. 业因发生时的心理条件及由此而来的断罪轻重

道世从各经论中拣选出与业因相辅相成的心理条件，实际上也是业因最终形成果报轻重的依据。如根据"物"（造作的对象）和"意"（无恶

① 《法苑珠林校注》，第 2013 页。

② 同上。

③ 同上书，第 2014 页。

心、恶、极恶、轻心等心理状态）结合情境来划分，可分为"物重意轻"（无恶心杀于父母），"物轻意重"（以恶心杀于畜生），"物重意重"（以极恶心杀所生父母），"物轻意轻"（以轻心杀于畜生）。另外，造作过程的心理状态又可分得极细，"若复有人，能勤礼拜供养父母、师长、和尚、有德之人，先意问讯，言则柔软，是名方便。若作已竟，能修念心，欢喜不悔，是名成已。作时专注，是名根本。十善既尔，十恶亦然"①。"方便""成已""根本"，处于造作过程中先后不同的时间段，根据不同时间段心理状态的轻重，共同组成八种不同的轻重，这点知识太过专深，本书旨在于论述《法苑珠林》所呈现的文化转变，对于所呈现的这些专门知识，固然也需分析道世所择取的内容，但于过于专深的，于此不再详列了。

5. "果"的种类

道世选取《杂阿毗昙心论》中的论述说明"果"的种类，"果"可以分为报果、所依果、增上果、身力果、解脱果。②

（三）十恶与十善

1. 不同众生具有恶业的种类

道世于《业因篇》设此两部并非为介绍"十恶"与"十善"的具体内容，与《十恶篇》也并无重复，而是就六道不同众生所具有的恶业因加以分辨，广采经论，颇为明晰。

（1）地狱道

地狱道中有恶口、绮语、贪、嗔、邪见五种业。其中，恶口、绮语、嗔是现行的（行为表现），贪和邪见虽然实际存在，但由于地狱众生心识暗钝，没有男女之贪爱，也没有能力推求和认知因果，所以也就没有"贪"和"邪见"的现实表现，但"烦恼心法未断已来，虽不现行，性恒成就。不同身口七支色业，是粗作法，发重力方成，无造作处，则不说成"。其他几种：杀、盗、淫、妄、两舌则没有。

（2）饿鬼、畜道

饿鬼、畜道中十恶俱有，但是不受身口七支恶律仪的规范。畜生也有

---

① 《法苑珠林校注》，第 2014—2015 页。

② 同上书，第 2015 页。

口业，虽然没有言语，但心中会起嗔，所以有口业。龙王具有十种恶业，因为能够懂得人的意志。较为迟钝的畜生因为口不解语，只具有身三、意三六种恶业，其他四种没有。

（3）人道

人道有东弗婆提洲、南阎浮提洲、西瞿耶尼洲、北郁单越洲四洲，四洲恶业不同。南阎浮提洲十恶皆具，且最重，受恶律仪的规范；东弗婆提洲十恶皆具，较轻；西瞿耶尼洲十恶皆具，较轻；北郁单越洲只有四不善，分别是绮语、贪、嗔、邪见。

（4）天道

欲界六天：有十不善业，无身口七支恶律仪。

色、无色天：依《杂阿毗昙心论》，这两天无不善。但道世认为，据理而言，也有轻微三业不善，谓彼意地有邪慢等身口业过。道世在此将毗昙与成实对色界无色界天有无不善行的不同看法作以比较与会通。因为这种不善有其特殊性，毗昙说它是无记，因为它仍然会累业受生；成实则说它是不善。它们依据的不一样。道世总结："毗昙所说，义当前判。成实所论，义当后通。又据望理，彼细烦恼皆违理起，悉是不善。准依成实，不善恶业三界通起，唯有多、少、增、微为异。"[1] 道世的主张倾向于《成实论》，毗昙说色界无色界的不善是无记，因为这种不善不招感乐苦，只是会积累业而受生，成实认为是不善，不过这种不善"尽离欲界粗贪嗔等"[2]，"虽有烦恼，唯是痴心……此等烦恼为定所坏，故不损物，不相违害"[3]。

（5）须陀洹圣人的恶业升起情况

道世对辨明十恶业于不同轮回状态的升起情况是很重视的，五道辨完后，他又特地用一段自己的"述曰"去补充说明须陀洹等圣人的恶业升起情况：

若论圣人如须陀洹等，出观失念，容有起意轻微不善，生恶愿等

---

① 《法苑珠林校注》，第 2018—2019 页。
② 同上书，第 2018 页。
③ 同上。

具欲结者，贪瞋虽强，片似余凡，唯可直起贪欲瞋慢，不更思量起邪
见心，亦不起杀盗等心。如依毗昙，得有眷属枷桊等事轻不善业。若
依成论，有意不善，设动身口，不成业报。①

2. 十恶业的性质

道世另引《弥勒菩萨所问经论》中对十恶的辨析，对十恶业的性质
作进一步的明确：

（1）十不善业道，一切恶法，皆从贪瞋痴起。

（2）依据业的"作"及"无作"的性质，十恶中只有邪淫成就"作
业"，其他既可能成就"作业"，也可能成就"无作业"，要依据情况而定。

（3）"业"又分前眷属与后眷属，前眷属指事情未根本形成时的所有
"作业"与"无作业"；后眷属指事情最终得以形成发生的一刻所有的
"作业"与"无作业"，又名根本业道。以杀羊为例，未最终使羊断命的
所有刀都是前眷属，最终断羊命根的一刀是后眷属。贪瞋邪见三业，从初
起心即时成就根本业道，没有前眷属。关于根本业道还有一种说法，即身
口意十不善业道都有前后眷属，这种说法是说十不善业道可能由一个不善
业道引起，辗转而生，所有前面的都是前眷属，最后一个是后眷属。

3. 一一业道所具的三种果

（1）果报果：如因某些恶行生地狱中。

（2）习气果：从地狱退，生人中后，从前的恶行仍在起作用，如果
从前杀生，仍然会得到短命的果报；其他比如，从前偷盗，那么仍会招致
贫乏；邪淫，对应不能护妻；妄语，对应受他人诽谤；两舌，对应眷属破
坏；恶口，对应不闻好声；绮语，对应为人不信；本贪，对应贪心增上；
本瞋，对应瞋心增上；邪见，对应痴心增上。

（3）增上果：因为有十不善业道，一切外物无有气势。如我们在地
球上的这个大环境。

（4）相似果：使他人得到种种苦，自己也将得到种种苦。

4. 关于十善

（1）道世同样对不同众生所具善业的种类作了说明，地狱中只有意

---

① 《法苑珠林校注》，第 2019 页。

地三善业道，只成就不现行；人道中的北郁单越洲也是；其他都十善皆具。

（2）道世还引用《弥勒菩萨所问经》中的知识，对善业道与声闻、辟支、菩萨的关系作了说明：上十善业道与智慧观和合修行，其心狭劣，心厌三界，远离大悲，从他闻声而通达故，闻声意解，成声闻乘；上十善清净业道，不从他闻，自正觉故，不具大悲而通达深因缘法，成辟支佛乘；上十善业道，清净具足，其心光大无量，为诸众生起悲悯故，修行一切种智，令清净具足故，成菩萨乘。

（3）远离杀生能获得十种离烦恼热、清凉之法：施与一切众生无畏；安住大慈念中；断诸烦恼过患习气；取无病果；增长寿种子；诸非人等常所守护；睡寤安稳；不见噩梦，离怨恨心；不畏一切外道；退生天中。远离杀生，又能起布施心，则得成就大富资生，不可破坏，得长寿命，行菩萨行，远离世间所恼恶事。

从《业因篇》我们看到，对业因的知识，道世非常重视辨析，重视对不同意见进行阐释、取择。佛教"业"的理论缜密细致，道世主要参考的经论有《杂阿毗昙心论》《弥勒菩萨所问经》《优婆塞戒经》《成实论》等，对"业"的意义、种类、性质，了解业的必要性，以及与"业"相关的"因"，与"业"相辅相成的心理条件等都作了细致的辨析，尤为重视对十恶业与十善业，尤其是十恶业微细处的辨析，"引证部"中所选的故事亦为显示"业"的不容置疑。此篇结尾处，道世自作颂曰："心境相乘，业结牵缠。七识起发，八识因缘。三界受报，六趣迁延。随事起业，触处拘连。五阴劳倦，九恼迭遭。自非慈圣，岂益我筌。含情普洽，机寤重玄。舒则利物，卷则自然。"[①] 虽然很短，但又更深入到唯识理论，将"业"的产生与影响概括得更为深刻。

二　"报"的理论——《受报篇》

"业"与"报"虽常为连用，但各有各的专属理论，"业"关前因，"报"关后果；不过，"因""果"强调的是行为事件间的联系，"业""报"强调的是状态，包括意义、善恶轻重等内涵，尤其强调在六道轮回

---

① 《法苑珠林校注》，第 2035 页。

中所处的状态。《受报篇》是专门呈现"报"的理论，由"述意部""引证部""受胎部""中阴部""现报部""生报部""后报部""定报部""不定部""善报部""恶报部"组成，详细地呈现"报"的状态、性质，类别。如道世在"述意部"中所说："夫善恶之业用，实三报之征祥；犹形影之相须，譬六趣之明验。"①"报"的影响因素在"善恶"，类别有三种，它们之间的关系如形影相随，它们的直接表现是六道轮回。

（一）"报"的类别

"报"的类别依据时间先后可以分为"现报"（今身作极善恶业，即今身受之），"生报"（今身造业，次后身受），"后报"（今身造业，次后未受，更第二、第三生已去受者，是名后报），"无报"（无记等业）。依据"业"的具足与否，"报"又可分为"果报不定"（作已，不具足），"定当得报"（作已，具足），"果报虽定时节不定"（作已，不具足），"时报俱定"（作已，具足）。

（二）轮回的过程

"报"理论很大程度强调由"业"造成的轮回六道的状态，而"受胎"与"中阴"则是"报"得以形成的关键时段，所以关于这两个时段的理论便是"报"理论的重要部分。

1. 受胎理论

佛教的受胎理论，以轮回观为基础，轮回是"识"在六道的不停流转，以四大汇集之身为载体，识与四大的结合，即为受胎。

两千多年前的佛教，已认识到生育与女性生理期的日期相关，但认为"相触、取衣、下精、手摩、见色、闻声，嗅香"都可受胎②，这是不符合医学实际的。佛典中记载的此类较神奇的受胎事件，如"到春节时阳气始布，雷鸣初发，雌鹭一心闻声便即怀胎"③，又如"鹿母嗅道士精，欲心而饮，遂便怀胎生鹿子道士"④。这和中国古人对生育未有准确认识时的一些传说如出一辙，这种认识属于特定的古老时代，带有原初叙述的浪漫想法，与其说它是佛教的，不如说它其实是属于印度古代社会或者人

---

① 《法苑珠林校注》，第 2037 页。
② 同上书，第 2039 页。
③ 同上书，第 2040 页。
④ 同上书，第 2039 页。

类古老时代的认识。

然而，关于"识"如何成胎的过程，却是完全属于佛教自身的理论，非常清晰细致，在当时，也一定是很超前的。其中，辨析识与欲的牵动过程、集合条件，牵涉到父母之欲，有无风病、冷病，有无重患等。不但如此，佛教对胎儿的成长过程也有专论，将其分为八步：羯罗蓝位（已结凝内稀名羯罗蓝），遏部昙位（表里如酪未至肉位名遏部昙），闭尸位（已成肉仍极柔软名闭尸），键南位（已坚厚稍堪摩触名为键南），钵罗赊佉位（此肉团增长支分相现名钵罗赊佉），发毛爪位（从此以后发毛爪现即名此位），根位（从此以后眼等根生名为根位），形位（从此以后彼所依处分明显现名为形位）。① 这是道世所引《瑜伽师地论》中的知识，《瑜伽师地论》成书于公元前 300 年左右，这一时期佛教对胎儿在母体中的生长过程竟有如此准确的认识，这是令人惊叹的，且将业报观念与此生长过程结合紧密，不同的业力导致胎儿的头发、颜色、皮肤的不同以及四肢缺陷的发生。如认为母亲的淫欲导致了胎儿皮肤病的发生，母亲奔跑运动导致了胎儿四肢缺陷，这是没有医学根据的，其观点倒带有早期人类顺势巫术的印记。不过，对胎儿的降生过程的描述却既符合现代医学，又与佛教理论结合得很紧密：

> 又此胎藏极成满时，其母不堪持此重胎，内风便发，生大苦恼，又此胎藏业报所发，生分风起，令头向下，足便向上，胎衣缠裹而趣产门。其正出时，胎衣遂裂，分之两腋。出产门时，名正生位。生后渐次触生分触，所谓眼触乃至意触。②

总的来说，佛教的受胎论，既有上古神话的印记，也有顺势巫术的印记，也有与现代医学相符合的细致入微之处，同时，对那些自己专属的理论，如受胎时识与欲的牵动，出胎时业风的牵动，"触"的生成等，又是极精密的。

2. 中阴理论

---

① 《法苑珠林校注》，第 2041 页。
② 同上书，第 2041—2042 页。

中阴，是轮回中的一个特殊阶段，人从生命即将结束到下一个轮回开始的中间阶段，"有十七种中阴有法，汝当继念，行寂灭道。若天若人念此道者，终不畏于阎罗使者之所加害"①。道世引用《正法念经》关于中阴的知识，说明十七种中阴状态，如人即将生往天界的中阴，呈现种种乐相，如白氎垂堕、细软白净，复见园林华池、歌舞戏笑，闻到各种香味等。一切受乐无量种物，和合细触，不会留恋亲族的悲哭。由阎浮提生往北郁单越的中阴，会见到细软赤氎可爱之色，会生贪心，用手去捉持，因有宜风吹送，除其痛苦，令心喜乐，故而也不会听闻哀泣悲啼之声。但也有可能因为因缘集会，他听到了亲族的悲声，就会生往别的地方；如果没有为悲哭所动，那么会生在郁单越，中阴过程会依次出现善相，比如进入青莲华池并进入其中玩耍等。如此还有其他不同的中阴转生状态，共十七种，此处不再一一列出。②

道世所选取的佛教中阴理论，将由一生阴到下一生阴的中间状态划分为多种，重在描述不同趋生过程的中阴所观、所感、所行，以使不同"报"生的过程与结果得以明了。这并非中阴理论的全部，只是以中阴而明业报的部分、以使人明了，不同业缘将会有不同报生。

"中阴部"外，在"生报部"中，所引《大般涅盘经》中描述的也是中阴状态：一方面宗族号哭，临终人会感到惶怖无依，身体不再能够自我控制，从前所修善恶报相开始呈现，如同正在落山的太阳射在山陵堆阜之上所投射的影子一样，只向同一个方向推移；另一方面，也介绍了阴阴相续的状态：此阴灭时，彼阴续生，如同灯生暗灭，灯灭暗生一样，又如同：

> 蜡印印泥，印与泥合，印灭文成，而是蜡印不变在泥。文非泥出，不余处来，以印因缘而生是文。现在阴灭，中阴阴生。③

所以中阴五阴并不是由现在阴变化而来的，中阴五阴也不是自生的，

---

① 《法苑珠林校注》，第 2042 页。
② 同上书，第 2042—2047 页。
③ 同上书，第 2048—2049 页。

它的确是从现在阴生出，但与现在阴是一种"如印印泥，印坏文成"的关系，名虽无差，而时节各异（都叫作印，但现在阴在前，中阴五阴在后，不会同时共存）。

3. 胎儿的发展理论

"生报部"所引的《修行地道经》中，将佛教对胎儿发展过程的认识交代得很详细：一旦处在胎中，胎儿便具有了意根身根二根，七天之内只是安住，没有发展；二七日，其胎稍转，譬如薄酪；三七日，似如生酪；四七日，精凝如熟酪；五七日，犹如生酥；六七日，变如息肉；七七日，转如段肉；八七日，其坚如坯；九七日乃至往后，逐渐生出各个器官；如此，直描述到三十八七日，又过四日，满九月方才出生。这一过程的发展，与现代医学也是非常吻合的，说是九月生产，并非不知十月生产为常情，而是佛教认为九个月的发展，已足使胎儿完具。经文中对男女胎儿位置、姿势，以及继承父母的描述，是有印度古代社会男女观念的因素的，如认为身体中一切柔软的部分来自母亲，一切坚硬的部分来自父亲。

而在临出生时，有善报的胎儿与没有善报的胎儿会感受到苦乐不同的境界。但是坠地之后，都会感受到痛苦痴惑。得到哺育后，身体中便会有八十种虫、四百零四种病。"在人身中，如木生火还自烧燃，病亦如是，如木因体兴，反来危人，如身中虫，扰动不安。三十六物，假名为人，以为盖之，诳惑凡愚，妄起爱念，共相亲附，智者视虚，安可近之。譬如陶器，终有破坏。此身虚伪，会有夭寿，贵贱同迷，至死不知。譬如大城，四门失火，从次烧之。乃到东门，皆令灰烬，生老病死，亦复如是。"[①]

关于胎儿与地、水、火、风四大元素的关系，此部中也引用一些经论说明：

故《三昧经》云，说身内火界渐增，水界渐微，是故迦罗逻稠渐坚，乃至肉团，众生由此薄福，从小至大，皆受其苦。[②]

又《处胎经》云，人受胎时，初七日有四大，二七日展转风吹

---

① 《法苑珠林校注》，第 2053 页。
② 同上书，第 2054 页。

向胁，乃至三十八七日风名华，令向产门。①

又《譬喻经》云，风揰水，水揰地，地揰火。强者为男，弱者为女，风水相揰为男，地水相揰为女。②

(三) 关于善报的理论

1. 布施善果的类别

布施带来的善果依据布施时的心理状况可分为四种：有果而无用 (不至心施，不自手施，轻心布施，虽有种种果报而不能受用)，有用而无果 (自不施，见他行施，起随喜心)，有果亦无用 (至心施，不轻心施)，无果亦无用 (谓布施已，因即灭尽，或为出世圣道障故，犹如远离烦恼圣人)。依据布施之物可分为五种：得命果 (施命)，得色果 (施色)，得力果 (施力)，得乐果 (施乐)，得辩果 (施辩才)。如果施与父、母、病人、法师、菩萨五种人，会得到五种"胜果"。

2. 福报与祭祀无关

福业如果熟，不以神祀得。人乘持戒车，后生至天上。定知如灯灭，得至于无为。一切由行得，求天何所为。③

从《受报篇》我们看到，佛教"报"的理论注重众生由于业力而在六道轮回中的状态，不同的"业"产生不同的"报"，产生不同的轮回状态，这从相关的《六道篇》之每一篇都设有"业因部"亦可看出，具体又是通过受胎理论与中阴理论来表现的，这也再一次为我们理解"业报"理论与"因果"理论的联系提供了依据。"业报"是"因果"对现实生命状态造成的影响和表现，关于"业报"的理论即是"因果"如何影响现实人生的理论。"因果"与"业报"核心为一 ("业报"以"因果"为核心)，所指为二。因其核心为一，所以常常并而论之，成为"业因""果报"；因为所指为二，是而又分作两词。当然，该篇内容是很丰富的，

① 《法苑珠林校注》，第 2054 页。

② 同上。

③ 同上书，第 2063 页。

对于现报、生报、后报、定报、不定报等都作为专部来举例说明，限于篇幅，不再一一列出了。

第二节　中土的善恶报应观及其冲突

一　中土的善恶报应观

（一）"秩序"——中土善恶观的根本

佛教的业报观进入中土后，能不能为中土所接受，接受过程中有哪些冲突，相互调整的方向如何，集中地展现在其与中土本来的善恶报应观发生的矛盾。我们可以通过中土善恶报应观的萌生历程，看到它与佛教业报因果论不同的地方，以及调适的前景。而中土的善恶报应观从萌生至形成，本身又是中土文化大背景的体现。

中土的文明，伊始本也有两种模式，但重神的一种衰落了，重视血缘家族的渐渐兴盛起来[①]，它的发展带来对"秩序"的重视。到了商代，以"帝"为首的诸神以及日月星辰所象征的宇宙秩序，与人间以血缘维系的社会秩序，已获得相应性。到了周代，"秩序"得以确立，天道与人道因"秩序"而相应，在"天"被汉儒演绎为绝对权力的赐予者之前，它的神圣性主要来源于"天"以及依托于"天"的众神对秩序的象征意义，也因为秩序，人道中"人情"的位置也让位于秩序，受到忽视。不过，除了秩序之外，周人另产生了"德"的观念，"在周人那里，德成了联系天和人间的重要枢纽"[②]，"一个王朝接受上天的任命之后，能够保持多长时间，这是无法知道的。唯一的办法是'敬德'，'明德'，否则便会失去'天命'。因此，'敬德'，'明德'成了治国的根本方针"[③]。关于"德"的内涵，它几乎是一个统治者专用的政治概念，[④] 刘泽华先生将之归纳为十项内容：（1）敬天，（2）敬祖，（3）尊王命，（4）虚心接受先哲之遗

[①]　参考李伯谦《中国古代文明演进的两种模式——红山、良渚、仰韶大墓随葬玉器观察随想》，《文物》2009 年第 3 期。

[②]　参考武树臣《寻找最初的德——对先秦德观念形成过程的法文化考察》，《法学研究》2001 年第 2 期。

[③]　同上。

[④]　参考陈来《古代思想文化的世界》，生活·读书·新知三联书店 2009 年版，第 361 页。

教，（5）怜小民，（6）慎行政，尽心治民，（7）无逸，（8）行教化，（9）作新民，（10）慎刑罚。① 我们能看到，"德"本身具有秩序性，符合秩序本身就是一种"德"；但是"德"本身也有对秩序的挑战性，如果失去"德"，秩序也就失去权威。而这一时期的善恶报应观，即是"以先王之德为善"②。

天道与人道的相应在于"秩序"，但应该是一种什么样的"秩序"，先秦诸子给予了不同的阐释。儒家的追求方式是将其内化为人的修养，从而提出了"仁"。"礼"之所以必须践履，是因为它符合"仁"；"名"之所以必须"正"，是因为这样能达到"仁"。儒家为外在的秩序设立了一个内涵，这个内涵就是"仁"。墨家追求的目标也是"秩序"，但不是充满象征性的秩序，而是实用的秩序，墨家认为所谓"天意"就是"兼相爱，交相利"，所以人间也应如此，在这种实用的秩序中，"天"不是作为象征而存在的，而是有善恶意志和实际行为的。道家追求的目标也是"秩序"，但其追求的是天道与人道之间相应的一种超越性的秩序，天道与人道不仅相应，而且应通过对超越性规律——"道"的体察获得统一。道家超越性的秩序的简单表达就是"自然无为"，这种"自然"并非一个野蛮的自然，而是一个处处体现了"道"的、生长万物的自然。而法家以为，天道与人道的相应在于"法"，秩序得于强力有效的维护。

在对秩序的不同追求中，诸子对"德"的阐释也不同。儒家将本为政治概念的"德"内化为伦理概念，君子人格的道德理想，为仁由己的道德自觉，杀身成仁的道德意志，推己及人的道德实践，下学上达的修养功夫等一系列道德命题的提出，大致形成了儒家伦理道德学说体系的主体框架，真正伦理学意义上的"德"（即道德）观念在孔子那里初具规模。而墨子论"德"注重的是外在客观实际效果，而不是个人的内在世界，"他（墨子）完全以'行善'作为行动的导向，而不是将全部的经历集中于'成善'……（墨子）所有的德性都属于外向型的禀性，都是以'外在'世界上取得效果为导向的"③。道家对传统的"德"观念的超越在于

---

① 参考刘泽华、葛荃《中国古代政治思想史》，南开大学出版社 2005 年版，第 7 页。

② 参考徐难于《善恶观形成初探》，《四川大学学报》（哲学社会科学版）2001 年第 3 期。

③ ［美］本杰明·史华兹：《古代中国的思想世界》，刘东校、程刚译，江苏人民出版社 2004 年版，第 151—152 页。

充分发展了"德"的哲学内涵，将"德"视为"道"在万物之中的存在和表现，乃天地万物之本性，这是"德"在道家思想体系中的主要含义。同时，"德"在道家思想中也有伦理内涵，"夫恬淡寂寞，虚无无为，此天地之平而道德之质也"①。而法家认为人的道德只有在严刑峻法的威慑下才能产生，"刑生力，力生强，强生威，威生德，德生于刑"②。

　　作为与"德"密切相关的概念，"善恶"在诸子时代的各家中获得的解释与各家主要思想相一致。另外，孟子"性善论"的提出将"德"完全植入人心，也将善恶问题由行为转为内在，加速了"德"内涵的内化，"性"也与"善"紧密联系在一起。诸子时代的善恶观是通过对人性的剖析与对义利的认识去发展的。孟子以"恻隐之心""羞恶之心""辞让之心""是非之心"为固有的"善端"，是理想人格得以塑造的基础。而荀子把欲望和功利视为人的本性，视为恶，通过后天的行为才能达到善，善的本质是为人的行为提供一个可行的规范和标准。而墨子认为"功利"也是善、义的内容，求兴天下之利、除天下之害才是善恶评价的根本尺度。道家以仁义为不善，以回归自然无为之本性为善。法家以君主之利为核心，以是否能"尊主安国"作为区别行为善恶的根本标准。③

　　由此我们看到，中国的"善恶观"从一开始就表现出与印度佛教不同的内涵，它的产生与政治行为紧紧相连，它的发展过程又与诸子对天下秩序的不同谋求道路相关，这种产生和道路，决定了它的内容不会是印度佛教善恶观对普遍的个人行为的讨论，而是一直与中国特殊的"德"观念以及"道"观念相应，具有深刻的哲学意义。它的指向不在于调整个人行为与处境，而在于调整天下的秩序；它的立场并非普遍的人，而是从统治者而士人。

　　（二）汉儒对善恶报应说的完善

　　汉儒建立起一个宏阔而实用的理论体系，以"天道"为善。"天者，

---

　　①　《庄子·刻意》，（清）郭庆藩撰，王孝鱼点校：《庄子集释》，中华书局1981年版，第538页。

　　②　《商君书·说民》，蒋礼鸿撰：《商君书锥指》，中华书局1986年版，第38页。关于诸子对"德"的不同阐释，笔者参考了李德龙《先秦时期"德"观念源流考》，博士学位论文，吉林大学，2013年。

　　③　参考倪素香《中国传统善恶观的历史发展》，《郧阳师范高等专科学校学报》2002年第1期。

群物之祖也，故遍覆包含而无所殊，建明风雨以和之，经阴阳寒暑以成之，故圣人法天而立道。"① 但"天"不仅仅是自然运行的苍穹，而且是宇宙间所有秩序的本原与依据，天是人的形体的依据，是时节、灾害的依据，是人伦道德的依据，是历史传统的依据。而天道与人道相应的途径在于"性"——"性比于禾，善比于米，米出禾中，而禾未可全为米也，善出性中，而性未可全为善也"，"米与善，人之继天而成于外也，非在天所为之内也"②。所以，根本来说，人能通过后天的教化而到达与天道相应的状态，即为人道，即为善；不符合天道，即为不善。而这善与不善的报应之道，便以"天人感应"的动态模式出现。

在此理论中，天与"德"的关系是："仁之美者在于天，天，仁也。天覆育万物，既化而生之，又养而成之，事功无已，终而复始；凡举归之以奉人。察于天之意，无穷极之仁也。人之受命于天，取仁于天而仁也。"③ "仁，天心；故次以天心。"④ 天人相感的基础是"同类相劝"："此物之类动者也，其动以声而无形，人不见其动之形，则谓之自鸣也。又相动无形，则谓之自然，其实非自然也，有使之然者矣。物固有实使之，其使之无形。"⑤ 天人相感的具体发生状态是无形而渐渐："天地之间，有阴阳之气，常渐人者，若水常渐鱼也。所以异于水者，可见与不可见耳，常澹澹也。"⑥ 天人相感的表现是奖惩，奖惩的方式是示以灾祥。

至此，中国式的善恶报应说才算有了系统的理论，之前只有哲学意义上的善恶观以及零星的善恶报应说（如《尚书·吕刑》《诗经》《国语》

---

① 《汉书·董仲舒传》，（汉）班固撰，（唐）颜师古注：《汉书》，中华书局1962年版，第2517页。

② 《春秋繁露·实性第三十六》，苏舆撰，钟哲点校：《春秋繁露义证》，中华书局1994年版，第311页。

③ 《春秋繁露·王道通三》，苏舆撰，钟哲点校：《春秋繁露义证》，中华书局1994年版，第329页。

④ 《春秋繁露·俞序》，苏舆撰，钟哲点校：《春秋繁露义证》，中华书局1994年版，第161页。

⑤ 《春秋繁露·同类相动》，苏舆撰，钟哲点校：《春秋繁露义证》，中华书局1994年版，第360页。

⑥ 《春秋繁露·天地阴阳》，苏舆撰，钟哲点校：《春秋繁露义证》，中华书局1994年版，第467页。

《周易》《荀子》等文献中零星出现的善恶报应说①）。

　　回溯中国本土善恶观发生发展过程我们不难看出，中国本土的善恶报应与佛教业报因果之不同，首要在于"善恶"的不同，佛教的"善恶"关注的是个人行为，是否杀盗淫贪嗔痴，是否两舌、恶口、妄言、绮语等；而中土的"善恶"关注的是是否符合"天道"，而"天道"是哲学内涵颇多的概念，其着眼点不在具体的个人行为，而是人类需要符合的天地宇宙运行当中的一种规律、一种秩序，它是政治本位的，由政治而及日常的，若要找出它在日常中究竟有哪些具体的含义，除了忠孝，竟很难找得出来。符合秩序或能促进符合秩序的即为"善"，反之即为"恶"。

　　二报应的主体不同，佛教业报没有一个幕后的造作者，一切只根据"业"的本身，而"业"不具有主观意志，与行为相应随机；而中土善恶报应有一个幕后的衡量者，造作者——天，"天亦有喜怒之气，哀乐之心，与人相副，以类合之，天人一也"②。因此，佛教的善恶对不同地位的人之衡量标准是相同的。而在中土的善恶面前，一方面是人伦中作"纲"的一方是占据绝对优势的，忠与孝是无条件的，被纲的一方对作纲的一方需要无条件的服从，方为符合秩序，方为善；另一方面"天"主要调整的是发布政令的一方，即君主，天授命的也是他，如果政治不明灾异警示的对象也是他，至于平民，虽适用于同一理论，由于太过微小，似乎不值得天去如何，也即规则一样，但分量是不同的。若天要警示君主，灾异的承受者却是平民，这就是中土的逻辑。另外，作为个人的平民虽过于微小不值得天的关注，但作为"家族"的平民却是中土报应的承受单位。

　　这也就能看出，佛教的业报因果观中，一切的贫贱、富贵等都是"业"的结果，而在中土，富贵、贫贱所体现的秩序是本然的、天定的，

────────────

① 这些散见的报应之说略举如下：《尚书·吕刑》中云："狱货非宝，惟府辜功，报以庶尤。永畏惟罚，非天不中，惟人在命。天罚不及。庶民罔有令政在于天下。"《诗经·大雅·荡之什·云汉》中说："倬彼云汉，昭回于天。王曰：于乎！何辜今之人？天降丧乱，饥馑荐臻。靡神不举，靡爱斯牲。圭璧既卒，宁莫我听？"《周易·坤文·言传》中有："积善之家必有余庆，积不善之家必有余殃。"《国语·周语》中亦有："天道赏善而罚淫。"《荀子·宥坐》中曰："为善者天报之以福，为不善者天报之以祸"，等等。

② 《春秋繁露·阴阳义》，苏舆撰，钟哲点校：《春秋繁露义证》，中华书局1994年版，第341页。

它们只会依据善恶不同以家族为单位发生祸福，而"秩序"本身并不会被调整。

"业"之生生不息，使人疲倦，在于使人能够领悟因果。以佛教的业报因果观，世间和出世间是互通的，如果种下无漏之因，就会获得智慧解脱的果报。而中土的善恶报应，福祸治乱都是为着现世的秩序。这就是二者不同的调整目的。

二 佛教业报因果论与中土报应观的冲突与统一

如此，当佛教的业报因果论进入中土，观念的差异所产生的碰撞冲突势在必然。这般碰撞冲突，不是单一的因果论的碰撞冲突，而是与君臣、忠孝等观念浑然一体的观念的冲突。佛教的业报因果也不是一个单一的独立的理论，而是佛教生命观成立的基础，是佛教众多理论互相贯通的纽带，是不同层面佛教的共同基础。因此，佛教业报因果论与中土善恶报应论冲突的背后，实是两种不同哲学体系在各个层面上的深层冲突，它和关于有神、无神的争论，关于君臣、忠孝的争论，其实是合而发生的。这一传播、冲突与接受的过程主要有以下几方面的特点。

1. 关于因果的辩论并不是知识阶层争论的焦点问题，争论的焦点问题在于"形神""忠孝"，是否有补于治道等。

我们来看释法琳的一段辩论：

> 内箴曰：夫玄圣创典，以因果为宗；素王陈训，以名教为本。名教存乎治成，因果期乎道立。立道既舍爱居首，成治亦忠孝宜先，二义天殊，安可同日而言也？沙门者乃行超俗表，心游尘外，威仪进趣，非法不动，容服应器，非道不行。故泥染及万质同归，缁衣为众采坏色，简易遵于解脱，条隔象于福田，偏服示有执劳，缺袂便于运役，圣制有以，终不徒然。是以舍爱捐亲，仰众圣也；摧弃声色，遵梵行也；剃除须发，去华竞也；俯容肃质，不忘敬也；分卫扫衣，支身命也；言无隐曲，离邪佞也；和声怡气，入无诤也；吐纳安详，慎辞令也；世贵莫屈，守贞劲也；清虚恬淡，顺道性也；邪相不挠，住八正也；颜下色敬，愍众病也；人天崇仰，三业净也；穷玄极，真取

究竟也；广仁弘济，亦忠孝之盛也。①

这段辩论中，先点名佛教之宗旨在"因果"，而中土之训归在"名教"，因果是为立道，立道需舍爱，而名教是为治成，治成需忠孝，"二义天殊"，先提出二者的矛盾来。然后论述"广仁弘济，亦忠孝之盛也"，在忠孝上会通了双方，也就会通了"因果"和"名教"。

《正诬论》（作者已不可考）在论及人们对因果的误解时，为了表达吉凶是源自善恶，而非源自"佛"，为了让人们更为明确地明白"善恶"，也提出，佛教之善与儒家一样，都是"忠孝信顺"：

> 又专诬以祸福为佛所作，可谓元不解矣，聊复释之。夫吉凶之与善恶，犹影响之乘形声，自然而然，不得相免也。行之由己，而理玄应耳。佛与周孔但共明忠孝信顺，从之者吉，背之者凶，示其度水之方，则使资舟檝，不能令步涉而得济也。其诲人之生救厄死之术，亦犹神农尝粒食以充饥虚，黄帝垂衣裳以御寒暑，若闭口而望饱，裸袒以求温，不能强与之也。去和鹊之所以称良医者，以其应疾投药，不失其宜耳，不责其令有不死之民也。且扁鹊有云，吾能令当生者不死，不能令当死者必生也，若夫为子则不孝，为臣则不忠乎？守膏肓而不悟，进良药而不御，而受祸临死之日更多咎圣人，深恨良医，非徒东走，其势投穽矣。②

佛教所说，自然并非仅仅是"忠孝信顺"，作者在此辩论中将其与儒家同归为"忠孝信顺"，主要为使因果规律解说得易于理解。佛陀是无权于祸福的，造成人们祸福的只是人们自己的善恶。那么何为善何为恶，"忠孝信顺"即为善，反之即为恶。佛教只是将因果规律以及善恶标准揭示出来，并不能保证所有人都为善，就如良医不能医必死之人一样。显然，只以"忠孝信顺"为佛教之善，不仅于中土文化显得亲切，也省去不少口舌，如果一方面要讲明因果之理，一方面又要讲明佛教之"善"

① 释法琳：《十喻篇上·答李道士十异论》，《大正藏》卷52，第182页上—中。
② 《正诬论》，《大正藏》卷52，第8页中。

与"恶",则要复杂得多,不如直接与儒家之"忠孝信顺"归为一类。

　　慧远的《明报应论》针对桓南提出的两个刁钻问题进行回答。桓南的问题之一,既然身体是四大和合而成的,神只是寄托其上,那么杀生只是损坏了地水火风而已,无碍于神,不应该获得地狱果报;问题之二大意为,万物情虑私我之心,是自然而然的,如果一切只是因为"情"而感生的,那自然之理又托于何处呢?慧远认为这两个问题问得很巧妙,并给予了充分论述回答。针对第一个问题慧远的论述是:"……故四大结而成形。结则彼我有封,情滞则善恶有主。有封于彼我,则私其身而身不忘,有主于善恶,则恋其生而生不绝。于是甘寝大梦昏于所迷,抱疑长夜所存唯着,是故失得相推祸福相袭,恶积而天殃自至,罪成则地狱斯罚,此乃必然之数,无所容疑矣。"① 论述形和神的关系并非简单的相寄,还存在着互存互制的关系,所以,善恶会有果报。针对第二个问题,慧远提出他的自然观:

　　　　何者?会之有本则理自冥对,兆之虽微势极则发,是故心以善恶
　　为形声,报以罪福为影响,本以情感而应自来,岂有幽司由御失其道
　　也,然则罪福之应唯其所感,感之而然故谓之自然。自然者,即我之
　　影响耳。于夫玄宰复何功哉!

　　以"情"招感,本身就是自然,而不是割裂地以为"情虑私我"是自然,因情而致的感生就不是自然了。可见慧远论述报应,实际上是为论述形神服务的。在《三报论》中也是如此,《三报论》是针对俗人对善恶没有现验的疑问所作的,慧远以"现报""生报""后报"进行了详细的论述。

　　可见,虽然慧远的辩论文章中有两篇直接以因果为题,② 根本上讲仍是为形神之论服务的。不过只要佛教在焦点问题上找准了位置,站稳了立场,不管是通过什么方式,最后达成的共识是否对本身的义理有所改变,

---

　　① 《远法师明报应论》,《大正藏》卷52,第33页下。
　　② 慧远:《明报应论》《三报论》,见于《弘明集》卷五,《大正藏》卷52,第33页中—34页下。

立场是否有妥协，因果观念都能得以成立。也或者说，正是在形神、君臣、忠孝这些问题上达成了共识，保证了大方向的不冲突，因果观念才像化学反应一样在中土几乎所有社会现象的解释中都加上了"因果"二字。

2. 佛教在论及因果时应用中土善恶报应的理论为其作证明，与中土观念会通，致使中国式的混然的因果论的出现。

（1）以中土原有的善恶报应的观点与之会通

虽佛教与中土业报理论区别甚多，论者却常以中土业报理论证明佛教之因果论，以已熟悉的来证未明了的，只抓住其中的相通之处，忽略它们的不同，这也是辩论之常情。如：

> 故《易》云，积善余庆积恶余殃。经云，无我无造无受者，善恶之业亦不亡，此则缘教常缓，兼训已弘，岂谓所务在此所阙在彼哉！来论虽美，故自循环之说耳，望复擢新演异，以洗古今之滞，使夷路坦然，积碍大通也。①

此段是说佛教之业报论是能够覆盖中土报应论的，不应视它们有太多的区别，希望能够"擢新演异，以洗古今之滞"。

又如颜之推《家训归心篇》中所说：

> 释二曰，夫信谤之兴，有如影响，耳闻眼见其事已多，或乃精诚不深，业缘未感，时傥差简，终难获报耳。善恶之行，祸福所归，九流百氏皆同此论，岂独释典为虚妄乎！项托颜回之短折，伯夷原宪之冻馁，盗跖庄蹻之福寿，齐景桓魋之富强，若引之先业，冀以后生，更为实耳。如以行善而偶钟祸报，为恶而傥值福征，便可怨尤即为欺诡，则亦尧舜之云虚，周孔之不实也，又安所依信而立身乎！②

这也是忽略掉细节，统而概之地将善恶祸福作为佛教的理论，也作为"九流百氏"之论，既然佛教与九流百氏都相通，那就没有怀疑因果的必

---

① 《高明二法师答李交州淼难佛不见形事》，《大正藏》卷52，第71页上一中。
② 颜之推：《家训归心篇》，见《广弘明集》卷三，《大正藏》卷52，第107页。

要了。

亦有取《周易》之言以论之者：

> 云罪则冥伺福则神佑，夫含德至淳则众善归焉。《易》曰，履信思顺，自天佑之，吉无不利。又曰，为不善于幽昧之中，鬼得而诛之。岂非冥伺神明之佑哉，善恶之报经有成证，不复具列。①

此亦将佛教之罪福笼统混同于中土之罪福。

还有遍举中土事例以证祸福者：

> 历观古今祸福之证，皆有由缘，载籍昭然，岂可掩哉！何者？阴谋之门子孙不昌，三世之将道家明忌，斯非兵凶战危积杀之所致耶？若夫魏颗从治而致结草之报，子都守信而受聪骥之锡，齐襄委罪故有坠车之祸，晋惠弃礼故有弊韩之困，斯皆死者报生之验也。至于宣孟愍翳桑之饥，漂母哀淮阴之惫，并以一飧拯其悬馁，而赵蒙倒戈之佑，母荷千金之赏，斯一获万，报不踰世。故立德暗昧之中，而庆彰万物之上，阴行阳曜，自然之势，譬犹洒粒于土壤，而纳百倍之收，地谷无情于人，而自然之利至也。②

遍举中土事例以证祸福之有，既有祸福，则佛教所说因果无可疑者，这也是宏观地以"祸福"为因果，不再深究佛教因果观与中土报应观的不同。

还有以中土的"神道助教"来理解佛教因果论者，且认为佛教因果论比中土的"神道助教"有效果，不可同日而语：

> 夫神道助教有自来矣，雷霆所击暑雨恒事，及展庙遇震，而书为隐匿，桀纣之朝，冤死者不可称纪，而周宣晋景，独以淫刑受崇，检报应之数，既有不符，征古今之例，祇更增惑，而经史载之以彰劝诚，万一

---

① 僧佑：《释驳论》，《大正藏》卷52，第36页下。
② 孙绰：《喻道论》，《大正藏》卷52，第16页下。

影像，犹云深功，岂若佛教责言义则有可然可信之致，考事实又无已乖已妄之咎。且观世大士所降近验，并即表身世，众目共睹，祈求之家，其事相继，所以为劝诫，所以为深功，岂当与彼同日而谈乎。[1]

颜延之试图着眼较深刻的层面，使人们明了因果报应发生的动力，于是以汉儒的"类感"理论释之：

> 近释报施，首称气数者，以为物无妄然，各以类感。感类之中，人心为大，心术之动，隶历所不能得，及其积致于可，胜原而当，断取世见，据为高证。庄周云：莽卤灭裂，报亦如之。孙卿曰：报应之势，各以类至，后身着戒，可不敬与？慈护之人，深见此数。故正言其本非邀其未，长美遏恶，反民大顺，济有生之类，入无死之地，令庆周兆物，尊冠百神，安宜祚极胤子，福限卿相而已？常善以救，善亦从之，势犹影表，不虑自来，何言乎要惠说报，疑罪勤施，似由近验咎情，远猜德教，故方罚秒功，而滥咎忘贤。遗存异义，公私殊意，已备前白。若不重云，想处实陋华者，复见其居厚去薄耳。若施非周急，惠而期誉，乃如之人，诚道之蠹。惟子之耻，丘亦耻之。[2]

通过这些辩论我们看到，一方面，论者们都在忽略中土报应观与佛教因果理论之间的区别，这些忽略，有些可能是自身并未认知到，但有些是有意为之。如僧佑法师的辩论，作为当时颇为著名的学者，僧佑应已较为深刻地了解佛教的因果论，但在论述中，仍然直接忽略掉差别，以"罪则冥伺福则神佑"论之。又如在颜延之的论述中仍然将因果比作"影响"，而在早于他的宗炳的论述中，早已论述了将"报应"比作"影响"的不足[3]，说明学者们的讨论与认识并非呈整齐的直线推进，而是在参差

---

[1]　颜之推：《何令尚之答宋文皇帝赞扬佛教事》，《大正藏》卷52，第70页上。

[2]　颜之推：《重释何衡阳》，《大正藏》卷52，第23页中—下。

[3]　"答曰：谓麁近为启导，比报应于影向，不亦善乎！但影向所因，必称形声，寻常之形，安得八万由旬之影乎！所滞若有欲于无欲，犹是常滞于所欲。夫耳目殊司，工艺异业，末伎所存，虑犹不并，是以金石克谐，泰山不能呈其高，鸿鹄方集，冥秋不能传其旨，而欲以有欲成无欲，希望就日损，虽云西行，去郢兹远，如之何！"何承天：《释均善难》，《大正藏》卷52，第19页下。

中进行；另一方面，论者们开辟的层面也比较丰富，以中土报应观来证佛教因果论，善恶祸福的应用层面，神道助教的意义层面，以及以类相感的机制层面，论者们都有提到，那么，这些辩论所造成的效果，也势必使中土既有的报应论与佛教因果观混同在一起，难相区分。

（2）以"自然"理论将两者作以会通

除了以中国本土现有的报应思想来直接通于佛教因果论，论者们还旁撷博取，找到玄学有关"自然"的理论并加以再阐释，以"自然"玄义将两者作以会通。应用"自然"论者主要有慧远和朱世卿，二者的运用又不尽相同。

前文我们已提到过慧远在《明报应论》中针对桓玄两个问题的回答，分开来看是对两个问题的回答，放在一起其实是完整的"因缘自然论"的体现。① 由无明而有贪爱，由贪爱而有凝滞，四大凝结而有彼我，而有善恶，而有罪福，从善恶到罪福的发生动力是"感之而然"，这就是"自然"，一切皆是"我"的所作所为的体现，而非某位主宰的功劳，这就是慧远的"因缘自然观"。概而言之——业报因果的发生原因以及机制，本身就是"自然"。慧远巧妙地抓取业报因果论与玄学自然观都无主宰的共同点，看起来是将业报因果论直接释为"自然"，实际上是佛教的业报因果论掌握着主动权，一切先是在佛教的理论基础上，而后才是"自然"。

而另一位学者朱世卿，虽然也提出"自然"，但其所说的"自然"，乃是一种机械的决定论，甚至连道家的本义都偏离了，更无法准确地通于佛教的旨趣。他在《法性自然论》中说：

> 夫万法万性，皆自然之理也。夫惟自然，故不得而迁贸矣。故善人虽知善之不足凭也，善人终不能一时而为恶，恶人复以恶之不足诫

---

① "夫因缘之所感，变化之所生，岂不由其道哉！无明为惑网之渊，贪爱为众累之府，二理俱游，冥为神用，吉凶悔悋，唯此之动。无用掩其照，故情想凝滞外物，贪爱流其性，故四大结而成形。结则彼我有封，情滞则善恶有主。有封于彼我，则私其身而身不忘，有主于善恶，则恋其生而生不绝。于是甘寝大梦昏于所迷，抱疑长夜所存唯着，是故失得相推祸福相袭，恶积而天殃自至，罪成则地狱斯罚，此乃必然之数，无所容疑矣。何者？会之有本则理自冥对，兆之虽微势极则发，是故心以善恶为形声，报以罪福为影响，本以情感而应自来，岂有幽司由御失其道也，然则罪福之应唯其所感，感之而然故谓之自然。自然者，即我之影响耳。于夫玄宰复何功哉！"慧远：《明报应论》，《大正藏》卷52，第33页下。

也，恶人亦不能须臾而为善。又体仁者，不自知其为善；体愚者，不自觉其为恶。皆自然而然也。①

朱世卿的认识，是以宇宙中万事万物的差别为"自然之理"，这与慧远基于无明贪爱而有结缚的认识是非常不同的。朱世卿以为，善人与恶人的为善为恶，都不是心灵自觉的选择而是"自然而然"，这是较为机械的认识。

朱世卿使用了"性"与"命"的概念：

> 人为生最灵，膺自然之秀气，禀妍媸盈灭之质，怀哀乐喜怒之情，挺穷达修短之命，封愚智善恶之性。夫哀乐喜怒，伏之于情，感物而动。穷达修短，藏之于命，事至而后明。妍媸盈灭，着之于形，有生而表见愚智。善恶封之于性，触用而显彻。此八句者，总人事而竭焉。皆由自然之数，无有造为之者。②

虽然他也说"皆自然之数，无有造为之者"，从来不存在一个冥冥中的决定者，但他认为，现实不过是既定的"性"与"命"的显化而已。他所谓的"命"——"夫命者，自然者也。贤者未必得之，不肖者未必失之。斯之谓矣。"③ 这种机械的"命"就是"自然"。他还说：

> 礼乐不自知其所由而制，圣人不自知其所由而生，两像亦不知其所由而立矣。于是殊形异虑，委积充盈，静动合散，自生自灭。动静者，莫有识其主。生灭者，不自晓其根。盖自然之理着矣。所谓非自然者，乃大自然也。是有为者，乃大无为也。④

总之，朱世卿眼中的自然，运行的动力体现着"必然"与"绝对"，对物质世界与精神活动永恒地发挥作用，不会因"为生最灵"的人类精

---

① 朱世卿：《性法自然论》，《广弘明集》卷二十二，《大正藏》卷52，第254页下。
② 同上书，第255页上。
③ 同上书，第255页中。
④ 同上书，第256页上。

神发生丝毫的变化。人类的行为只是顺应自然的结果,"自生自灭"就是自然最真实的内容。由人类行为体现出来的那些杰出成就,虽具有不同于自然的表现形式,但本质是"大自然",而"有为"却是"大无为",完全不在"自然之理"之外。因此,"荣落死生,自然定分。若圣兴仁,不能自免"①,无不是不可抗拒的必然性的反映,人们只能接受而无法回避其考验与安排。

在朱世卿的"自然"论中,业报因果也只是因为既定的善恶之性在现实中的体现,是一种必然。他的这种会通,其实是对佛教的误解,是很容易被辩论的对方抓到漏洞的。他的这一认识受到陈代真观法师的批评,真观撰写了《因缘无性论》,揭示朱世卿认识中存在的谬误。

真观看到朱世卿所说的"自然"实为"必然",根本不同于"因果"所体现的缘生关系,表面上证明了因果,其实消解了因果,使得宇宙万物的存在,根本没有因果的内在秩序,只是运动变化的直接表现形态。他于是直指要害,论述道:"若谓永无报应,顿绝因果,则君臣父子,斯道不行,仁义孝慈,此言何用?"② 正是因缘关系的不可抗拒,使我们看到现实世界里的各种矛盾现象统一在一起,不论是"君臣父子"还是"仁义孝慈",如果不存在业报因果的普遍联系,人类就不会孜孜不倦地确立这种价值规范。

朱世卿所说的"自然"作为"定性之理",决定着尘世中众生的行为不会存在善恶变化的现象,而这与现实生活是矛盾的。真观指出,如果"各有自性"不可改变,那么,世界上的事物就不会存在相互转化。

> 若云各有自性,不可迁贸者,此殊不然。至如鹰化为鸠,本心顿尽,橘变为枳,前味永消。昔富今贫,定性之理难夺,先贵后贱,赋命之言何在。③

如此等等,皆可说明"各有自性"难以是合理之论,且:

---

① 朱世卿:《性法自然论》,《广弘明集》卷二十二,《大正藏》卷52,第256页上。
② (陈)真观:《因缘无性论》,《广弘明集》卷二十二,《大正藏》卷52,第256页中。
③ 同上。

　　若依自性之理，岂容得有斯义？善人唯应修善，不可片时造恶。恶人恒自起恶，无容一念生善。是则荣枯宠辱，皆守必然。愚智尊卑，永无悛革。岂其然乎？决不然也。又若以修德之人，翻感忧戚，行善之者，反致沉沦，以为自然之命，亦不然也。若行善而望报，去善更遥，修德以邀名，离德逾远。①

　　总结各种问题，真观得出了完全不同于朱世卿的结论。"故知因果之义，陆离难准。业报之理，参差不定。所谓生报现报及后报也。"② 报应存在着复杂的情况，不可以用同一种规定衡量。真观指出佛教的思想核心，就是在对现象虚幻不实的讨论中，揭示世界为"空"的真相。

　　寻法本非有，非有则无生。理自非无，非无则无灭。无生无灭，诸法安在？非有非无，万物何寄？荡乎清净，推求之路斯断。夷然平等，取舍之径无从。无从，岂有报应之理；可求，善恶之相可得。直以凡品众生，未了斯致，故横兴诤论，强生分别。

　　真观熟练地运用了中观学的"非有非无"的中道义，论述佛教对宇宙人生的根本认识。并且指出，其所论仅"微示因果，略显业缘。使定性执除，自然见殚。若达乎正理，悟此真法，亦复何所而有，何所而无哉？"③ 缘起论证明了"无生无灭"，依据是对"非有非无"的真谛俗谛关系的阐释，证明宇宙万物都没有一成不变的本体，是较为深刻全面的认识。

　　与慧远的"因缘自然观"相比，朱世卿的"自然"论显然是不够深刻的，但在其存在的漏洞与引来的驳论中，也加深了中土对佛教业报因果论的理解，起到了进一步会通的作用。而且在真观对朱世卿的批评中，更进一步将礼制作为因果的结果，更加巩固了"业报因果论"在中土接受中的根基。

---

①　（陈）真观：《因缘无性论》，《广弘明集》卷二十二，《大正藏》卷52，第256页中—下。

②　同上书，第256页下。

③　同上书，第257页上。

3. 中土向来是重教化、重德治，至于"依法定刑"，却并没有一个很理性的标准。这种情况下，佛教之业报因果与教化之间的关系也就分外得到重视。

有论者以"戒"与"礼"会通，认为印度佛教之制"戒"如同中土之制"礼"，并注重"戒"对"礼"的辅助作用，如宗炳的论述：

> 又云，若身死神灭是物之真性，但当与周孔并力致教，何为诳以不灭欺以佛理，使烧祝发肤绝其胖合，以伤尽性之义。答曰，华戎自有不同，何者？中国之人，禀气清和含仁抱义，故周孔明性习之教，外国之徒，受性刚强贪欲忿戾。故释氏严五戒之科，来论所谓，圣无常心，就之物性者也。惩暴之戒，莫若乎地狱，诱善之欢莫美乎天堂，将尽残害之根，非中庸之谓。周孔则不然，顺其天性，去其甚泰，淫盗着于五刑，酒牢明乎周诰，春田不围泽，见生不忍死，五犯三驱，钓而不网，是以仁爱普洽，泽及豚鱼，嘉礼有常俎，老者得食肉，春耕秋收，蚕织以时，三灵格思百神咸帙。方彼之所为者，岂不弘哉！又甄供灌之赏，严疑法之罚，述蒲宰之问，为劝化之本，演焄蒿之答，明来生之验，祗服盱衡而矜斯说者，其处心亦误矣。①

这种论点既满足了中土礼制的优越感，又巩固了因果对于教化的重大意义。还有明确对当政者提出以佛教辅以教化的建议者，如何尚之对宋文帝的谏言：

> 慧远法师尝云释氏之化无所不可适，道固自教源，济俗亦为要务。世主若能剪其讹伪奖其验实，与皇之政并行四海，幽显协力共敦黎庶，何成康文景独可奇哉！使周汉之初复兼此化，颂作形清倍当速耳。窃谓此说有契理奥，何者？百家之乡，十人持五戒，则十人淳谨矣，千室之邑，百人修十善，则百人和厚矣，传此风训，以遍寓内，编户千万，则仁人百万矣。此举戒善之全具者耳，若持一戒一善，悉计为数者，抑将十有二三矣，夫能行一善则去一恶，一恶既去则息一

---

① 宗炳：《答何衡阳难释白黑论》，《大正藏》卷52，第19页下—20页上。

刑，一刑息于家，则万刑息于国，四百之狱何足难措，雅颂之兴理宜位速，即陛下所谓坐致太平者也。论理则其如此，征事则臣复言之，前史称西域之俗皆奉佛敬法，故大国之众数万，小国数百，而终不相兼并内属之，后习俗颇弊，犹甚淳弱，罕行杀伐。又五胡乱华以来，生民涂炭冤横死亡者，不可胜数，其中设获苏息，必释教是赖。故佛图澄入邺而石虎杀戮减半，滆池宝塔放光而符健椎锯用息，蒙逊反噬无亲虐如豺虎，末节感悟遂成善人，法速道人力兼万夫，几乱河渭面缚甘死以赴师阨，此非有他敬信故也。①

道恒在《释驳论》中也说：

> ……近取五戒训物，非六经之畴，远以八难幽崄，非刑法之匹，请以三藏铨罪，非律令之流畅，以般若辩惑，非老庄之谓。道品无漏，拔苦因缘，则存而不论周孔之教，理尽形器至法之极，兼练神明精粗升降，不可同日而语其优劣矣。昔孛助化以道佐治，国境晏然民知其义，年农委积物无疵疠，非益谓何。②

关于五戒十善与教化的关系，五戒的震慑力来源于因果业报论中的惩戒措施，而且五戒实际上也就是与十善相应的十恶的前四条，第五条为"饮酒"。"戒"所弘扬的是"善"，抑制的是"恶"，遵从的是"因果"，所以，提倡五戒十善，根本上还是以佛教的业报因果论佐以礼制，以因果来达到惩戒的效果，以补充中土礼制对个人道德惩戒的缺乏。

从这些辩论的进程和效果来看，因果论几乎如化学反应一般将中土对各种社会现象的解释都加上了"因果"二字，并且突出因果论所特有的惩戒价值。在"因果论"深深根植于中土的同时，中土的"秩序"也显得更加合理，更加坚不可摧，因为这些秩序除了上天的安排之外，又成了"因果"的结果，具有了更充分的合理性。从根本上来讲，佛教的业报因果论与礼制达成了高度统一。另外，业报因果论的普及，其

---

① 何尚之：《何令尚之答宋文皇帝赞扬佛教事》，《大正藏》卷52，第69页下。
② 道恒：《释驳论》，《大正藏》卷52，第36页中。

影响是从两方面同时进行的，除了知识阶层的辩论之外，还有民间大量感应故事的创造，这和形神问题、忠孝问题等的辩论不同，业报因果论的传播是知识阶层的接受与民间的接受双线进行的，在传播过程中就已深深根植于民间。

第三节　从《富贵篇》《贫贱篇》等篇看因果论之 "用"

一　社会现象因果化——《富贵篇》《贫贱篇》《债负篇》《诤讼篇》《谋谤篇》等篇的探讨

（一）因果与富贵

《富贵篇》由 "述意部" "引证部" 和六则感应缘故事组成。"述意部" 直点出："行善感乐，如影随形；作恶招苦，犹声发响。"然后描绘一幅富贵享乐的盛景：

> 故富同朱柏，贵若萧曹。锦绣为衣，金银作屋。云起龙吹之前，风生箫管之上。趍锵广殿，容与长廊。曳珠履于丹墀，珥金蝉于青琐。食则珍馐满席，海陆盈前……①

此等令人艳羡的富贵全是由善报得来，"由昔行檀，受斯胜利也"。

"引证部" 引用了几则布施得富贵的故事。《贤愚经》中铺叙檀弥离的富贵，波斯匿王前去求取斾檀，目睹了檀弥离家令人惊讶的富贵。波斯匿王求得斾檀后告诉檀弥离此世有佛，檀弥离欢喜地去见佛，闻佛说法，得须陀洹果。阿难问佛陀檀弥离富贵的原因，佛陀讲述了檀弥离过去劫中作比丘时供养修行比丘使他们安心修道得阿罗汉果的故事，由此原因，天上人中常处豪贵，所须自然，并值佛出家得道。② 另外引用的金天夫妇的故事也来自《贤愚经》，金天夫妇富贵美丽，并出家修道得须陀洹果。佛陀借阿难之口讲述金天夫妇于过去生中供僧之福业。③ 引《出曜经》中目

---

① 《法苑珠林校注》，第 1683 页。
② 同上书，第 1684—1686 页。
③ 同上书，第 1686 页。

连劝弟布施的故事，以证布施获富贵。① 《树提伽经》中国王看见树提伽长者富贵庄严，问于佛陀，佛陀讲述其前生供养病僧之事。② 《百缘经》中富贵长者所生一百子多劫前供养佛塔的因缘。③

本篇的感应缘故事并没有太精确地对准"富贵"主题，所取六则故事中的三则并无佛教因素；另三则有佛教因素者，一则为沙门预言福祸的故事，一则为诵《法华经·普门品》免灾且得富贵的故事，一则为冥报故事。戴天胄死后向好友沈裕诉说由杀生获罪之情，并告诉沈裕将有升迁之福，后来应验。如此选取感应缘故事，大概是因为《法苑珠林》各篇感应缘的选取，多重在中印故事的会通，是以故事元素多样，以沟通性为前提，而非准确照应篇类为前提。另外，作为中土不断创造出来的因果故事来讲，惩戒故事较多，关于如何避祸，以及与祸福相关的故事多，专为富贵设的故事少。在感应缘的末尾，有一则道世自己写作的"颂"，点明所谓"富贵"也只不过是一场空幻，所以佛教经典中的富贵者亦都出家修道证果。追求富贵并不能作为最终的目的，这才是佛教对富贵的完整看法。

（二）因果与贫贱

《贫贱篇·述意部》与《富贵篇·述意部》结构类似，先直点："贫富贵贱，并因往业，得失有无，皆由昔行，故经言：'欲知过去因，当观现在果。欲知未来果，当观现在因。'"然后铺叙令人嫌厌的贫贱之状："所以原宪之家，黔娄之室……"而贫贱若此，"皆由曩日不行慧施，常蕴悭贪，致令果报，一朝窭尽"。是故行者宜当布施也。④

"引证部"以《燃指经》中对贫穷可鄙之貌的描述，提倡富贵要及时布施。"须达部"中引用了《杂宝藏经》《杂譬喻经》中所记须达长者贫穷布施以事佛僧，获富贵报，且值佛听法得道的故事。其中引用的《菩萨本行经》中须达长者之事，是为了与另外的故事共同证明"贫穷布施难，豪贵忍辱难，危险持戒难，少壮舍欲难"。"贫儿部"有两则故事，一则是《辩义长者子经》中两乞儿乞食时不同的遭遇，不同的心念，以

---

① 《法苑珠林校注》，第 1687—1688 页。
② 同上书，第 1688—1690 页。
③ 同上书，第 1690—1691 页。
④ 同上书，第 1696 页。

及获得不同果报的故事；另一则是《贤愚经》中五百乞儿得度的因缘故事，一方面说明贫乞者的因缘；另一方面说明佛法的清净，贵贱平等。"贫女部"取《贤愚经》及《佛说摩诃迦叶度贫母经》中两位贫女都因供养迦叶而得生人天，帝释天为了植福也化生丑陋以施迦叶的故事，倡导贫穷应布施。

《贫贱篇》的感应缘只有一篇《搜神记》中的汉乞儿阴生的故事。乞儿阴生遭市井厌恶，被洒以粪，乞儿被囚，却自己逃脱走掉了，洒粪者室屋自坏，十余人被压死。这则故事与篇中的意思并不吻合，至多只是有果报之意。

由上我们看到，《富贵篇》《贫贱篇》两篇，一方面是对中土、印度都很关注的贫富现象作以因果的解释，一方面是更进一步作以佛教的倡导，这个倡导就是布施获福，富贵得于布施；若不布施，也会于轮回中转穷；贫贱更要布施，如此方有转化境遇的可能。对布施得提倡，且有针对性——格外提倡布施佛僧，且不以布施得贵作终极意义，而以值佛闻法得道作终极意义，即布施得福之最重要的意义是能够闻法得道。道世自作的"颂"也一再点明，贵贱荣辱都是虚幻，"须臾风火烛，幻泡何足把"（《富贵篇》）。"志求八解脱，誓舍六尘萦。"（《贫贱篇》）至于感应缘，则只取故事之间混然会通之意，并不准确照应篇部。设篇之意，是多层次的。也可见这方面的感应故事，创造得并不多。

（三）因果与债负、诤讼、谋谤

（1）《债负篇》——广义的"债负"与狭义的"债负"

《债负篇·述意部》点明："债负之殃咎，植三报之苦果。"其依据仍是善恶因果之报，用意在劝善惩过："夫劝善惩过，大士常心；舍恶为福，菩萨恒愿"，①足见以因果释"债负"，用意在于惩戒。

佛教之债负其实是"业"的内容，前生所造之殃咎后世必当承担其后果，"引证部"中也以《法句喻经》《出曜经》等经中故事说明"报应不爽"之义。但我们看到此篇又有一层狭义的"债负"义，是专门针对中土所设的。如"述意部"专门指明："如是三时随负一毫，拒而不还，决定受报。""是故经云：偷盗之人，先入地狱、畜生、饿鬼，后得人身，

---

① 《法苑珠林校注》，第 1711 页。

得二种果报：一者，常处贫穷；二者，虽得少财，恒被他夺。"① 这就说明《债负篇》是以广义的"业"的债负为背景，又对狭义的欠债的债负有一定的针对性。

佛典中用来调整狭义的债负的例子也有很多，"引证部"中有充分的事例，如《出曜经》中弟弟因欠人一钱盐债而成牛身之事。对于狭义的债负，佛教的态度是："若人负债不偿，堕牛、羊、獐、鹿、驴、马等中，偿其宿债。"② 惩戒性是非常强的。

感应缘故事的选取也是这种情况，一部分是"业"的意义上的债负；一部分故事是关于狭义的债负，即因欠物欠钱而获得恶果。这部分故事创造得比较多，概因中土社会由债负而引起官司是一大社会现象，由此产生了许多以佛教之因果警戒债负行为的故事。

（2）《诤讼篇》——概念的偷换

诤：争论，争辩之义；讼：争论，争辩，亦有控告义。

《诤讼篇》的设置是展示佛典中对诤论、斗争等的劝诫意义，以及对社会秩序的调整意义。此篇仅分为"述意部"，"引证部"两部。其"述意部"说：

> 夫慈言一发，则人天含笑；鄙语一彰，则幽显皆嗔。将恐闻声传恶，永隔心目；见善怀亲，长同赤子。既知邪正异踪，善恶分路，劝止三毒之凶言，兴善和之敬顺。所以大圣之训，修本去末，即心为毒主，口为祸器。因事成灾，沿流恶道。未有诤讼违形，而存大化也。③

对诤讼的规范，仍是以善恶因果为依据。

从"引证部"看，《诤讼篇》所针对的现象也是较为广泛的，争论，毁骂，斗争……都是该篇篇义所覆盖的对象，显示出佛典对斗争、恶口、争论现象的认识是非常全面的：诤论的根源是嗔恚，止息诤论的关键在于

---

① 《法苑珠林校注》，第1711页。

② 同上书，第1713页。

③ 同上书，第1728页。

"忍辱"，忍辱是六般若波罗蜜行之一。所引的故事，多为对忍辱的提倡。如所引《中阿含经》中由比丘诤事，世尊首先批评不接受他人忏悔的比丘，并讲了诸天与阿修罗战斗，阿修罗战败，并骂辱天帝释，天帝释忍辱。天帝释告诉侍者他忍辱的原因："我当观察彼，制彼愚夫者。见愚嗔炽盛，智以静默伏……""有大力才能有忍辱。"世尊告诫诸比丘："亦应如是行忍，赞叹于忍，应当勤学。"①

所引《起世经》中记载的也是诸天与阿修罗斗诤的故事，只不过对战斗过程描述得比较详细，而且通过阿修罗被执系后的心理状态说明："诸比丘邪思维时，即被结缚。正忆念时，即便解脱。"② 所引《增一阿含经》中也是描述诸天与阿修罗的斗争。所引《大集经》中世尊告诫龙众阿修罗应当修忍，并讲述修忍的利益："仁者若能离于嗔怒，成就忍辱，速得十处。何等为十？一、得作王，王四天下，自在轮王，二、毗楼博叉天王，三、毗楼勒叉天王，四、提头赖叉天王，五、毗沙门天王，六、释天王，七、须夜摩天王，八、兜率陀天王，九、化乐天王，十、他化自在天王。诸仁者若具足忍，是人速得十处忍辱近果。"③

所引《中阿含经》中世尊告诫的偈语，告诫勿以贡高求胜而斗诤。所引《中阿含经》另一则故事中，世尊告诫比丘不能以诤止诤，应当以忍止诤，并说以忍止诤是尊贵的行为。所引《佛本行经》中，佛为五比丘说偈，说明皈依佛法僧以及思维法性空才是真正的胜利，胜过一切斗诤中的胜利。所引《杂宝藏经》中婢与羝羯因为羝羯偷吃炒豆而积怨斗诤，终使村人与五百猕猴都被烧死，说明嗔恚斗诤的危害。

总的来说，从"引证部"看，《诤讼篇》针对的现象是较为广泛的，嗔恚，诤论，毁骂，斗争，都是佛典主要调整的行为，它通过规诫这些行为，最终的目的还是调整人的心灵，倡导"忍辱"的波罗蜜行，重在对修行的劝诫。但是我们也能看到，此篇试图以佛教"斗诤"的理论调整、补益中土社会现实的意图：一方面通过"诤讼"这个题目，"诤""讼"二字都有争论、争辩的意思，但"讼"又有控告的意义，且佛典译文中

---

① 《法苑珠林校注》，第 1730 页。
② 同上书，第 1732 页。
③ 同上书，第 1733 页。

很少使用"讼"这个词，而多使用"斗诤"，强调的是"诤"，道世使用这个词本身就有概念偷换的意思，以佛教主要处理的个人修行现象衍含对社会秩序的调整。第二方面是所举事例之最后一例是因矛盾而造成灾祸，此例中婢与羝羯的矛盾与现实社会中人们之间的矛盾琐事极为相近。第三方面，道世于"引证部"结尾处自己所写的"颂"中说："贵富诤人我，贫贱自然羞。强弱相辜负，斗讼未曾休。耻恨相侵夺，觅后报其仇。怨结恒对值，累劫常苦愁。"① 此中很明显是落脚到对社会秩序调整的意义上。

感应缘所选二事都为体现汉末时期雀鸟相斗对不详战争的预示意义，而非生活性的斗诤因果故事（而这方面的感应故事并非没有），是想更进一步扩大"斗诤"的警示意义，因为汉地重谶纬，重象征，故而将斗诤上升到祥与不详的警示意义。

（3）《谋谤篇》——业报因果论对调整阴谋谤害现象的意义

《谋谤篇》是重在挖掘佛教业报因果观对调整现实社会中阴谋谤害现象的意义，此篇内容较多，共由"述意部""咒诅部""诽谤部""避讥部""宿障部"组成，并无感应缘。其"述意部"中表达了这么几个观点②：第一，祸福都是出于心口，要警惕善恶业报；第二，死生有命，富贵由业，不是谋谤能够侵害的；第三，如果是宿业，那么是自己需要承受的。但谋谤本身也是自加涂炭，所以"特须自省，缄口慎心"。其他各部所引经典大意如下：

"咒诅部"引《大方广总持经》，佛陀讲述谤佛、谤法、谤发菩提心之人的恶报。所引《贤愚经》中，微妙比丘尼自述由于前世为长者大妇时由于曾谋害小妇之子并发下恶誓，致使恶誓应验，虽然值佛出家并得证阿罗汉，仍受其苦。所引《旧譬喻经》中，大姓之子由于前世供迦叶佛时妄说自己有事不能去并说出咒诅，而咒诅应验，致使虽有钱财，却无手

---

① 《法苑珠林校注》，第1735页。
② "夫心者众病之源，口者臧否之本。同出异名，祸福殊派。故知身口三业，无非构祸之因；眼目六情，悉为招衅之首。致使谋谤圣凡，枉压良善，横受三根，长辞七众。但死生有命，富贵由业。纵加鸩毒，毒不能伤；异道兴谋，谋不能害。徒起谤心，虚施祷祀。故班婕妤云：'修善尚不蒙福，为邪欲以何望。若鬼神有知，不受奸邪之诉。若其无知，诉之何益。'良由雪山之药，真伪巨辩；庵罗之果，生熟难分。故如来在世，尚不免谤，况今是凡，岂逃斯责！责是宿殃，时来须受，此亦己事，何得恨他。然虚谤之罪，自加涂炭，如唇口是弓，心虑如弦，音声如箭，长夜空发，徒染身口。特须自省，缄口慎心也。"《法苑珠林校注》，第1738页。

足之报。《百缘经》中故事与《旧譬喻经》故事相类，善来比丘在迦叶佛时因为嗔恚妄说恶誓，致使五百世中受无手之苦。另引一则《百缘经》中故事：那罗达多看到一饿鬼生子自啖，无有尽止之苦报，请问佛陀因缘，佛陀讲述此饿鬼作波罗奈国长者大妇时因嫉妒而使小妇堕胎，被询问时又虚说恶誓以致恶誓应验，以作饿鬼自食苦果。引《法句喻经》中琉璃王由于受佞臣唆使，杀害父母及兄长，以致其后七日为地狱火烧杀之事。《入大乘论》中坚意菩萨说诽谤大乘法之罪业。《大悲分陀利经》中沉沦五道之苦的偈语。

"诽谤部"引《发觉净心经》中，六十初发心菩萨请佛讲述自己前生的业障，以使自己能够清净其心。佛陀为他们讲述以往多生诽谤之过，由于多生犯下诽谤恶行，于久劫以来常受恶报。六十初发心菩萨惊悔于自己的恶业，于佛前忏悔，佛陀说偈：

> 莫于他边见过失，勿说他人是与非。不着他家净活命，诸所恶言当弃舍。弃舍众闹极远离，无法比丘勿亲近。当修兰若佛所赞，不着利故得涅盘。①

引《涅盘经》中，瞻波城中一位长者，生子前请问是男是女，六师说是女，在别人的建议下他又问佛陀，佛陀说是男。六师出于嫉妒，给长者名为良药实为毒药的药物令其妻服下，其妻未产便死，使长者于佛陀不生信。但在火化的时候，佛陀前去观看验证，火烧母腹迸裂生子，佛陀所说应验。于是佛陀告诉长者业报的道理：

> 一切众生寿命不定，如水上泡。众生若有重业果报，火及毒螫并不能害，非我所作。②

引《贤愚经》中婆罗门长者无有子息，六师预言其无儿，而佛陀预言其有儿，后佛陀接受猕猴献蜜，猕猴命终受胎于长者家作儿，福德端

---

① 《法苑珠林校注》，第 1745 页。
② 同上书，第 1746 页。

正。佛陀讲述猕猴过去生作比丘时因无意中讽刺已证四果阿罗汉的比丘，虽当时已忏悔，但仍受其恶业，常作猕猴，又由于曾出家持戒，得尽诸苦。

"避讥部"主要为说明要避讥嫌，也解释一些会使人发生讥嫌的现象，表明大乘菩萨能入于欲舍而无沾染的道理。所引《萨婆多论》中，佛姨母瞿昙弥见佛时不坐，为避讥嫌。《大乘方便经》中，阿难向佛陀说众尊王菩萨与一女人同床而坐，在阿难说的时候大地震动，众尊王菩萨于大众中上升于虚空。阿难很震惊，向佛陀悔过，佛陀于是讲述了众尊王菩萨与这个女人的因缘，此女人曾于五百世为众尊王菩萨的妻子，所以见到菩萨即生爱欲之心，但同时想，如果菩萨能够跟她坐在一起，她愿意从此生起阿耨菩提心。众尊王菩萨看到她的心念，便与她坐在了一起，并为她说偈：

> 如来不赞叹，凡夫所行欲。离欲及贪爱，乃成人天师。①

此女人听完此偈便大悟，并向菩萨顶礼，佛陀为她授记，来世当得作佛。接着，佛陀又讲述了自己作梵志时为女人之欲暂起悲心，而终得超离之事。所引《慧上菩萨经》中，拘楼佛时，一女人入无垢比丘窟避雨，近处的五仙人讥嫌比丘奸秽，无垢比丘腾于虚空而示之，五仙人意识到此非尘欲者，俯首愧服。

"宿障部"以十余条佛陀遭受谤害的因缘故事，说明即便佛陀，所遭受的谤害也有业报的结果，是必须承受且无法逃避的。

纵观《谋谤篇》各部内容，以咒诅、诽谤、避讥、宿障分别为主题，选取佛典中相关事例，以业报因果观念为调整这些社会现象的方法，也有对特别的佛教理念的解释。如"咒诅部"本来只是说不要嗔恚害人又妄说恶誓，但又加上对诽谤大乘法之罪业的解释；"诽谤部"所选事例皆为谤佛却未得逞，反自受其殃之事，一方面表明诽谤不会有好结果；另一方面也有对谤佛谤法的规诫意义；"避讥部"从修行者需避免讥谤，同时也阐说应如何去理解一些大乘菩萨使人发生讥谤的行为。贯穿各部的是

---

① 《法苑珠林校注》，第 1748 页。

"业"的思想,"宿障部"更是突出了"业"的思想。这种编撰显露了业报因果论对社会中谋谤之事的规诫意义,这个目的是很明确的,又兼及突出了佛教相关行为的一些理念,而且有积极的和消极的认知,尽量增强业报因果论解释这些现象的圆满程度,并扩大所选知识的意义辐射面。

二　业报因果论的惩戒效用

在前文的分析中我们看到佛教业报因果论在中土传播过程中发生的辩论,其中一个重要的内容就是强调五戒、十恶等对社会秩序的积极作用。在《法苑珠林》的具体编撰中,对"五戒""十恶"的惩戒意义也得到着意的体现,此外,针对中土伦理,对女性的惩戒、对不孝的惩戒也得到突出,以表现因果论对中土伦理的加强作用。

（一）十恶

佛教的"十恶"是指十种不同种类的行为,与"十善"相对,认为这十种行为都是恶的,会带来苦的果报,应该规避,而与之相对应的十种善行则需鼓励实践。这十种行为分别是:杀生、偷盗、邪淫、妄语、恶口、两舌、绮语、悭贪、嗔恚、邪见。《十恶篇》内容多,篇幅长,以周叔迦、苏晋仁校注本来看,共占去了168页,是占用篇幅较多的几篇之一,足见作者的重视程度,与之相比,"十善"仅为《受戒篇》中的一个部类。《十恶篇》有十三部类之多,主要是通过对十恶行为作以详细的解释,以使十恶规范能够更加深入人心;另一方面尽可能多地选取感应缘故事,以作辅证,也说明这一时期以规诫十恶为主题的感应缘故事之多。其中,"述意部"总述作者之意,"业因部""果报部"再明业报因果为十恶惩戒的基础,其余十部分述十恶。

"业因部""果报部"一方面显示"十恶"惩戒实有深厚周密的理论依据;另一方面与《业因篇》《果报篇》相比,有其特别的针对性,主要对恶业及其果报进行深入解释。

如"业因部"中,道世综合了各种经律论,强调"心"是"业"的根本,身口业从根本上说仍是心业,"诸法心为本,诸法心为胜。离心无诸法,唯心身口名"①。

---

① 《法苑珠林校注》,第2159页。

　　"果报部"所选取的知识重在阐述十恶业道果报的分类，分为果报果、习气果和增上果，强调果报的痕迹在生命的轮转中将会持续很久。①所引《大宝积经》《菩萨藏经》中的内容，是为了"略明十恶罪福二行"。所引《弥勒所问经》《萨婆多论》《涅盘经》中的内容为了说明一切众生是由十种不善业道安处邪道。所引《大智度论》中，佛陀向难提迦优婆塞解说杀生、不与取、邪淫、妄语、饮酒五种恶业各自具备的十罪（其中饮酒是三十六过失），如杀生的十种罪是：心常怀毒，世世不绝；众生憎恶，眼不喜见；常怀恶念，思维恶事；众生畏之，如见蛇虎；命终之时，狂怖恶死；种短命业因缘；身坏命终，堕泥犁狱；若出为人，常当短命等。如是其余三种亦各具十罪，这五种亦是五戒内容，所以道世另外标注"具如下五戒中说之"，说明《十恶篇》与"五戒部"具有互见性。所引《业报差别经》说明十恶业所引起的"外恶报"，也即自身所处环境方面的恶报。不同的恶业会导致造业者处于不同的恶劣环境，比如因为杀生，所处的大地会难以生长药草；因为偷盗，所处的大地会有各种灾害以致饥馑；因为邪淫，会发生恶风雨及诸尘埃；等等。如此，《十恶篇》中的"业因部"与"果报部"主要是针对十恶的因果作一些特别的补充说明。

　　其余各部各针对一种恶行作以详细说明，各部之中又分多个小部，其中的"述意部"对恶行之所以为恶作以恳切讲解，且着力表现其与中国本有观念的会通之处，多相当于一篇抒情小赋，其他小部以相关佛典作以详细引证，各部之后又附有相当多的感应缘故事。每一部的"引证部"结尾都有道世自己写的"正报颂"一则，"习报颂"一则。

　　1. 杀生

　　"杀生部"的述意，说到众生都避苦求安，并以汉地多个典故为例。"所以惊禽投案，犹请命于魏君；穷兽入庐，乃祈生于欧氏。汉王去饵，遂感明珠之酬；杨宝施华，便致白环之报……"②对中国本土观念中不以杀生为恶之处，如祭祀、畋猎、垂钓、征伐等，依次提及，以骈句之流丽动情说明其杀生之不妥，并希望这些都能够被意识到，"愿从今日，永断

①《法苑珠林校注》，第2161—2163页。
② 同上书，第2165—2167页。

相续；尽未来际，为菩提眷属。不坏良缘，法城等侣矣"①。

其"引证部"引《毗奈耶律》中准则迦留陀夷被害因缘一事，以说明杀生之辗转相报。佛告比丘：若人杀害，所受果报，终不朽败。② 所引《贤愚经》中毗舍离的三十二子因前世杀一头牛而此世为波斯匿王所杀；而毗舍离因前世曾在他们杀牛时欢喜且共食，致使今日需承受丧子之痛。"引证部"的末尾有道世自作的两则"颂"，分别为八句，一首是"正报颂"（即果报果），一首是"习报颂"（即习气果），再次表明杀生的苦报。

"杀生部"的感应缘故事有十七则之多，时代背景为刘宋的有1篇，梁有5篇，齐有2篇，唐有9篇，亦足见有关杀生报应故事的创造之多。具体故事情节亦很多样，并有中国本土鬼神因素，主旨无脱惩戒之义。

2. 偷盗

"偷盗部"共有七部及感应缘。

其"述意部"亦同于抒情小赋，以恳切之情状诉说盗窃虽非大罪，但也会产生严重的恶果。由于偷盗为恶的观念在中土亦牢固，不用刻意论述，故而此部重在处理佛法僧物以及戒律中如何对待遗失物的问题。这在"述意"中也有表现：

> 旛华僧物，是内供养。理应省己贫窘，随喜他富，岂以自贫，贪夺他财。所以调达取华，遂便退落；乔梵损粟，反受中身。迦叶乞饼，被女讥呵，比丘嗅香，池神呵责。③

其余各小部分别为"佛物部""僧物部""法物部""互用部""凡物部""遗物部"，主要从出家人的角度，以经、律中相关内容来说明应如何对待佛、法、僧物，以及如何对待俗人的物品和别人遗失的物品。

"偷盗部"的感应缘并不太照应，前两则为杀人之报，后面四则方为因偷盗遭受恶报。

---

① 《法苑珠林校注》，第2167页。
② 同上书，第2168页。
③ 同上书，第2179页。

3. 邪淫

"邪淫部"由"述意部""呵欲部""奸伪部"及感应缘四部分组成。佛教所说的"邪淫"指的是夫妻之外的不正当的欲行，而在该部对这一恶行具体的阐释中，欲行的不净却主要由女人的不净来承担。以呵责女人的丑陋不净为主要内容，辅以呵责欲行，来达到惩戒邪淫的目的。

对女人的呵责是很多的，这主要是由于佛教中本有针对女人的不净观，正好合于汉地女人误国的思想。对以娶妻纳妾是为常事的汉地来说，去界定"邪淫"的范围是很难的，故而也只好借呵责女人，呵责欲望，来使人了解一点佛教的不净观，而对于邪淫的本质定义，却始终未有阐发。

比如在"呵欲部"中，共引八条经论，除两条是仅针对欲望的，其他都主要说明女人之恶。如所引《增一阿含经》中：

> 女人最为恶，难与为因缘。恩爱一缚着，牵人入罪门。①

又如所引《大智度论》中：

> 菩萨观欲种种不净，于诸衰中，女衰最重。火刀，雷电，霹雳，怨家，毒蛇之属，犹可暂近，女人悭妒，嗔谄，妖秽，斗诤，贪嫉，不可亲近。故佛说偈云："宁以赤铁，宛转眼中，不以散心，邪视女色。"……②

"奸伪部"所引《旧杂譬喻经》中的故事，国王欲使一女孩长大后为妇，使相师相，相师相此女孩日后自有夫，国王将后得。国王使仙鹤藏匿此女，而女孩长大后终先与人私通。此故事说明因缘前定，不能强取。其他所引故事全部是表明女人之恶、女人不可触的故事。

纵观此部，"欲"本来是两性皆有，可女人成了"欲"的代名词。感应缘故事选取的不过是六朝至唐中国本土的鬼魂故事，包括人鬼相恋故事

---

① 《法苑珠林校注》，第 2205 页。
② 同上书，第 2205—2206 页。

和冤鬼复仇故事，与"邪淫"惩戒并不甚对照。

4. 妄语

妄语、恶口、两舌、绮语都是针对"口"的，佛教对"口"业尤为戒惕。"妄语"，意为虚妄不实之语。此部又有"述意部"和"引证部"两小部，不过概因妄语这种恶行对中土社会秩序并不会造成太大干扰，篇幅较为短小，亦无感应缘。其"引证部"用数条经律论中对妄语罪过的描述，来说明妄语的罪过还是很深的，多为告诫性偈语，比较短，没有故事性的引证。如所引《正法念经》偈："毒害虽甚恶，唯能杀一身；妄语恶业者，百千身被坏。"①

5. 恶口

"恶口"是指在语言中恚骂损害他人。"述意部"解释其发生是由于"凡夫毒炽，恚火常然。逢缘起障，触境生嗔"。"恶口"之"恶"并不难理解，是以"述意部"并不长，点明了恶口的发生根源及果报，"粗言触恼人，好发他阴私，刚强难调伏，生焰口饿鬼"②。恶口的一般果报是会使形貌丑陋，受身恶劣。

"恶口部"引证，有比较丰富的故事，源于佛典中有丰富的关于恶口之报的故事，如《出曜经》《百缘经》《贤愚经》《修行地道经》等，也有专门的《护口意经》。如所引《百缘经》中，波斯匿王与末利夫人所生之女由前世曾恶心恚骂得道比丘而形貌极丑，父母养于深宫，不令人见，年长及嫁，为其选一本是豪族而今贫乏之人为夫，并嘱咐他勿让人看到自己的女儿，后来此女终由忏悔而得见佛，复归庄严端正。

"恶口部"有一则内容非常相应的感应缘，取自《冥祥记》，讲述唐雍州醴泉县东阳乡人杨师操，因为喜告人过，捉人长短，而被阴司惩戒，后来反悔之事。

6. 两舌

"两舌"是指搬弄是非，教唆生事以破坏他人之恶行，有时会与"妄语"稍有重合。其"述意部"中也提到这点："当知上说妄语过中，为乖

---

① 《法苑珠林校注》，第 2225 页。

② 同上书，第 2231 页。

彼此而妄语者，据此义边，即是两舌。"①

"引证部"所引《四分律》中佛陀向众比丘讲的野干挑拨善牙狮子和善博虎的故事，以及其他经论中告诫两舌的一些短偈。

感应缘的两则故事，一则为汉灵帝送皇后遭谮毁而死之事，灵帝听信谮毁，致宋皇后及其父兄冤死，自己也受冥谴之殃；一则为唐代妇女梁氏因两舌恶骂而经历冥界惩戒，是很明显的以佛教惩戒为表现主题的感应缘故事。

7. 绮语

"绮语"是指绮丽不实不正之语。"述意部"中说："凡所言说，语不办了，亦名绮语。"故《成实论》云："语虽是实，非时而说，亦落绮语也。"②"引证部"仅两则知识，一则为《大智度论》中警戒绮语的偈语；一则为《萨婆多论》，讲述其与两舌、恶口、妄语的关系，有时相合，有时相离。而道世注明绮语不会相离，即两舌、恶口、妄语都是绮语，所以道世不再另外引证说明。

不过，也因为绮语与其他三种口业不相离，也就缺乏专门相应的感应缘故事，此部的四则感应缘故事并不全相照应，三则为关于咒术幻术的故事；末后一则较为照应，为唐代雍州人程普乐入冥故事。程普乐为怨家诽谤于阎罗王之前，被王执拿，目睹生平妄语、恶口、绮语、调弄僧尼者于冥界所受之苦，复活后持戒自警。这是一则较明显的佛教惩戒故事。

8. 悭贪

"悭贪"，是指悭吝贪婪，由于大乘菩萨道六度之首便为布施，故而尤其注重警戒悭贪，列为十恶之一。悭吝与贪婪看似两个问题，实则是同一问题的两个表现，因为悭吝者必贪婪。其"述意部"虽不长，却是一文笔优美的抒情小赋，讲悭贪的本源（我见），悭贪的情状（系缚），悭贪的结果（贫苦），表达得令人动容："……似飞蛾拂焰，自取烧燃；如蚕作茧，非他缠缚，良由悭惜贪障，受罪饥寒……"③

佛典中关于悭贪业报的故事很多，"引证部"选取了大量的此类故

① 《法苑珠林校注》，第 2245 页。
② 同上书，第 2251 页。
③ 同上书，第 2257 页。

事，所引有《摄大乘论释》《大智度论》《大庄严论经》《出曜经》《庐至长者因缘经》《增一阿含经》《十诵律》《百缘经》《付法藏经》等，主要是修行者与在家者因悭贪业缘而诸根不具的故事，有些故事梗概相同，不过更换主角名称而已。感应缘三则，与"悭贪"并不相应。

9. 嗔恚

嗔恚是指嗔怒忿怨以及由此产生的怨行，它与六度之"忍辱"相反，为佛教"十恶"之一。佛教修行极重视对嗔恚的警诫，"述意部"中提到："亦如干薪万束，豆火能焚，暗室百年，一灯便破。故知嗔心甚于猛火，行者应自防护。劫功德贼，无过斯害。若起一念恚火，便烧众善功德……""引证部"中亦有选自众经论的劝诫与故事，如所引《正法念处经》中："譬如大火，焚烧屋宅。有勇健者，以水灭之……智慧之水能灭恚火，亦复如是。能忍之人，第一善心，能舍嗔恚。众人所爱，众人乐见，人所信受。"① 其中也有专门针对出家修行者的诫谕，如所引《摩诃僧祇律》中鸡与乌生子鸣声既不像乌，也不像鸡，比喻外貌上修行，却口出恶言的修行者，说明修行者不可与俗人一样口出恶言。

感应缘十则故事都是广义的仇怨相杀相报的故事，其中也有与"嗔恚"较为相应的，有一则因恚怒而轻杀，终致恶报的故事，在此不再多述。

10. 邪见

"邪见"一恶的设立，是基于佛教立场，在佛教立场上将其他信仰称为邪见。一方面将信仰鬼神，不重视般若，诽谤因果等都称为邪见；另一方面将不尊重三宝的行为亦称"邪见"，如盗取、毁坏三宝物的行为。

"邪见部"与《破邪篇》的处理内容有重叠之处，具体何为"邪"，何为"正"，其范畴，其观点，在佛教从印度到中土的发展历程中亦有变化，在《法苑珠林》的编撰中亦有集中体现，我们将在对《破邪篇》的探讨中作以集中的分析论述。

（二）"五戒"与"仁义礼智信"

"五戒"的内容，除了"饮酒"之外，其余都在"十恶"当中，所以关于具体行为的业报因果，是在"十恶"中就已体现的。《受戒篇》中

———————————

① 《法苑珠林校注》，第2282—2283页。

的"五戒部"只不过是介绍受戒过程、受戒结果、持戒得失等的专门性理论，但因"五戒"是针对在家人的戒律，对于规范社会与道德秩序的意义在因果论传播过程中一再被提及，故而道世在"述意部"中的论述也体现了融通"五戒"与社会道德规范的倾向，其论述相当于一篇小型述论文，其中的观点值得专门的关注一下。

> 夫世俗所尚，仁义礼智信也。含识所资，不杀盗淫妄酒也。虽道俗相乖，渐教通也。故发于仁者则不杀，奉于义者则不盗，敬于礼者则不淫，悦于信者则不妄，师于智者则不酒。斯盖接化于一时，非即修本之教。修本教者，是谓正法。内训弘道，必始于因，因者，杀盗淫妄酒也。此则在于实法，指事而言，故不假饰词，托名现意。如斯而修因，不期果而果证，不羡乐而乐彰。若略近而望远，弃小而保大，则无所归趣矣。故知受持本教之因，自证乎仁义之果。所以知其然，今见奉戒不杀，不求仁而仁着；持戒不盗，不欣义而义敷；守戒不淫，不祈礼而礼立；遵戒不妄，不慕信而信扬；受戒舍酒，不行智而智明。如斯之实，可谓振网持纲，万目开张，振机权寓，以离寒暑，复何功可以加之，何德可以背之！若不是修，昧于所欲，徒役虑于形名，劳心乎百氏，倦形神于宵夜，求耳目于良辰。何乖道之远，逝而不反者乎！得其本，则无欲而不办矣。始知吞舟之鱼，不产沟浍之水；鹏鹍之鸟，岂翔尺鴳之林也。[1]

我们看到，道世的这段述意中，将仁义礼智信与杀盗淫妄酒五戒一一对应，提出与仁义礼智信相比，针对具体行为的五戒是"本"，是"因"，是"实"，是根本性的教诲，"受持本教之因，自证乎仁义之果"。这是继六朝论辩以来，又一个关于五戒与仁义礼智信相会通的很好的论点。

（三）《不孝篇》以及专门针对"女性"的惩戒

设在《忠孝篇》之后的《不孝篇》专门显示"因果惩戒"对孝行的保障意义。仅其部类的设置便突出以因果来辅助中土伦理纲常的意义。此篇分为"述意部""五逆部""妇逆部""弃父部"四部，另有感应缘三

① 《法苑珠林校注》，第2515—2516页。

则。"述意部"很短，描写因不孝而受苦的情状以示警诫。① 关于"五逆部"，佛教的"五逆"包括杀父，杀母，杀阿罗汉，出佛身血，破和合僧。除了父母之外，还有逆于佛法僧的内容。而在《不孝篇》中设"五逆部"，以五逆罪定义"不孝"，沟通佛教与汉地的价值观，表明它们的一致，数字"五"又照应汉地之五常。

专设"妇逆"一部，且所引经典是一则妇于夫不善的故事，用因果来规范女性，不仅此篇等部，而在"偷盗"等篇的感应缘故事中亦多见女人为偷窃者，而所窃往往不过是多拿了家中一点食物，或者拿了丈夫的东西，在常理中并不严重的情节；而它们被创立，又被《法苑珠林》选择，却明白地说明因果在传播过程中与纲常严丝合缝的意图。此篇中的"弃父部"也是如此。

---

① "夫以立忠立孝，所以扬名于后世。行逆行乖，所以受报于来苦。孝逆升沉，善恶户越。故大慈愍阎王之凶勃，誉罗云之善征。将恐不孝毒火，无由而灭，恶逆重暗，开了未期。譬如牢狱重囚，具婴众苦。抱长枷，穿大械，带金钳，负铁锁。捶扑其躯，脓疮秽烂，周遍形骸，臭恶缠匝。而欲以此状求见慈父，恳诚难睹也。"《法苑珠林校注》，第 1493 页。

第六章　从《呗赞篇》《奖导篇》
看佛教音乐中国化

在学界对呗赞、转读、唱导等佛教音乐概念已作的探讨中，有几个问题始终是模糊、意见不一的：一为佛教音乐在印度的种类和内容，已有的研究对此做探讨的并不多，但是不探讨这一点，就不能辨析源头，就无法清晰地认知转化；二为佛教音乐中国化后出现的几个概念彼此之间的关系——转读和梵呗之间的关系，唱导和俗讲之间的关系，它们各自的音乐性、名称含义等问题。在这些问题上，笔者认为很重要的一个思路就是去辨明各种名称概念原初所指的内容，以及后来所指的内容。

以辨明名称概念为思路，以追溯印度时期相关概念的指涉为参考，再结合《法苑珠林》之《呗赞篇》《奖导篇》的编撰，我们能看到道世的编撰对这几个模糊的概念亦提供了新的辨析空间。

第一节　印度佛教音乐的种类和内容

在学界关于佛教音乐中国化研究的成果中，对佛教音乐在印度的本来面目有一些梳理，但仍有进一步明晰的空间。首先是种类的名称，即佛教所使用的音乐在印度的名称叫什么；其次是内容，即这种名称的音乐其内容是什么，笔者以为明确这两个问题是探讨佛教音乐中国化的前提。

一　佛教诞生时印度之音乐种类

（一）歌舞伎乐

不允许观听歌舞伎乐，更不允许自作歌舞伎乐，这是戒律的一项内容。湛如《净法与佛塔》一书关于佛塔信仰的论述中即有对原始佛教此项戒律的详述。① 但有一点需要提出的是：原始佛教要求远离"伎乐"，或者称作"歌舞伎乐""歌舞倡伎"，这种音乐的内容主要指俗乐。从词汇上去辨析，经律中出现的对远离音乐的要求，其汉译基本都是"歌舞伎乐""歌舞""伎乐""歌舞倡伎"。我们知道同样的语源词汇在汉译中可能被译为不同的词语，但是对于几近相同的译词来说，这显然不能完全包括印度当时所有的音乐。从经典记载允许应用"歌咏"而不允许应用"歌舞"的情况看，"歌舞"偏向于指示纯粹的俗乐。原始佛教诞生之时，印度音乐已经非常发达，音乐积淀已经非常厚重，印度所有的经典都是借助音乐性的"歌咏"来流传的，在这种客观的文化生态中，脱离对音乐的使用是不实际的。应该说，从一开始，原始佛教就有将音乐作以雅俗区分的行为，在远离俗乐的基础上，应用自身所选择的雅乐。

（二）歌咏

另外还要辨析"歌咏"一词。"歌咏"是印度上古时代由吠陀传统、史诗传统等积淀而成的艺术，在佛教诞生之前，既由婆罗门教等宗教广为使用。从佛教对"歌咏"的小心利用来看，它是承自俗乐传统的，在佛教的审视中，它并非雅乐，但也不完全等同于世俗的"歌"，而是经过了吠陀、史诗以及婆罗门教等的改造，具有一定的神圣性、宗教性，其内容主要是赞美。从律藏中我们也能看到，婆罗门教广泛使用"歌咏"来进行仪式以及咏诵经典②，"歌咏"的技艺也是贵族子弟的必修课。

我们能看到，歌咏之声的一大特点是声韵悠长，而佛陀不允许用歌咏之声诵经。在《根本说一切有部毗奈耶杂事》的记载中，两位婆罗门先学了婆罗门歌咏声法，便用这种音声诵经。后来一人去世，一人要温习经典，先后找到两位尊者，都认为尊者的诵经声不对，后来与舍利子共同温习经典，舍利子比他将声韵拉得更长。他于是向舍利子说，其他两位尊者的诵经声都不对。舍利子批评他道：是你自己诵经的声音不对，反而怪罪尊者。佛陀于是规定："苾刍不应歌咏引声而诵经法，若

---

① 湛如：《净法与佛塔——印度早期佛教史研究》，中华书局 2006 年版，第 237 页。
② 有关婆罗门教所使用的"歌咏"的特点，参见下文关于佛教逐步使用音乐的探讨。

苾刍作阐陀声诵经典者得越法罪，若方国言音须引声者，作时无犯（言阐陀者，谓是婆罗门读诵之法，长引其声，以手指点空而为节段，博士先唱诸人随后）。"①

在《四分律》的记载中，我们看到较为详细的佛陀对歌咏的态度：

> 时诸比丘二人共同声合呗，佛言，不应尔。时诸比丘欲歌咏声说法，佛言听。时有一比丘，去世尊不远，极过差歌咏声说法，佛闻已，即告此比丘，汝莫如是说法，汝当如如来处中说法，勿与凡世人同。欲说法者，当如舍利弗目健连平等说法，勿与凡世人同说法。诸比丘，若过差歌咏声说法，有五过失。何等五，若比丘过差歌咏声说法，便自生贪着爱乐音声，是谓第一过失；复次若比丘过差歌咏声说法，其有闻者生贪着爱乐其声，是谓比丘第二过失；复次若比丘过差歌咏声说法，其有闻者，令其习学，是谓比丘第三过失；复次比丘过差歌咏声说法，诸长者闻，皆共讥嫌言，我等所习歌咏声，比丘亦如是说法，便生慢心不恭敬，是谓比丘第四过失；复次若比丘过差歌咏声说法，若在寂静之处思惟，缘忆音声以乱禅定，是谓比丘第五过失。②

《四分律》记载佛陀允许歌咏声说戒，而《五分律》却记载佛陀不允许歌咏声说戒。③ 因此，作为一种调和的态度的表现，佛陀允许用歌咏声说法说戒，却又不允许用"极过差歌咏声"，也就是高低起伏过于猛烈的调子来说法，并列举了用这样的歌咏声说法的五种过失。可见，在俗乐流行的大趋势下，完全避免俗乐并不可能，但因为俗乐所表达的情怀与佛教修行并不吻合，佛教对之的应用一直是小心翼翼的。

---

① 《根本说一切有部毗奈耶杂事》卷六，《大正藏》卷24，第232页中—下。

② 《四分律》卷三十五，《大正藏》卷22，第817页上—中。

③ "应直说不得歌咏者，五分不许，四分则开，二律相反。今欲和合，会者须作歌声，但不得过差，故四分中诵戒时，歌声过差，佛言不应尔。"《四分律行事钞批》，《卍新纂续藏》卷42，第748页中。

（三）"呗匿"①

律藏中的记载表明，佛教在反对应用"歌舞伎乐"的同时，已经应用"呗匿"。所以，原始佛教从诞生伊始便有对俗乐雅乐的区分，而非彻底远离所有音乐，《十诵律》中记载：

> 佛语诸比丘："从今不应歌，歌者突吉罗。歌有五过失：自心贪着，令他贪着，独处多起觉观，常为贪欲覆心。"诸居士闻作是言："诸沙门释子亦歌，如我等无异，复有五过失，自心贪着，令他起贪着，独处多起觉观，常为贪欲覆心，诸年少比丘闻亦随学，随学已常起贪欲心，便反戒。"有比丘名跋提，于呗中第一，是比丘声好，白佛言：世尊，愿听我作声呗。佛言，听汝作声呗。呗有五利益，身体不疲，不忘所忆，心不疲劳，声音不坏，语言易解。复有五利，身不疲极，不忘所忆，心不懈倦，声音不坏，诸天闻呗声心则欢喜。②

在这段记载中，"歌"与"呗"显然是两种不同的音乐。关于"呗"的音乐性，学者的意见也未一致。一些意见认为"呗"是一种相对清静的音乐，也有学者认为"呗"音乐性并不强，类似诵读。③ 而"呗"的音乐性究竟几何，我们还需从经律记载去辨析：

> 此比丘尼有好清声，善能赞呗。有优婆塞请去，呗已，心大欢喜，即施与大张好氍。时诸天于虚空中，而说颂曰："今汝得善利，福德甚巍巍。一切染着尽，清净奉施衣。今王舍城中，清信诸士

---

① "对'呗'和'呗匿'所对应的梵语形式，辛岛静志结合梵语、巴利语和汉语佛经的对应材料，进行了比较深入的讨论。他认为，《摩诃僧祇律》卷三十六中的'此比丘尼有好清声，善能赞呗。……是时，诸人家家请呗。'与梵本 Bhikshuni – Vinaya（或译《比丘尼律》）的相应部分比较，其中的'赞呗'对应梵语 bhashini；'呗'对应梵语 bhashana。其结论是，'呗'是梵语动词√bhash –（'讲、诵'）的音译，'呗匿'是梵语 bhanaka 的音写。"陈明：《汉译佛经中的偈颂与赞颂简要辨析》，《南亚研究》2007 年第 2 期。

② 《十诵律》卷三十七，《大正藏》卷 23，第 269 页下。

③ 释昭慧认为："早期声呗就是经法的美读，朗诵。"见《从非乐思想到音声佛事》（下），《中央音乐学院学报》1994 年第 1 期。

女。何不来劝请，微妙善法音。亲近能离苦，不请则不说。闻已如修习，则致胜妙处。"是时诸人家家请呗，闻欢喜已大得利养。诸比丘尼各生嫉心，便作是言：此妖艳歌颂惑乱众心。诸比丘尼以是因缘往白世尊。佛言，唤是比丘尼来。来已问言："汝实作世间歌颂耶？"答言："我不知世间歌颂。"佛言："是比丘尼非世间歌颂。"①

如果"呗匿"的音乐性不强，诸位产生嫉妒心的比丘尼是不会将其称为"妖艳歌颂"的，可见"呗"是与"歌"并存的另一种音乐形态，音乐性也很强。而"呗"究竟是一种什么样的音乐，学者考证，其梵语原词是表"讲、诵"之义②，不能表达出音乐的形式，我们可以从汉译词"呗"的语词根源来探求。汉文经律中"呗"与"贝"有通假之用：相同的语句环境，有时使用"呗"，有时使用"贝"，例如，同一部《四分律》中先后提到舍利弗目犍连入灭后，在家居士们如何供养时使用的是"贝"字③，而这条资料为《法苑珠林》及《沙弥律仪要略述义》等所引时作"呗"字④；又当比丘们不知道如何掌握一天中各仪式的时间，佛陀所交代的"时相"前后所译"贝""呗"相通⑤。可见，汉译中的"呗"与"贝"在表示乐器时是通用的，而在作动词表声乐时，只使用"呗"。许慎《说文解字》中未收入"呗"字，鉴于"呗"对佛教的专用性，"呗"字应是随着佛经翻译才出现，由"贝"字而来，"呗"的音乐形态

---

① 《摩诃僧祇律》卷三十六，《大正藏》卷22，第518页下—519页上。

② 见上文注释。

③ "……时诸比丘自作伎若吹贝供养，佛言不应尔，彼畏慎不敢，令白衣作伎供养。"《四分律》卷五十二，《大正藏》卷22，第956页下—957页上。

④ "又四分律云，时诸比丘自作伎若吹呗供养，佛言不应尔，彼畏慎不敢，令白衣作伎供养，佛言听。"《法苑珠林》卷九十九，《大正藏》卷53，第1018页中。"律云：舍利弗目犍连般涅盘已，时诸比丘自作伎乐吹呗供养，佛言不应尔，诸比丘畏慎不敢，令白衣作伎，佛乃听许。则佛制可知矣。"《沙弥律仪要略述义》，《卍新纂续藏》卷60，第289页下。

⑤ "佛言，听作时若量影时，若作破竹声，若打地声，若作烟，若吹贝，若打鼓，若打揵稚，若告语言，诸大德，布萨说戒时到。"《四分律》卷三十五，《大正藏》卷22，第818页上。"佛言，听作时相，若打揵稚，若吹呗，打鼓，若起烟，若量影，若唱言，今自恣时到。"《四分律》卷三十七，《大正藏》卷22，第837页中。

也是由作为乐器的"贝"而来。①

乐器"贝"在古代印度的应用，主要是作为战争时的军乐，主要的军乐器还有"鼓""笛"②。而关于"贝"的声音，《长阿含经》中迦叶以吹贝为譬喻说法，譬喻中的村人从未听过贝声，形容其为"哀和清澈"③；《杂阿含经》中佛陀向比丘解释此岸与彼岸之差别，比作"莠稗""吹贝"之声的差别④；《贤愚经》中形容贝声"声如霹雳"⑤……可见"贝"声的庄严。纵然庄严清净，"吹贝"之声在早期佛教中是和俗乐一起被远离的。⑥ 最早允许被应用的，应该就是跋提比丘所作的"声呗"，用人口发声模拟吹"贝"，发出哀和清澈、庄严清净的声音，这才是"呗"的本义。

二　推动佛教应用音乐的行为

佛教对音乐雅俗的区分，和中土对音乐的雅俗概念虽有相似，但并不完全相同，佛教之区别它们，与其说是"雅"与"俗"的意义区别，不如说"清"与"浊"的意义区别，也即对人的心灵所发生的效用的区别。

---

① 《法华经要解》解释"击鼓吹角贝"说："贝螺也，大者缭曲似角，故名角贝。"《卍新纂续藏》卷 30，第 291 页中；《法华经句解》则释作："以桴击鼓或吹长角及以贝螺。"《卍新纂续藏》卷 30，第 461 页下。

② 薛克翘《从两大史诗看印度古代音乐》中提到：印度史诗《摩诃婆罗多》《罗摩衍那》中对军乐器的记载以鼓为最多，其次是螺号（即角呗），再次是笛子。见《南亚研究》1985 年第 2 期。

③ "迦叶复言：'诸有智者，以譬喻得解，今当为汝引喻。昔有一国不闻贝声，时，有一人善能吹贝，往到彼国，入一村中，执贝三吹，然后置地。时，村人男女闻声惊动，皆就往问：'此是何声，哀和清彻乃如是耶？'……"《长阿含经》卷七，《大正藏》卷 1，第 45 页上。

④ "佛告比丘：'此岸者，谓六入处。彼岸者，谓六外入处。人取者，犹如有一习近俗人及出家者，若喜、若忧、若苦、若乐，彼彼所作，悉与共同，始终相随，是名人取。非人取者，犹如有人愿修梵行，我今持戒、苦行、修诸梵行，当生在处，在处天上，是非人取。洄澓者，犹如有一还戒退转。腐败者，犯戒行恶不善法，腐败寡闻，犹莠稗、吹贝之声，非沙门为沙门像，非梵行为梵行像。如是，比丘！是名不着此彼岸，乃至浚输涅盘。'时，彼比丘闻佛所说，欢喜随喜，作礼而去。"《杂阿含经》卷四十三，《大正藏》卷 2，第 314 页下—315 页上。

⑤ "……持弓捉具，便独往击。到先吹贝，声如霹雳，彼军闻声，惊怖散走，敌退乃还。"《贤愚经》卷二，《大正藏》卷 4，第 364 页下。

⑥ "……不得弹琴鼓簧，不得齘齿作节，不得吹物作节，不得弹铜杅作节，不得击多罗树叶作节，不得歌，不得拍节，不得舞，犯者皆突吉罗。"《十诵律》卷四十，《大正藏》卷 23，第 290 页中。

早期佛教处于俗乐与雅乐共存的音乐环境中，虽欲远离音乐，但由于特定的行为需要应用到音乐，致使音乐的采择进一步扩大，对音乐的使用越来越多。这些特定的行为主要有"赞叹"与"供养"。

（一）赞叹

1. 词义辨析："赞颂"与"赞叹"

"赞颂"这个概念，一些研究也将它作为佛教的音乐体裁①，但细究这个概念，其本身是称名内容的，而非称名音乐体裁，它之所以被人当作表"体裁"的概念，恰恰说明"赞颂"与音乐极为密切的结合。"赞颂"这个具有名词意味的概念②，与"赞叹"虽相近，但还是要加以区分，"赞颂"更倾向于名词性一些，而"赞叹"倾向于动词性，是因"赞叹"而结成的语言。

2. 赞叹与说法

无论"赞颂"抑或"赞叹"，都并非佛教的发明，而是印度本有的传统。早在佛教创立以前，古印度就有利用诗歌来表示歌颂赞叹的传统③，并因赞叹而结成了吠陀与史诗。"赞颂"同时是一种非常重要的技艺，为贵族弟子的必修内容。应注意到"赞叹"的两个结果：一个是语言上的结集——《吠陀》与《史诗》；一是音乐上的使用——"赞叹"不仅仅是技巧简单的"诵读"，而是已具备很强音乐性的"歌咏"，为婆罗门教等宗教广为使用。

佛教诞生于这样的环境下，赞叹被广泛应用且随时鼓励应用。方便赞叹是佛陀本人说法的重要形式，佛陀对人的引导，往往是从方便赞叹开始，且能收到良好的效果。例如提婆达多派遣前去杀害佛陀的二人到了佛陀面前：

　　　　世尊渐渐为二人说微妙法，使发欢喜劝令修善，说施说戒说生天

---

① 王昆吾、何剑平在《汉文佛经中的音乐史料》第十章《体裁与语文》中就将"赞叹"与表音乐的概念归为一类，巴蜀书社 2001 年版，第 495—501 页。

② 陈明在《汉译佛经中的偈颂与赞颂简要辨析》中对"赞颂"词性的辨析可作参考，《南亚研究》2007 年第 2 期。

③ 湛如：《印度早期佛教经律中的赞颂辨析》，《文学与文化》2010 年第 1 期。

福，呵欲不净赞叹出离。①

莲花色比丘尼前往世尊处求法时：

> 尔时世尊与无数大众围绕说法，遥见世尊颜貌端正，诸根寂定，
> 得上调伏，如调龙象，如水澄清，无有尘秽。见已，发欢喜心，至世
> 尊所，头面礼足，在一面立。时世尊渐为说微妙法：说施；说持戒生
> 天之福；呵欲不净，赞叹出离；复说四谛，苦集尽道，具足分别。时
> 莲华色即于座上得法眼净，譬如新净白叠，无有尘垢，易以为色。②

佛陀的随顺说法，向来是先以无数方便赞叹，要说的法义在赞叹之中
便自然地流露了出来："尔时诸比丘往至世尊所，以此因缘具白世尊，世
尊尔时以此因缘集比丘僧，为诸比丘随顺说法，无数方便赞叹头陀端严少
欲知足乐出离者。"③ 这句"无数方便赞叹头陀端严少欲知足乐出离者"
是佛陀说法的前奏，在律藏中多次出现。佛陀希望弟子们能够依照他的赞
叹来判断哪些事该做，哪些事不该做。④ 佛教对方便赞叹的重视和极广阔
的使用使得"赞"早已超越狭义的"赞叹"，凡是需要讲说的在佛教中都
具备值得"赞叹"的意义。如：

> 若檀越欲闻说布施，应称叹布施；若欲闻说檀越法，应为赞叹檀
> 越法；若欲闻说天，应为赞叹天；若欲闻说过去父祖，应为赞叹过去
> 父祖；应为檀越赞叹布施，赞叹檀越，赞叹佛法僧。⑤

可知，佛教说法是以赞叹来表达的。

---

① 《四分律》卷四，《大正藏》卷22，第592页下。
② 《四分律》卷六，《大正藏》卷22，第606页上。
③ 《四分律》卷二，《大正藏》卷22，第578页中。
④ 例如《摩诃僧祇律》卷九："佛言：比丘，此是恶事，云何比丘强乞人衣？汝常不闻世
尊赞叹少欲呵责多欲无厌耶！从今日后不听从非亲里居士居士妇乞衣。"《大正藏》卷22，第302
页上。这种教导的方式在律藏中多次出现，佛陀会提醒弟子依照他日常的赞叹行事。
⑤ 《四分律》卷四十九，《大正藏》卷22，第935页下—936页上。

3. 赞叹与咒愿

我们看到，佛陀所进行的"咒愿"，其内容也是赞叹，咒愿与赞叹某种意义上同义。律藏记载中，我们常常看到以赞叹构成的咒愿内容，如《十诵律》记载的佛陀赞叹粥的利益：

> 今求供日，阿耆达闻是语已，惭愧愁忧，在一面立，看众僧为少何物，我当与之。值时无粥，即作种种粥，酥粥胡麻粥油粥乳粥小豆粥摩沙豆粥麻子粥清粥，办已奉佛，佛言，与众僧，众僧不受，佛未听我等食八种粥，以是事白佛。佛言，从今日听食八种粥，粥有五事益身：一者除饥，二者除渴，三者下气，四者除脐下冷，五者消宿食。时阿耆达自思惟：我夏四月安乐自娱，若复二月逐沙门瞿昙者，以我一人废诸国事，今此供具多不可尽，且当布地，令佛及僧以足蹈上，即是受用。即便白佛，愿时受用。佛告阿耆达，不得如汝所言，此是食物，应口受用。佛欲遣阿耆达故。说偈咒愿：一切天祠中，供养火为最。婆罗门书中，萨毗帝为最。一切诸人中，帝王尊为最。一切诸江河，大海深为最。一切星宿中，月明第一最。一切照明中，日光为上最。十方天人中，佛福田为最。①

在《十诵律》的记载中，佛陀向修摩国游行，修摩国婆提城中有六位有福德的居士，因为福德深厚，生起骄傲，且他们本是外道弟子，外道在佛至前，向他们诋毁佛僧，于是婆提城居士规定不许往见佛陀。而当佛陀真正到来后，婆提城居士了解到事实情况与外道所诋毁的并不相同，不仅去除了憍慢心，且礼佛听法，得远尘离垢，诸法眼生，并供养佛陀。佛为居士说偈咒愿：

> 若在天祠中，供养火为最。婆罗门书中，萨鞞帝为最。一切诸人中，帝王尊为最。一切江河中，大海深为最。于诸星宿中，明月第一最。一切照明中，日光曜为最。十方天人中，佛福田为最。②

---

① 《十诵律》卷十四，《大正藏》卷23，第100页上—中。
② 《十诵律》卷二十六，《大正藏》卷23，第188页中—189页上。

　　《根本说一切有部毗奈耶杂事》记载了佛陀接受饮食后亲自所说的咒愿。佛陀带领僧众去一位大臣宅中接受饮食供奉，大臣恭敬地供奉佛僧令饱足后，发愿说：

　　　　我此施供所有胜善等流之业，当获乐报，以斯福力愿此城内旧住天神，于长夜中受胜利乐，愿称彼名而为咒愿。①

佛陀便为他随喜咒愿：

　　　　若人能有净信心，恭敬供养于大众，常依大师真实语，则为诸佛所称扬。若有聪明智慧人，卜居于此胜妙处，供养持戒净行者，复为宣说愿伽陀，若合恭敬布施者，应可殷心修供养。由是天众起恩慈，犹如父母怜赤子。既蒙诸天所守护，常得安然受胜乐。生生恒遇于善人，究竟当至无为处。②

佛陀的咒愿达到了说法的效果：

　　　　是时世尊为彼大臣示教利喜，说妙法已，从座而去。时彼大臣了知世法终归弃舍，即整衣服随世尊后，作如是念，世尊乔答摩从城出处，我当于彼起大门楼，渡琼伽河为作津济……③

《普曜经》的记载中：

　　　　佛叹偈已，即以其钵受贾籹蜜，咒愿贾人言："今所布施，欲令食者得充气力，当令施家世世得愿得寿、得色得力、得瞻得喜，安快无病，得辩才慧，终保年寿，众邪恶鬼不得娆近，以有善意，立德本

---

① 《根本说一切有部毗奈耶杂事》卷三十六，《大正藏》卷24，第385页上。
② 同上。
③ 同上。

故；诸善鬼神常当拥护，开示地道得利谐偶，不使迍塞。无复难患，人有见正，以信喜敬，净洁不悔。施道德者福德盖天，所致转胜吉无不利，日月五星二十八宿天神鬼王，常随护助。四天大王赏别善人，东提头赖、南维睒文、西维留勒叉、北拘钩罗，当护汝等令不遭横。能有慧意研精学问，敬佛法众，弃捐众恶不自放恣，终受吉祥。种福得福行道得道，已先见佛一心奉承，当为从是致第一福。现世获佑快解见谛，常受富乐自致泥洹。"①

闻咒愿已，皆发无上正真道意。

我们看到，佛陀的咒愿，本质上是赞叹，且为韵文，鉴于赞叹与音乐结合得非常紧密的情况，在进行之时就应已是音乐性的。

4. 佛弟子的赞叹

佛陀如此，他培养的弟子们也善于赞叹，能让外道心生信乐，皈依佛法。《四分律》记载佛陀在毗舍离时，有位"私呵将军"，是外道弟子，他的老师建议他不要去佛陀处，但他禁不住听闻五百诸梨奢"第二第三赞叹佛法僧"②，还是去礼敬佛陀，听闻法义。

又如《杂阿含经》中记载，当一位陌生梵志问及"颇有能离贪欲系着及离此见欲系着不"时，尊者摩诃迦旃延答言："梵志！有，我大师如来、应供、等正觉、明行足、善逝、世间解、无上士、调御丈夫、天人师、佛世尊能离此贪欲系着及见欲系着。"梵志复问："佛世尊今在何所？"答言："佛世尊今在婆罗耆人中，拘萨罗国舍卫城祇树给孤独园。"尔时，梵志从座起，整衣服，偏袒右肩，右膝着地，向佛所住处合掌赞叹："南无南无佛世尊、如来、应供、等正觉，能离欲贪诸系着，悉能远离贪欲缚及诸见欲，净根本。"③

佛陀的弟子们也互相赞叹鼓励，如舍利弗赞叹尊者摩诃拘絺罗，舍利弗言：

---

① 《普曜经》卷七，《大正藏》卷3，第526页下—527页上。

② 《四分律》卷四十二，《大正藏》卷22，第871页中。

③ 《杂阿含经》卷二十，《大正藏》卷2，第141页下。

善哉！善哉！尊者摩诃拘絺罗！世尊声闻中，智慧明达，善调无畏，见甘露法，以甘露法具足身作证者，谓尊者摩诃拘絺罗，乃有如是甚深义辩，种种难问，皆悉能答，如无价宝珠，世所顶戴，我今顶戴尊者摩诃拘絺罗亦复如是。我今于汝所，快得善利，诸余梵行数诣其所，亦得善利，以彼尊者善说法故。我今以此尊者摩诃拘絺罗所说法故，当以三十种赞叹称扬随喜。①

5. 赞叹与戒律的弘扬

另外，戒律的弘扬也是通过赞叹来进行的。佛陀在舍卫城时：

尔时世尊种种赞叹比尼，赞叹诵比尼，赞叹持比尼，赞叹优波离。说持律比丘有五功德：一自坚护戒品，二能断惭愧者疑，三自住正法中，四于僧中所说无畏，五降伏怨敌。

诸比丘听了佛陀的赞叹，心想佛陀如此赞叹持戒，那么我们应该勤修诵问比尼，"即苦诵习昼夜不懈"②。

佛教在仪式中也广为应用赞叹来增强其庄严，更好地完成仪式的效果。比如在向僧人布施僧衣时居士建议边施边赞叹僧，得到了佛陀的允许：

有居士，见大众集施僧衣，作是念，听一人赞叹僧者善。以是事白佛，佛言，听赞叹。赞叹僧者作是言：僧持戒具足，念具足，三昧具足，智慧具足，解脱具足，度知见具足，学无学俱解脱，向果得果。是中有未得道者，疑不受分，我非学无学非俱解脱，非向果得果故，不应受分。以是事白佛，佛言，应受，若持戒与僧和合，求解脱离生死向泥洹不求后生，行三业坐禅诵经佐助众事，如是行者，得清净受分。③

_____

① 《杂阿含经》卷十二，《大正藏》卷2，第81页中。
② 《五分律》卷六，《大正藏》卷22，第41页上一中。
③ 《十诵律》卷四十八，《大正藏》卷23，第347页下。

6. 赞叹与僧团和合

又如佛陀教导阿难，在由比丘诤事而起的集会上，应该有人来赞叹和合众僧的功德：

> 佛语阿难，若比丘诤事起，同止不和，二部众不忍生恶心，共相言，各各说不随顺法，不忍事起。阿难尔时应疾疾集僧，如法如律，应一部众中有宿德知事，因缘辩才明了说法，不怯赞叹和合众僧功德，应从坐起，偏袒右肩，胡跪合掌，向第二部众作是言：诸大德，我等云何同一法中，以信出家而起诤事，同止不和，二部众不忍，各各生恶心，共相言说不随顺法，不忍事起，一二切皆是不善思惟所致。今世苦住，后堕恶道，诸大德，当各各弃此诤事，如草布地，我今向诸长老忏悔，各各下意和合共住。阿难，若第二部众一切默然住者，第二众中宿德聪明辩才者，即应起忏悔，忏悔法亦如上说……①

仅是这项赞叹就能令人起惭愧心，达到集会的效果。

7. 赞叹的方式

佛教对赞叹是颇为讲究的，哪些应该赞叹，哪些不应该赞叹，应该怎样赞叹，都是需要注意的。佛陀的姨母大爱道赞叹佛陀祝愿佛陀长久住世，佛陀即批评她不应如此赞叹：

> 佛在释迦国，大爱道往到佛所，在一面立已白佛言：世尊，愿寿一劫住世。以是因缘故，佛语大爱道：不应如是赞叹如来，汝所赞叹者，非好赞叹，不应以是赞叹如来，是非赞叹如来法。②

佛陀还批评比丘"不应赞便赞，应赞而不赞"③。佛陀亦表示自己不会对不够资格接受赞叹的上座表示赞叹，如：

---

①　《摩诃僧祇律》卷十三，《大正藏》卷22，第335页中。

②　《十诵律》卷四十八，《大正藏》卷23，第353页上。

③　"闼赖吒比丘不善观义，不善取义；不应赞便赞，应赞而不赞；不应清净令清净，应清净不令清净；不应敬而敬，应敬而不敬。"《十诵律》卷四十九，《大正藏》卷23，第358页上。

佛告言，上座既不学戒亦不赞叹戒，若有余比丘乐学戒赞叹戒
者，亦复不能以时劝勉赞叹。迦叶比丘，我不赞叹如是上座，何以
故，若我赞叹者，令诸比丘亲近，若有亲近者，令余人习学其法，若
有习学其法，长夜受苦。是故迦叶比丘，我见如是上座过失，故不赞
叹，若中下座亦如是，佛说如是。①

8. 赞叹促进佛教音乐采择范围的扩大

"赞叹"这种本具音乐性和韵文传统的行为，被佛教提升到了一种
"方便"的意义，提升到了一种"世界观"的意义，即我们面对世界，应
该抱以一种赞叹的态度；我们说出的话音，应该具有一种赞叹的旋律；我
们所讲述的法义，也应该由赞叹来表达。赞叹所结成的韵文促使早期佛教
偈颂的大量形成，也促使佛教音乐采择范围的扩大。

"赞叹"在被佛教使用之前，已经具有很强的音乐性，佛教的"赞
叹"想脱离掉音乐性是不太可能的。但是早期佛教显然排斥婆罗门及世
俗"赞叹"的歌咏传统：虽然这种歌咏不完全等同于用于娱乐的赞颂，
具有一定的宗教性和神圣性，但是如前文所述，早期佛教至少在一段时期
内是反对与外道共享一种音乐的。从相关记载常常将"赞呗咒愿赞叹"
三词连用的情况，笔者认为佛教的"赞叹"主要应为"呗"这种雅乐。
如《十诵律》中所记的，居士们呵责比丘接受食物供养时默然，而沙门
婆罗门都会"赞呗咒愿赞叹"，于是佛陀也规定比丘们在吃饭时，也应
"呗咒愿赞叹"②。还有《十诵律》中所记的，舍卫国的女人们供养比丘
结束后，比丘们"不呗不咒愿而去"，女人们希望比丘为他们"呗咒愿赞
叹"，佛陀也规定"从今亦应为女人呗咒愿赞叹"③。从"呗""咒愿"、
"赞叹"屡屡连用的情况，它们在这里表达的应该是同义，即一种从音乐
上是"呗"，从功能上是"咒愿"，从内容上是"赞叹"的言语。

只是庄严清净的"呗"乐不能满足发展中的佛教对使用音乐的需要，
音乐采择的范围必须扩大，对"歌咏"的应用也势在必然。当然，这一

---

① 《四分律》卷五十八，《大正藏》卷22，第997页上。
② 《十诵律》卷四十一，《大正藏》卷23，第299页中。
③ 同上。

过程非常谨慎，佛教仅允许有限的几项内容可以使用歌咏，"赞叹"就是其中之一。《根本说一切有部毗奈耶杂事》记载，给孤独长者听到外道诵经之声可爱，而佛教圣者诵经却无声韵，于是请求佛陀允许圣众们用吟咏声诵经，佛陀听许。可是圣众们都吟咏起来，合寺之中音声喧哗嘈杂，佛陀于是进行规范，只允许两件事可以"吟咏"：

> 佛言，苾刍不应作吟咏声诵诸经法，及以读经请教白事，皆不应作。然有二事作吟咏声，一谓赞大师德，二谓诵三启经，余皆不合。佛许二事作吟咏声，赞佛德诵三启。①

佛陀且并规定了比丘们学习吟咏之声应在屏处。佛陀所说的"吟咏"声，指的是外道婆罗门诵经声，也即"歌咏"，因为前文所举事例中我们已知外道婆罗门是用"歌咏"诵经的。

赞叹不仅促进对婆罗门歌咏的应用，而且渐渐有了世俗音乐的形式。《根本说一切有部毗奈耶》中记载了以佛法入戏的情况，"歌咏"的"歌"指向俗人表演的戏。影胜王于城外林泉所造二神堂，每年二时及节会日都有集会，有南方乐者想将佛陀自降生至成道的事迹辑入弦歌，当他们最开始找到六众询问这些事迹时，被六众拒绝，因为他们想辑入的是世俗乐曲。后来他们找到了一位比丘尼，从这位比丘尼那里听到了佛陀降生至成道的故事，就将它修入弦歌，"并悉奏入管弦盛为舞乐"，并同时演出一位没有威仪的阐陀，以作对比。演出获得成功，也获得了大量钱财。六众比丘认为他们没有资格用俗乐歌颂佛陀，于是自己扮作俗人也进行了表演，更加胜过这些南方乐人。但是受到了佛陀批评。② 我们看到，与佛陀故事同时演出作对比的另一个故事——阐陀故事，是需要表演的，那么作为对比的佛陀故事应该也是需要表演的，可见这种音乐形式具备戏曲的元素，而且六众比丘拒绝为南方乐者讲述佛陀故事，是出于对俗乐的嫌弃。虽然佛陀对六众比丘扮作俗人进行了批评，可是，以赞颂佛陀为主的故事渐渐具有了世俗戏曲的形式，是能够见到的。

---

① 《根本说一切有部毗奈耶杂事》卷四，《大正藏》卷 24，第 223 页上—中。
② 《根本说一切有部毗奈耶》卷三十九，《大正藏》卷 23，第 844 页上—845 页上。

所以说，赞叹促进了佛教对音乐的使用，主要为清净的"呗"，但逐渐允许有少量的"歌咏"，也渐渐有了俗人将对佛陀的赞叹编入世俗戏曲的情况。

（二）供养

和"花"的应用一样，佛教对"歌舞倡伎"的应用也是由"供养"行为促进的。佛教对音乐使用范围的扩大是逐渐的，应用"歌咏"之后，并没有马上允许应用"歌舞倡伎"。《根本说一切有部毗奈耶杂事》中有："生支面如镜，不为歌舞乐。许作歌咏声，用钵有四种。"①

但是，由于供养佛舍利的需要，"伎乐"开始被允许由在家居士使用，《摩诃僧祇律》中记载了佛陀允许波斯匿王以伎乐供养佛塔：

> 伎乐供养者，佛住舍卫城，时波斯匿王往诣佛所，头面礼足，却住一面，而白佛言：世尊，得持伎乐供养佛塔不。佛言，得，迦叶佛般泥洹后，吉利王以一切歌舞伎乐供养佛塔，今王亦得。佛言，若如来在世，若泥洹后，一切华香伎乐种种衣服饮食尽得供养，为饶益世间，令一切众生长夜得安乐故。若有人言世尊无淫怒痴用此伎乐供养为，得越比尼罪，业报重。是名伎乐法。②

在相关记载中，我们看到出家圣众与在家居士一起，都使用伎乐供养舍利。

> 尔时长老摩诃迦叶，以成治甓，取佛舍利，与诸力士。诸力士从长老摩诃迦叶取佛舍利，盛以金瓶，举着车上，烧种种香，持诸幡盖，作诸妓乐入拘尸城。尔时拘尸城中有新论义堂，扫洒清净，香洁无量，悬缯幡盖，散诸杂华，敷象牙，以佛舍利金瓶着上。阿难先以花香伎乐种种供养，亦教诸比丘比丘尼优婆塞优婆夷供养礼拜。③

---

① 《根本说一切有部毗奈耶杂事》卷四，《大正藏》卷24，第220页下。
② 《摩诃僧祇律》卷三十三，《大正藏》卷22，第498页下。
③ 《十诵律》卷六十，《大正藏》卷23，第446页中。

这段记载中，摩诃迦叶、阿难、众比丘比丘尼、优婆塞优婆夷，都使用伎乐供养佛舍利。对佛塔、佛舍利的供养，是促进佛教应用音乐，尤其是世俗性"歌舞伎乐"的重要原因。

（三）仪式

语言上的赞叹，形式上的供养，促使佛教在自身独特风格的基础上不断拓宽音乐使用范围，同时，佛教在发展过程中不断形成的各种仪式也是促使佛教音乐发展的重要因素。当然，很多仪式的重要内容便是赞叹和供养，但是，仪式的形成本身作为促进佛教音乐领域不断拓宽的成因，还是值得特别提出的。

《四分律》中记载了佛陀规定"作时相"，也即在一天之中为提醒僧众时间而采取的方式方法，就包括"呗""鼓"等音乐。

> 佛言，自今已去，听若小食上中食上上座唱令，今日众僧自恣。复不知用何时。佛言，听作时相，若打揵椎，若吹呗，打鼓，若起烟，若量影，若唱言，今自恣时到。①

《十诵律》记载给孤独居士送供养时，途中也有一个小小的仪式，没有音乐被外道讥讽，所以向佛陀申请使用伎乐，得到佛陀允许。

> 时给孤独居士，亲里相识举物人，庄严男女，盘案上着华香璎珞，遣至居士家。居士见已作是念，此物在前行者善，以是事白佛，佛言听。佛听我作香炉在前行者善。佛言，听在前行。有诸外道，主嫉妒心，见已呵责言，如送死人。是居士作是念，佛听我像前作伎乐者善。以是事白佛，佛言，听作。②

还有上文已提到的，出家圣众被居士们呵责吃饭时没有礼仪，没有咒愿赞叹，佛陀规定建立礼仪，建立咒愿赞叹：

---

① 《四分律》卷三十七，《大正藏》卷22，第837页中。
② 《十诵律》卷四十八，《大正藏》卷23，第352页上。

佛在舍卫国，新造祇洹竟，诸居士办供具，多诸比丘来千二百五十人，诸比丘乱入乱坐乱食乱起乱去，诸居士呵责言，有余沙门婆罗门，次第入次第坐次第食次第起次第去，是沙门释子自言善好有德，乱入乱坐乱食乱起乱去，不知谁得谁不得谁重得。诸比丘不知云何，是事白佛，佛言，从今日应次第入次第坐次第食次第起次第去。时诸比丘次第入次第坐次第食次第起次第去，时默然入默然坐默然食默然起默然去。诸居士呵责言，有余沙门婆罗门，赞呗咒愿赞叹，沙门释子自言，善好有德，默然入默然坐默然食默然起默然去，我等不知食好不好。诸比丘不知云何，是事白佛，佛言，从今食时，应呗咒愿赞叹。诸比丘不知谁应作，佛言，上座作。尔时偷罗难陀少学寡闻，时为上座，佛言，若上座不能，次第二应作，第二不能，第三应作，如是次第，能者应作。①

赞叹、诵经、说法、仪式、供养，诸行为名虽不同，在佛教中其实却相互贯通，比如"说法"同时具有赞叹的意义②，赞叹同时具有供养的意义等。

综上可知，佛教传入中国前所具有的音乐形态，以清净的"呗"，宗教性与世俗性兼具的"歌咏"，以及完全是世俗音乐的"歌舞倡伎"组成。特定的行为促进了佛教音乐采择范围的扩大，由清净的"呗"，逐渐扩大到"歌咏"和"歌舞倡伎"。在具体应用中，它们的音乐形态也势必发生一定的融合，广义上都可以称作"梵呗"了。但还是各有内容的偏重的，诵读经典和说法多用"呗"的音乐形式；歌赞佛德则"呗"和"歌咏"兼用，有一定的融合；"歌舞倡伎"主要是用作供养，歌赞佛德也常常在伎乐的搭配中进行。

---

① 《十诵律》卷四十一，《大正藏》卷23，第299页中。
② "佛言，从今日不应请破戒破正见人说法，若请说得突吉罗，不知使谁说法赞呗，佛言，若请先习说法赞呗者令作，若无先习说法赞呗者，当次第语令说法呗，诸比丘中无先习说法呗者，又不次第说法呗。"《大正藏》卷23，第421页上一中。

三　佛教对"声"的追求

当然，所有的音乐都根源于民间，但佛教对音乐的汲取，是从民间最符合自己的那一种开始的，不断扩展其范围，并给予其具有佛教特点的发展。即使最为清净的"呗"乐，其本质仍是民间音乐，如果使用不好，也是有损威仪的，所以，佛教向来注重对音乐的改造，在应用上，令它们符合佛教的需要。从对"呗"乐的使用，到对"歌咏"的逐步使用，再到对歌舞伎乐供养的应用，声乐与器乐的结合，在佛教的音乐道路上，讲求的是"声德"，每一个阶段都有对"声德"的阐释和要求。

（一）对呗声的要求

对于佛教最初应用的音乐类型"呗"来说，"呗"声讲究"清亮""清净""细""易解"，能够让众生欢喜。

如《四分律》中记载佛陀夸奖亿耳比丘的声音：

> 尔时世尊，静坐须臾，告亿耳言：汝可说法。亿耳闻佛教已，在佛前说十六句义，不增不减音声清好，章句次第了了可解，尔时世尊作是念：善哉比丘，十六句义不增不减，不坏经法，音声清好，章句次第了了可解。①

《十诵律》也记载了佛陀夸赞亿耳比丘呗诵修罗多的声音：

> 佛自知时，佛从坐起向自房，到坐处敷尼师檀结加趺坐。亿耳向佛房，到已头面礼佛足，坐处敷尼师檀，结加趺坐。是二人夜多坐禅默然，中夜过至后夜，佛语亿耳，汝比丘呗。亿耳发细声，诵波罗延萨遮陀舍修妒路竟。佛赞言，善哉比丘，汝善赞法，汝能以阿盘地语声赞诵，了了清净尽易解，比丘汝好学好诵……②

《根本说一切有部毗奈耶杂事》记载善和比丘诵经的声音：

---

① 《四分律》卷三十九，《大正藏》卷22，第845页下。
② 《十诵律》卷二十五，《大正藏》卷23，第181页中。

　　是时善和苾刍，作吟讽声赞诵经法，其音清亮上彻梵天，时有无
数众生闻其声者，悉皆种植解脱分善根，乃至傍生裹识之类，闻彼声
者无不摄耳听其妙音。①

从这些记载我们也看到，清净的呗声所具有的"声德"不仅使经文
易于了解，还能使别的众生因听闻妙音而发出欢喜心，种下善根。

（二）对歌咏之声的要求

上文提到佛教逐步运用歌咏，主要是起因于"声"的可爱，而其应
用的要求，重在避免"声"的杂乱和易于使人染着的特性，强调要避免
外道对"声"的使用的一些缺点。

1. 不能高大

《四分律》卷十一记载了六群比丘与诸长者诵经语声高大而被众人讥
嫌，被佛陀批评的故事：

　　尔时佛在旷野城，六群比丘与诸长者共在讲堂诵佛经语，语声高
大，如婆罗门诵书声无异，乱诸坐禅者。时诸比丘闻已，其中有少欲
知足行头陀乐学戒知惭愧者，讥嫌六群比丘言，云何与诸长者在讲堂
中，共诵经如婆罗门诵书声耶。时诸比丘往至世尊所，头面礼足在一
面坐，以此因缘具白世尊。世尊尔时以此因缘集比丘僧，呵责六群比
丘，汝等云何与长者共在讲堂中诵经声如婆罗门无异耶。②

诵经声不能高大，其中用到歌咏的地方也自然不能高大。

2. 不能起伏过大

前文介绍"歌咏"这种音乐类型时我们已看到，佛陀规定不能高低
起伏过大的歌咏声说法。

（三）对歌舞伎乐之声的要求

当音乐范围逐渐扩展到"歌舞伎乐"之时，便重在强调"声"之美

---

① 《根本说一切有部毗奈耶杂事》卷四，《大正藏》卷24，第221页下。
② 《四分律》卷十一，《大正藏》卷22，第638页下—639页上。

妙，能令听闻的人身心安乐，如《守护国界主陀罗尼经》中对音声之美，音声之德的叙述：

> 复有种种诸妙音声，能令闻者身心安乐，无诸热恼而得清凉，断伏贪瞋散灭痴毒，摧坏恶业令无有余。所谓天帝释声梵天王声种种天声，诸大仙女歌咏之声，天诸乐器不因拊击出微妙声，箫笛箜篌琵琶琴瑟螺贝等声，忉利天鼓声牟陀罗鼓声，复有种种诸天鸟声，及于山林泉流鸟声，所谓白鹤孔雀凫雁鸳鸯，拘枳罗鸟命命之鸟，迦陵频伽种种好鸟鸣啭之声，及鹿王等诸妙音声。复有种种云声，地声水声火声风声，大海波涛声如是等声，若人闻者悉能解了爱乐无厌，耳根安静其声深远，谛实清彻能生善根，文字名句悉皆具足，与义相应契深法理善合时宜。所谓三乘平等声，演说三明声，庄严檀那波罗蜜声，清净尸罗波罗蜜声，能生羼提波罗蜜声，勤修精进波罗蜜声，成就禅那波罗蜜声，广大般若波罗蜜声，与心和合大慈声，与觉和合大悲声，光影和合大喜声，同于虚空大舍声，出生三乘声不断三宝声，分别三聚声，清净三空声，观察四谛声，观察智慧声，智者不毁声，圣者称赞声，量等虚空声。出如是等清净音声，回向供养诸佛菩萨。①

在这段对音声的描述中，宇宙之中所有美妙的声音，包括伎乐的声音，和合在一起，共同展现出妙法之声。《大哀经》中形容如来之声时，也用到了伎乐之声，伎乐之声与呗声等其他妙声和合在一起：

> ……其声慈愍犹如鸳鸯相呼和时，亦如鴈王将导营从，亦如鹿王鸣呼官属，又如箜篌琴筝箫瑟皷吹，应节吹呗吹笙发音，斯音相和各各悲快。②

我们能看到，在描述音声之美时，这几种原本清净程度不同，应用时间先后与程度也不同的音乐形态往往是共同出现的，如《长阿含经》中，

---

① 《守护国界主陀罗尼经》卷一，《大正藏》卷19，第529页上—中。
② 《大哀经》卷六《十八不共法品》，《大正藏》卷13，第437页下。

"其国人民男女大小，共游树间以供娱乐，其国常有十种声……"《大般涅盘经》中"又其岸上，有七行宝树，行各异宝，微风徐起，吹彼树枝，条叶相触，音如天乐……此城恒有十二种音声……彼处林中多有若干妙声众鸟，多有天花，亦饶天果，皆有妙香，有种种声……"《大般涅盘经》记载诸力士，天龙神八部，阿修罗王等供养如来舍利时，都是伎乐与歌呗赞叹同用。①《佛说无量寿经》中，伎乐音声与法音也有着高度的统一：

> 佛告阿难："世间帝王有百千音乐，自转轮圣王乃至第六天上，伎乐音声展转相胜千亿万倍；第六天上万种乐音，不如无量寿国诸七宝树一种音声千亿倍也。亦有自然万种伎乐，又其乐声无非法音，清畅哀亮，微妙和雅，十方世界音声之中最为第一。"②

可见，虽然佛教应用几种音乐的时间有先后，态度也有区分，但在佛教发展过程中，从声德的角度，雅乐、俗乐、歌与呗，都在"美妙"的意义上获得了统一，声音的美妙直接传达着妙法，象征着极乐③，音乐在

---

① "尔时，双树忽然生花，堕如来上，世尊即便问阿难言：'汝见彼树非时生花供养我不？'阿难答言：'唯然，见之。'尔时，诸天龙神八部，于虚空中，雨众妙花、曼陀罗花、摩诃曼陀罗花、曼殊沙花、摩诃曼殊沙花，而散佛上，又散牛头栴檀等香，作天伎乐、歌呗赞叹。佛告阿难：'汝见虚空诸天八部供养我不？'阿难白言：'唯然，已见。'世尊又复告阿难言：'欲供养我报于恩者，不必以此香花伎乐。净持禁戒、读诵经典、思惟诸法深妙之义，斯则名为供养我也。'"《大般涅盘经》，《大正藏》卷1，第199页上。"是时树枝自然从本而断，落金盆中，即有百根，直下至盆底。复有十根穿度盆下，九十细根围遶而生，如是次第日夜增长。是时大地六种震动，于虚空中，诸天作众妓乐，诸山树木皆悉大动，如人舞状，天人拍掌，夜叉鬼神皆大熙笑，阿修罗王歌呗赞咏，梵王欣悦，于虚空中雷电霹雳，四足众生驰走鸣唤，诸鸟飞翔出种种音，阿育王及诸小王，共作妓乐，如是众声，上彻梵天。"《善见律毗婆沙》，《大正藏》卷24，第692页中。

② 《佛说无量寿经》，《大正藏》卷12，第271页上。

③ 如《佛说无量寿经》中以快乐之音作为极乐世界称名的原因之一："彼诸菩萨及声闻众若入宝池，意欲令水没足，水即没足；欲令至膝，即至于膝；欲令至腰，水即至腰；欲令至颈，水即至颈；欲令灌身，自然灌身；欲令还复，水辄还复。调和冷暖自然随意，开神悦体荡除心垢，清明澄洁净若无形。宝沙映彻无深不照，微澜回流转相灌注，安详徐逝不迟不疾。波扬无量自然妙声，随其所应莫不闻者，或闻佛声、或闻法声、或闻僧声，或寂静声、空无我声、大慈悲声、波罗蜜声，或十力无畏不共法声、诸通慧声、无所作声、不起灭声、无生忍声，乃至甘露灌顶众妙法声。如是等声，称其所闻欢喜无量，随顺清净离欲寂灭真实之义、随顺三宝力无所畏不共之法、随顺通慧菩萨声闻所行之道。无有三涂苦难之名，但有自然快乐之音，是故其国名曰极乐。"《大正藏》卷12，第271页中。

佛教中达到了最高意义。

综上所述，出于赞叹、供养以及仪式等宗教需要，佛教不断地从世俗音乐以及其他宗教所使用的音乐中汲取音乐养料，逐步地、谨慎地加以应用。在声乐方面，先以声音表现清净的呗乐，继而使用雅俗之间的歌咏；在器乐方面，最先使用的是呗、鼓①等一些能表现清净庄严的乐器，而后扩展到其他乐器；亦讲求声乐与器乐的配合。《中阿含经》记载五结乐子挟琉璃琴以偈歌颂佛德时，佛陀便赞叹五结乐子"歌音与琴声相应，琴声与歌音相应，歌音不出琴声外，琴声不出歌音外"②。清净的呗乐，宗教性与世俗性兼具的歌咏，完全世俗性的歌舞伎乐，最终都得到了使用，且歌、呗、伎乐在佛教发展中，常常共同出现，在使用限制上不再有严格的区分。赞叹是促使佛教使用清净呗声、传统歌咏的重要因素，而供养是促使佛教音乐范围进一步扩大的重要因素，歌呗赞咏和伎乐统一在一起，都具有了供养的意义，说法本身也具有赞叹的意义。

第二节　从慧皎与道世的论述看佛教音乐中国化的基础

一种事物离开原有的文化生态，来到另外一种文化生态中，并且能够得到延续和发展，首先要求这种文化生态也有适宜其生存的土壤。佛教音乐也是如此。而关于佛教音乐与中土音乐环境契合性的论述，目前我们能看到的，只有慧皎和道世的论述，虽篇幅不长，但观点独特，我们可以通过他们的眼光来审视二者的契合点。

一　慧皎与道世的论述

梁代慧皎在《高僧传·经师》中论述道：

---

① 除呗之外，鼓也是早期佛教经常提到的一种乐器，佛教仪式也较早地使用了鼓，如《根本说一切有部目得迦》中："时诸苾刍无有鼓乐引像入城，佛言，应鸣鼓乐。邬波离白佛言，如世尊说，应鸣鼓乐者，不知谁当作之。佛言，令俗人作。复白佛言，苾刍颇得鸣鼓乐不。佛言不合，唯除设会供养。佛时告乐人曰，仁者，汝今应可供养大师，不应无故击鼓作乐，作者得恶作罪。"《大正藏》卷24，第446页上。

② 《中阿含经》卷三十三，《大正藏》卷1，第633页上一中。

论曰：夫篇章之作，盖欲申畅怀抱褒述情志；咏歌之作，欲使言味流靡辞韵相属。故诗序云，情动于中而形于言，言之不足故咏歌之也。然东国之歌也，则结咏以成咏；西方之赞也，则作偈以和声。虽复歌赞为殊，而并以协谐钟律，符靡宫商，方乃奥妙。故奏歌于金石，则谓之以为乐；设赞于管弦，则称之以为呗。夫圣人制乐，其德四焉：感天地，通神明，安万民，成性类。如听呗亦其利有五，身体不疲，不忘所忆，心于宵夜，提婆扬响于梵宫，或令无相之旨奏于簏笛之上，或使本行之音宣乎琴瑟之下，并皆抑扬通感，佛所称赞。故咸池韶武无以匹其工，激楚梁尘无以较其妙。①

慧皎这里提出了两点：第一，他是将佛教的赞颂与中国的《诗经》相比较来说明的。他首先将其与中国《诗经》中的歌咏作为一类事物，并指出其不同，即中国的歌咏是先有歌的本身，再结出文字，而佛教的"赞颂"是先有音乐，再以偈配乐的。第二，他将佛教对"声德"的讲究与中国雅乐的追求作以比较，认为佛教"声德"之妙是咸池韶武都无以匹敌的。

而道世在《法苑珠林·呗赞篇》的论述中则说：

夫褒述之志寄在咏歌之文，咏歌之文依乎声响，故咏歌巧则褒述之志申，声响妙则咏歌之文畅，言词待声相资之理也。寻西方之有呗，犹东国之有赞。赞者，从文以结音，呗者短偈以流颂，比其事义，名异实同。是故经言，以微妙音声歌赞于佛德，斯之谓也。昔释尊入定，琴歌震于石室，提婆扬呗，清响激于净居，觉世至音，固无得而称矣。至于末代，修习极有明验，是以陈思精想，感鱼山之梵唱，帛桥誓愿，通大士之妙音，药练勤行，受法韵于幽祇，文宣励诚，发梦响于斋室，并能写气天官，摹声净刹，抑扬词契，吐纳节文，斯亦神应之显征，学者之明范也。原夫经音为懿妙出自然，制用可修而研响非习，盖所以炳发道声移易俗听，当使清而不弱，雄而不猛，流而不越，凝而不滞，趣发祇鹫之风，韵结霄汉之气，远听则汪洋以峻雅，近属则从容以和肃，此其大致也。经称深远雷音，其在兹乎？若夫称讲联斋，众集永久，夜缓晚迟，香销烛挢，睡盖覆其六情，懒结缠其四体，于是择妙响以升座，选胜声以启轴，宫商呗发，动玉振金，反折四飞，哀悦七众，同迦陵之声，等神鸾之响。能使寐魂更开惰情还肃，满堂惊耳列席欢心。当尔之时，乃知经声之为贵矣。①

道世的论述也是从歌咏引入言辞和声音的关系——言辞待声，相资之理；另外，他从文体的角度认为中国本有的"赞"与印度佛教的"呗"本质是相同的，且注意到了"呗"的赞颂性；再者，他以高度赞叹的口吻渲染了佛教音乐之"声"的审美特性——"清而不弱，雄而不猛，流而不越，凝而不滞，趣发祇鹭之风，韵结霄汉之气……能使寐魂更开惰情还肃，满堂惊耳列席欢心。"

二 佛教音乐中国化的环境基础

（一）文体环境

我们看到，慧皎、道世两人探讨的都是音乐与文字相配合的形式，对于佛教的纯音乐并没有探讨。纯音乐的传播易于整块拿来，而有文字的音乐，或者说有音乐的文字，则是佛教的重点，因为它的一切法义都是以这种音乐与文字高度和合的形式来流传的，故而这种形式在中国的接受与变化就是要探讨的重点。

在两人的探讨思路里，都是首先去挖掘中土有无这种音乐与文字高度和合的形式，并比较它们的异同。慧皎的比较对象是中土《诗经》中的歌咏传统，道世的比较对象是中土的"赞"。

慧皎对比的是《诗经》歌咏传统。在《诗经》中，歌咏所结成的音乐体式，包含"风""大雅""小雅""颂"，皆可称为"诗言志"，但慧皎接下来又说"故奏歌于金石，则谓之以为乐"，又说"圣人制乐"，能够奏于金石而成圣人之乐的歌，其音乐并不偏向于国风，主要偏向于"大雅""小雅"，因为"雅"为诗歌之正声。《诗·大序》中说："雅者，正也，言王政之所废兴

---

① 《法苑珠林校注》，第1165页。

也。政有小大，故有《小雅》焉，有《大雅》焉。"①《左传·襄公二十九年》中，吴公子札来聘，见叔孙穆子，叔孙穆子请观于周乐，从《周南》《召南》《邶风》《墉风》《卫风》一直到"为之歌《大雅》"，才说："广哉，熙熙乎！曲而有体，其文王之德乎！"② 所以慧皎所比较的，从音乐上讲就是中国的这种"正声"，也就是像咸池韶武一样能够体现"声德"的音乐；从文体上讲，是从"歌咏"诞生的能够入乐的"歌诗"。

再来看"赞"。中国本有的文体中，"颂"与"赞"往往并称，二者皆有各种形制，但是各为独立的文体。"颂"的本质是"美盛德之形容，以其成功告于神明"③，而"赞"的本质，刘勰在《文心雕龙·颂赞》中说："赞者，明也，助也。昔虞舜之祀，乐正重赞，盖唱发之辞也。及益赞于禹，伊陟赞于巫咸，并飏言以明事，嗟叹以助辞也。"④ 与其同时的任昉在《文章缘起》亦云："赞者明事而嗟叹，以助辞也。四字为句，数韵成章，盖约文而寓褒贬也。"⑤ 东汉刘熙《释名·释典艺》云："称人之美曰赞，赞，纂也，纂集其美而叙之也。"⑥ 总之，"赞"带有评价、批判的意味。"颂"包括"颂诗"与"颂文"，而"赞"亦有散体和韵体，史评之赞多为散体，画像之赞多为韵体。

关于佛教中音乐与文字的高度和合，陈明教授亦已从文体角度将汉译佛典中重颂、讽颂、赞颂等概念分组作以比较：重颂与讽颂是诗颂，内容广阔，而赞颂的内容局限于赞美，赞颂也可涵盖在讽颂之内；重颂与讽颂既可以是一部诗作，也可能是穿插在一部经文之中的一首诗，无论长短，而赞颂诗必然是一首完整的诗作；赞佛偈是一般的赞颂，而赞颂诗是通篇的赞颂。⑦

---

① （汉）毛亨传，（汉）郑玄笺，（唐）孔颖达疏：《毛诗正义》，北京大学出版社 1999 年版，第 17 页。

② （周）左丘明传，（晋）杜预注，（唐）孔颖达正义：《春秋左传正义》，北京大学出版社 1999 年版，第 1095—1102 页。

③ （汉）毛亨传，（汉）郑玄笺，（唐）孔颖达疏：《毛诗正义》，北京大学出版社 1999 年版，第 18 页。

④ 王利器校笺：《文心雕龙校正》，上海古籍出版社 1980 年版，第 59 页。

⑤ （梁）任昉：《文章缘起》，《四库全书·集部·诗文评类》卷 195，第 29 页。

⑥ （东汉）刘熙撰，（清）毕沅疏证，（清）王先谦补：《释名疏证补·释典艺第二十》，中华书局 2008 年版，第 98 页。

⑦ 陈明：《汉译佛经中的偈颂与赞颂简要辨析》，《南亚研究》2007 年第 2 期。

　　由此，当佛教这种音乐与文字高度和合的形式来到中国，因为中土亦有可对应的文体，故而很容易得到掌握和发展，"重颂""讽颂""赞颂"的翻译，以及中土承继而来的作偈赞颂之风俗，又对中土的诗体、赞文体等以深刻的影响。高华平《赞体的演变及其所受佛经影响探讨》一文即认为，中国古代赞体文体形式和功能上的演变，主要是受到佛经文体影响的结果，佛教赞呗在内容上专赞佛菩萨功德、在形式上韵散兼行的特点，随着佛经的传播影响到汉地，使中土文人在写作赞体作品时纷纷仿效，故而造成了古代赞体的新变。湛如《印度早期佛教经律中的赞颂辨析》一文中说："汉地佛教之赞歌，始自东晋支道林《释迦文佛像赞》《阿弥陀佛像赞》《诸菩萨像赞》。此后有北魏昙鸾《赞阿弥陀佛偈》、唐代善导《往生礼赞》、唐代玄觉《永嘉证道歌》，与宋代惟白《文殊指南图赞》、宋代仁岳《释迦如来降生礼赞文》等。敦煌出土的佛教文献中，保存了数量众多的赞文写卷，如净土礼赞、大乘净土赞、道安法师念佛赞等，种类甚多。"① 可见佛教的配乐之文，对于中土赞文体创作的影响。②

　　（二）音乐环境

　　此外，慧皎还提到了佛教音乐与中土音乐对"声德"的共同追求，这点也是值得关注的。道世虽然没有把其与中土提出"声德"相比较，但着重描绘了佛教的"声德"，王小盾在《原始佛教的音乐及其在中国的影响》一文中说："当原始佛教音乐带着上述特质传入之时，它遇上了一个相对宽松的意识形态环境。这时中国的主流音乐观是以周代雅乐为基础的音乐观。其基本精神是强调音乐的伦理价值：一方面认为音乐有和民性、通时政、别贵贱的作用；另一方面强调'乐''音''声'的高下有别，提倡启发人善的和美雅正之'乐'，反对刺激人欲的俗声和淫佚之'声'。在是否对音乐作伦理评价这一点上，中西两种音乐观显然是相似的。"③ 那么，在"声德"追求方面的共同之处，也构成佛教音乐在中土能够扎根的土壤。

　　既有文体环境，又有音乐环境，佛教音乐的中国化也就在接受与创造中，于这两个层面上相应展开。

---

　　①　湛如：《印度早期佛教经律中的赞颂辨析》，《文学与文化》2010 年第 1 期。

　　②　有关佛教对赞体文的影响，可参阅高华平《赞体的演变及其所受佛经影响探讨》，《文史哲》2008 年第 4 期。

　　③　王小盾：《原始佛教的音乐及其在中国的影响》，《中国社会科学》1999 年第 2 期。

第三节　从《呗赞篇》《奖导篇》看
佛教音乐中国化的几个概念

探讨佛教音乐中国化的结果，我们需要将纯音乐的部分以及文乐相配的部分分别看待，因为这两部分对佛教来讲负载的意义不同，在传播接受过程中所遇障碍程度不同，所接受的转化与再创造程度也不同。关于佛教纯音乐在中国的接受与再创造，学界已有一些专门针对佛教梵呗的研究，在此不作为本书的研究对象。本书着重辨析的是几个概念，即文乐相配的部分中国化过程中的几个概念，"梵呗""转读""唱导"等，将《法苑珠林》的编撰结合于本章第一节所作的探讨，能够为这几个概念的含义以及佛教音乐中国化的路径提供新的辨析空间。

一　转读与梵呗

关于"转读"与"梵呗"，学界的观点有多种，大致可归为两类：一种倾向于将转读与梵呗归为两种音乐，认为转读是较简单的音乐，梵呗是较高级的音乐[①]；另一种则认为"转读"是特定时期的产物，是"梵呗"本土化过程中的一种名称。[②] 具体看法，各位学者又各有发明，实难一一详述。

持第一种意见者，其理据是认为诵经与说法是两回事，应用的是两种音乐。诵经应用的是较为简单的音乐，故而传入后成为"转读"，而"说法"应用的是较为高级的音乐，即"梵呗"。[③]

---

① 持此意见者以汤用彤先生为代表，汤先生在他的《魏晋南北朝佛教史稿》中说："转读止依经文加以歌颂，梵呗则制短偈流颂，并佐以管弦。前者虽有高下抑扬，而后者则以妙声讽新制之歌赞，非颇通音律擅长文学者不办。"武汉大学出版社 2008 年版，第 91 页。

② 钱慧：《汉魏佛教音乐本土化研究》，《南京艺术学院学报》2006 年第 2 期；段文：《魏晋南北朝佛教音乐中的转读与唱导》，硕士学位论文，陕西师范大学，2008 年。

③ "总之，我们可以用三分法来看待原始佛教的音乐。从表演者角度看，它是乐伎供养音乐、佛陀说法音乐、僧侣诵经音乐的三分；从音乐体裁角度看，它是歌舞音乐（用于礼赞佛陀）、呗赞音乐（用于歌咏经偈）、吟诵音乐（用于唱诵经文）的三分。按中国习惯，这三种体裁分别称作'曲曲'、'呗赞'和'转读'。前二者的区别，即《高僧传·经师篇》所云'奏歌于金石则谓之以为乐，设赞于管弦则称之以为呗'；后二者的区别，则是在佛经文本上体现的'偈颂'与'长行'。这些不同种类的音乐，是原始佛教用以宣教、弘教的手段。"王小盾：《原始佛教的音乐及其在中国的影响》，《中国社会科学》1999 年第 2 期。

　　但从本章第一节的论述我们看到，原始佛教的诵经与说法没有音乐上的严格界限，呗声用来诵经，也用来说法；歌咏声被获许用来说法，也被获许用来诵一部分经典。即便它们之间有区别，"诵经"与"说法"只是谁应用"呗"声多一点，谁应用"歌咏"多一点而已，而并没有难易水平的高下。而且，由于早期佛教，佛陀所说的"法"，本身便是众人传诵的经典，"诵经"与"说法"在音乐上也不应有大的不同，在佛教发展过程中，音乐融合了之后，应该更没有什么严格的界限。因此，这种认为"诵经"为转读，"说法"为呗赞的看法是有漏洞的。

　　持转读与梵呗为两种音乐者理据之二，是以《高僧传》中慧皎的论述"咏经则称为转读，歌赞则谓为梵音"为证，认为呗赞在中土受到转化后，即分为"转读"这种较简单的音乐，主要来吟诵经文，以及"歌赞"这种保留了印度原貌的音乐，主要来咏唱短颂。针对这一看法，慧皎的论述固然重要，但它也只是说明慧皎所处时代的情况，不能作为永久地分成了两种音乐的证明，故而慧皎的这句话也往往成为持第二种观点者的论据，一句话同时作为两种不同意见的论据，这也是"转读"与"梵呗"概念辨析困难之体现。

　　持第二种意见者，则通过分析"转读"一词在相关文献中出现的频率①，认为"转读"这一概念只是"梵呗"在中土转化中的别名，经过

---

　　①　"首先对这一时期的史籍进行考察，《后汉书》《三国志》（含裴注）《晋书》《宋书》《南齐书》《梁书》《陈书》《南史》《北史》《隋书》均未载有转读之例，复据严可均《全上古三代秦汉三国六朝文》对《全三国文》《全晋文》《全宋文》《全齐文》《全梁文》《全陈文》进行考察，仅有《全梁文》出现 5 次，还对六朝佛教的两部重要典籍进行了考察，《弘明集》无一例涉及'转读'，倒是《高僧传》出现'转读'多达 16 例。虽然在我们考察的视野范围内'转读'总共出现了 21 次，但其中《全梁文》卷七十三慧皎的 4 条'转读'均重出自《高僧传》，去其重出，实际上只有 17 条，而 17 例'转读'有 16 例均出自一人之手，一书之中，集中得似乎同时代的文学家或佛学家们全然不知，真是匪夷所思！就《高僧传》转读之例的人分布看，1 例出自《义解二·道安传》，1 例出自《唱导篇》，1 例出自《高僧传序》，其余 13 例集中于《经师篇》，而《经师》一篇专叙经师诵经即转读一事，并不涉及佛经翻译，翻译之事另有《译经》上中下三篇论述，然三篇之中涉及转读者未有一例。"这是陈顺智在《汉语"四声"之形成与"佛经转读"无关论》中的考证，见于《西南师范大学学报（人文社会科学版）》2005 年第 1 期，此文本与研究佛教音乐中国化无关，不过这段考证被段文拿来证明："1、'转读'一词在两汉三国期间正史中没有出现过，说明在这一时期还未形成'转读'的概念，2.'转读'仅集中在《高僧传》中，另一部重要佛教典籍《弘明集》中无一例涉及，说明'转读'确实如梁慧皎所述，源出非远。"段文：《魏晋南北朝佛教音乐中的转读与唱导》，硕士学位论文，陕西师范大学，2008 年。

转化期之后，这一名称便消失了，它并不是与"梵呗"不同的音乐，而是"梵呗"本身。①

那么"转读"这一概念究竟只是小范围的使用，从未有过大的影响；还是曾经影响重大，只是后来消逝了；抑或是与"梵呗"音乐性有差异的另一种音乐，我们可以通过类书编撰者道世的眼光，看一看道世是如何认识"转读"与"梵呗"的，最起码为这一问题增添了新的辅证。

《法苑珠林》设"呗赞"为一篇，别无"转读"篇。"呗赞"全篇分为"述意部""引证部""赞叹部""音乐部"和感应缘故事，"述意部"本章第二小节已作分析，"引证部"主要引证呗声之德，"赞叹部"主要说明呗赞的作用是"赞叹"，"音乐部"主要说明佛教对各种音乐的包容态度。从这几部的编撰来看，道世眼中的"呗赞"包含了"呗""歌舞伎乐"等多种音乐，是个广义的概念，如本章第一小节得出的结论，佛教"呗赞"概念在后期是广义的，是不同音乐形式相统一的。

再来看其"感应缘"，该篇选取了六则感应缘故事："晋沙门帛法桥""晋沙门支昙钥""齐沙门释僧辩""齐沙门释昙冯""齐有仕人姓梁""唐刺史任义方"，值得注意的是，前四则所说的都是从《高僧传》中选取的"转读"：

> 晋中山有帛法桥，中山人，少乐转读而稍乏声，每以不畅为慨……②
>
> 晋有支昙钥，本月氏人，寓居建邺，少出家，精苦蔬食，憩吴虎丘山，晋孝武初，敕请出都，止建初寺，孝武从受五戒，敬以师礼，钥特禀妙声善于转读……③
>
> 齐安乐寺有释僧辩，姓吴，建康人，出家止安乐寺，少好读经哀

---

① 由于很多学者相应的论辩过程还牵涉到"唱导"等众多概念，笔者并非对他们的论辩过程与结论全然赞同，只是针对"转读"究竟是"梵呗"传入中土后转化而为的另一种音乐，还只是在一段时间内的别称，笔者持第二种意见。

② 《法苑珠林校注》，第 1176 页。

③ 同上书，第 1177 页。

婉折衷……①

　　齐白马寺有释昙冯，姓杨捷，为南安人，少游京师，学转读止白马寺，音调甚工而过且自任……②

　　另外两则一为北齐的故事，一为唐代的故事，分别使用的是"经呗"与"赞呗"。

　　道世的编撰将这些转读事例作为《呗赞篇》的感应缘，最起码说明，在道世这位初唐学者的理解中，"转读"就是"梵呗"本身，并没有另外一种相对简单的音乐形式名为"转读"。"转读"的音乐性也很强，这一名称的形成大概只是由于经文与偈颂形制不同，针对经文音乐以及偈颂音乐的转化方式也会有差异，而将针对经文音乐的转化方式称作了"转读"，当"转读"期过后，这个名词也就不再使用，而是统称为"梵呗"。

二　从唱导到讲导

　　关于佛教音乐中国化的结果，还有一个模糊不清的概念，就是"唱导"。对唱导的起源，有学者认为，"唱导"是完全的中国的产物③，在印度时期是没有的；另有多位学者认为，"唱导"也是由印度而中国化了的④。对唱导的内容也意见不同，一些学者认定唱导是具有较强情节性的说法，是俗讲之滥觞，且对后世音乐、俗文学（变文、话本）等均有深远影响；此外，还有虽以"唱导"为"说法"，但认为它是一种区别于"诵经"的音乐性更强的梵呗；另一种意见，认为唱导是在佛教仪式上宣白斋文等应用文字，"只有在唱导被用于俗讲时，它才与俗讲'异名而同实'"，即唱导与俗讲不可混淆，唱导可以作为俗讲佛事的一个子项目⑤。

　　而笔者认为，"唱导"从起源上是印度的产物，这点可以从佛典中

---

① 《法苑珠林校注》，第1177页。

② 同上书，第1178页。

③ 王志远：《对转读与唱导的再认识》，《世界宗教研究》2006年第4期。

④ 何励：《中国六朝时代的唱导》，硕士学位论文，台湾大学历史学研究所，2006年；段文：《魏晋南北朝佛教音乐中的转读与唱导》，硕士学位论文，陕西师范大学，2008年；钱慧：《汉魏佛教音乐本土化研究》，《南京艺术学院学报》2006年第2期等文都持此观点。

⑤ 侯冲：《中国佛教仪式研究：以斋供仪式为中心》，博士学位论文，上海师范大学，2009年，第203—204页；鲁立智：《"唱导"辨章》，《宗教学研究》2012年第1期。

"唱导"一词的运用进行考察，此词意指有两项，一为仪式中作事务引导之用，一为导引众生由俗情入佛法之用，它的内容主要是赞叹，音乐形式是"梵呗"，总是起着"引入"的作用。传入中国继而中国化以后，中土一方面有了自己的创造——一种特殊的"说法唱导"；另一方面持续着印度的"唱导"概念：赞叹、忏悔、表白。而关于这种特殊的"说法唱导"的形成，中土本有的"俗讲"对其影响颇大，而其衰落，也跟"俗讲"密切相关。

（一）"唱导"在印度佛教中的起源与发展

首先我们需要来看汉译经律是在什么情况下应用"唱导"一词的，它反映了"唱导"在印度佛教中指涉何事，以及译者对"唱导"内涵的认知。

1. 早期佛教的"唱导"仪式

"唱导"并非佛教徒的专利，《十诵律》中记载，阿阇世王加害瓶沙王一事，提到国王使用的礼仪，即有"唱导"一项：

> 时王自问太子言，汝欲作何等。即除惭愧，答言：我欲夺王命。何以故？王有王鼓王伎乐王持盖王行时金澡瓶导前，我无王鼓王伎乐王持盖王行时持金澡瓶导前，王便与太子王鼓王伎乐王持盖王行时金澡瓶导前，尔时二王打鼓二王唱导二王持盖二王持金澡瓶在前。①

这里的"唱导"应是指在国王行路时的一项仪式，有人在前面持金澡瓶并口中宣唱，一方面使大众知晓国王出行；另一方面有引路之用。

佛教对"唱导"的使用与施僧仪式的成立有关。

《根本说一切有部尼陀那目得迦》中记载，给孤独长者建议佛陀允许随情告乞以供养佛僧，以增长大众福田。先是由长者一人告乞，后应诸居士和婆罗门的请求，比丘圣众与长者一同告乞，然而布施者希望在布施之时自己的名字能够被宣读令众人知道，佛陀便规定："若有施主奉物之时，当唱其名为作咒愿，然后当受，便有俗人来宣唱其名。"但布施者又希望是由比丘圣者来宣唱其名，佛陀同意了。有人将财物拿到寺中布施，

佛陀规定："若来寺中者，亦为称名咒愿方受。"

　　时彼苾刍周遍宣告，唱导之时众人云集，共相排遍不暇近前。佛言，其唱导者应可乘车或升高舆，若时暑热或遭风雨，佛言，应为幰盖遍覆其身。一面开门人多闹喧，佛言，应开四门令四人唱导。

由于给孤独长者告乞所获财物众多，决定第二天举行一个分发这些财物的仪式，仪式中，他希望宣唱的比丘加上一段表白：

　　时给孤独长者，在上座前立请宣唱人，唯愿圣者，作如是白，若是世尊声闻弟子，是合恭敬是应礼拜，无上福田，堪受世间所有物利者，此之衣物随意当受，其宣唱者，在上座前立作如是白，大德僧伽听，若是世尊声闻弟子，是合恭敬是应礼拜，无上福田，堪受世间所有利物者，此之衣物随意当受。①
　　这段表白使得众比丘无论圣凡都不敢接受这些利物，经佛陀开导，才坦然接受。

可见，这里的"唱导"即是由比丘高声宣读布施者的名字，并为其进行祝愿，另外还有对佛弟子的赞叹。
《阿育王经》中也记载了布施仪式所需的"唱导"：

　　时阿育王语比丘名一切友，我当施僧十万金及一千金银琉璃罂，于大众中当说我名，供养五部僧。时阿育王儿名鸠那罗住王右边，是时王子畏其父故不敢发言，便举二指示唱导比丘，表其修福倍多其父。

阿育王不满儿子与己争作福田：

　　是时阿育转身右边见拘那罗王子，向宾头卢说言，大德，我今唯

---

① 《根本说一切有部尼陀那目得迦》，《大正藏》卷24，第422页上—423页中。

　　除七宝库藏，一切大地官人大臣并以我身及鸠那罗悉施众僧，当以我
名在大众说供养五众。①

　　这段经文中，阿育王要求比丘在大众中宣说其名及他供养的财物，负
责宣说大王名号及供养的比丘被明确称为"唱导比丘"。

　　《十诵律》中对分发布施仪式的产生有与《根本说一切有部尼陀那目
得迦》相似的记载：

　　　　有居士见大众集施比丘僧衣，居士心念，一比丘与我等唱说者
　　善，诸比丘以是事白佛。佛言，听唱。唱者在地，不得远闻，佛言，
　　听在埵上。埵上亦不得远闻，佛言，应在高处，令远处得见亦闻。有
　　诸居士，见大众集施衣，作是念，听我安衣架上入僧者善，以是事白
　　佛，佛言听。有居士，见大众集施僧衣，作是念，听一人赞叹僧者
　　善，以是事白佛，佛言，听赞叹。赞叹僧者作是言，僧持戒具足，念
　　具足，三昧具足，智慧具足，解脱具足，度知见具足，学无学俱解
　　脱，向果得果。是中有未得道者，疑不受分。我非学无学非俱解脱，
　　非向果得果故，不应受分。以是事白佛，佛言，应受，若持戒，与僧
　　和合，求解脱离生死，向泥洹不求后生，行三业坐禅诵经佐助众事，
　　如是行者，得清净受分。②

　　这段文字并没有使用"唱导"一词，使用的是"唱说"，但其所记之
事与《根本说一切有部尼陀那目得迦》相类，恰可互证，说明早期佛教
的"唱导"是在大众布施福田时，边高声唱说施主姓名及所施财物，边
对其进行咒愿，并对僧众进行赞叹。

　　除了分发财物布施的仪式，多部律典都能看到，早期佛教经历过居士
们对比丘接受饮食时默然无声的批评，而逐渐产生了饮食时的"咒愿"
仪式，③《弥沙塞部和酰五分律》在记载比丘去居士家接受饮食的一系列

① 《阿育王经》，《大正藏》卷50，第140页下。
② 《十诵律》卷四十八，《大正藏》卷23，第347页下。
③ 见本章第一节的论述。

律仪中提到：

> ……诸比丘食竟默然而去，诸白衣讥呵言，诸余外道食人食竟皆咒愿而去，沙门释子默然无言，施主不知悦意以不。佛言，上座应咒愿已去。①

饮食完毕必须进行咒愿，在接受饮食时也必须为施食者进行咒愿，在佛陀时期已经被结为戒律：

> 佛在毗耶离婆求沫河边，佛与婆求沫河诸比丘结戒言……有人问比丘言，汝是阿罗汉不，汝应受上座上水上供养不，若默然受，得偷兰遮。人问比丘言，汝是婆罗门除灭恶法不，若默然受，得偷兰遮。人问比丘言，汝好守六根门不，若默然受，得偷兰遮。人问比丘言，汝若是阿罗汉便受是衣被，若默然受，得偷兰遮。饮食汤药资生之物亦如是。比丘常入出一居士家，是比丘中前着衣持钵到是居士舍，居士出在门下立言，若是阿罗汉，入我舍坐处坐，手受水受饮食，受已咒愿，咒愿已去，若是比丘默然入坐，饮食咒愿，咒愿已去时得偷兰遮。②

虽然律藏记载中未称其为"唱导"，但《南海寄归内法传》的记载中，称饮食时进行咒愿的比丘为"唱导师"。③

"唱导"的赞叹意义是佛教"唱导"得以进一步发展的关键，"唱导"与"赞颂"有时近乎同义，例如《根本说一切有部毗奈耶杂事》的一段记载：

> 世尊告曰，善和苾刍由发愿力感得斯报，作何发愿，于迦摄波佛

---

①　《大正藏》卷22，第179页中。

②　《十诵律》卷五十九，《大正藏》卷23，第439页上—中。

③　义净《南海寄归内法传》所记："然北方诸胡，睹货罗及速利国等，其法复别，施主先呈花着供养制底，大众旋绕令唱导师广陈咒愿，然后方食，其花盖法式，如西方记中所陈矣，斯等虽复事有疏繁食兼广略，然而僧徒轨式，护净手飡，大徒法则，并悉相似。"《大正藏》卷54，第211页中—下。

时，善和出家，其本师主于迦摄波佛诸弟子中，唱导讽诵称为第一，然其善和始自出家终至年迈，虽修梵行无所证获，临命终时作如是愿，我于迦摄波佛圣教之中，出家修行竟无所获，愿我以此胜因，于迦摄波佛所授记者，于未来世人寿百岁有佛出现号释迦牟尼应正等觉，我于彼教而得出家，断除烦惑得阿罗汉果，如我亲教师，于佛法中赞诵弟子说为第一，我亦如是逢彼出家，唱导人中称为第一。由彼愿力，于我法中出家修行，于弟子中唱导之师说为第一。汝等苾刍应知，往业若纯黑者得纯黑报，若纯白者得纯白报，若杂业者得杂业报。汝等应可弃纯黑杂业，修纯白业，如余广说。①

这里说"如我亲教师，于佛法中赞诵弟子说为第一，我亦如是逢彼出家，唱导人中称为第一"，可见"唱导"与"赞诵"指称的内容相同。

2. 大乘菩萨"唱导"之义

大乘佛典不断称扬诸位菩萨是大众"唱导"之师时，重在指称"唱导"的作用，"唱导"的内容仍然多由赞叹构成，它的作用，也主要是赞叹对于经法的引入作用，或者说，它指称的是菩萨对众生由俗情引入佛法的能力。

如《妙法莲华经》中佛陀称赞四位菩萨导师：

尔时四众，亦以佛神力故，见诸菩萨遍满无量百千万亿国土虚空。是菩萨众中有四导师：一名上行，二名无边行，三名净行，四名安立行。是四菩萨，于其众中最为上首唱导之师，在大众前，各共合掌，观释迦牟尼佛而问讯言："世尊！少病、少恼，安乐行不？所应度者，受教易不？不令世尊生疲劳耶？"②

又如《佛说灌顶随愿往生十方净土经》中，佛陀规定了想要修学此经典需要做到的十二件事，其中"合集众人为作唱导普得信心"是其中的一件，可见这里的"唱导"是使人生信之义：

① 《根本说一切有部毗奈耶杂事》，《大正藏》卷24，第223页上。
② 《妙法莲华经》，《大正藏》卷9，第40页上—中。

佛言普广,有十二事可得修学是经典也:一者不信九十五种邪见之道,二者坚持禁戒至终不犯,三者勤学禅定教未学者,四者忍辱不瞋见恶不恼,五者常乐布施愍念孤老,六者常勤精进昼夜不懈,七者若行来出入朝拜塔像,及诸尊长然后舍去,八者合集众人为作唱导普得信心,九者不贪世荣衣服伎乐资生之物,常好苦行依四依法,十者行此法时无所悕望,但欲利益诸众生辈,不于其中悕人利养,十一者至终不诡邪命自活,十二者行此经时不择富贵豪乐之人,贫苦求者等心看之,无有异想,是为十二正化之事。时普广闻此心大欢喜,我当奉行至终不犯。①

《十住毗婆沙论》中对"唱导"一词的运用,更能说明"唱导"是菩萨引导众生,使众生产生信力入于佛法的一种能力。出于信心,菩萨自身应该通达佛法与世间法,然后由于这种通达,能够引领众生:

作是念,若有疲厌,则于世间技艺经书田作工巧诸求财利因缘则无所获,是故应于世间技艺经书等无有疲厌,以堪受故能知义趣;作是念,世间经书以义为味,若人善知经书义味,则于世间法悉能通了,能通了故则能引导上中下众生;作是念,若人无有惭愧,则不能令众生欢喜,为令欢喜故,当行惭愧;作是念,若无堪受,则不成世间出世间利,有堪受故,则能引导一切众生皆令欢喜,心欢喜故,信受我语,以信受故,勤行方便而作唱导;作是念,若众生供养佛者,则多所利益,欲令众生供养佛故,即自一心供养于佛及形像舍利,众生信受,则便随效供养于佛,种人天因缘,住于三乘菩萨,如是次行十法,则能净治初地。②

又如《大宝积经》中,"唱导"一词指称的是一种语言方式:

复次舍利子,云何如来一切语业,智为前导随智而转。何以故?舍

---

① 《佛说灌顶随愿往生十方净土经》,《大正藏》卷21,第532页上。
② 《十住毗婆沙论》,《大正藏》卷26,第68页中—下。

利子，佛薄伽梵不虚说法故以智前导，所有记莂无不圆备，凡所宣说言词显妙。舍利子，如来语言随现而转不可思议，今当略说。舍利子，如来语者易解了语，易明识语，不高大语，不卑下语，非不胜语，不邪曲语，不謇吃语，不繁乱语，不涩钝语，不麁犷语，不隐没语，柔和声语，可欣乐语，不虚赢语，不轻掉语，不调疾语，不繁重语，不迅急语，善断约语，善调释语，极妙和美语，胜妙音语，善唱导语，大清亮语，大雷震语，无遗逸语，饮甘露语，有义旨语，可亲附语，广大之语，可爱重语，无尘染语，离尘黩语，无栽秽语，无垢浊语，无鲁钝语，威严盛语，无障碍语，能教导语，明洁之语，有正直语，无怯惮语，无缺减语，非轻急语，能生喜乐语，令身怡适语，令心踊跃语。①

笔者还考察了其他一些经典中"唱导"的意义，例如：《佛说无垢贤女经》，唱导的意义：劝讲，引入佛法；《佛说菩萨内习六波罗蜜经》，唱导：引入佛法之义；《弟子死复生经》，唱导：指引之义；《渐备一切智德经》，唱导：将众生化入佛智，"以大神足，变化感动，以若干种善权之谊，唱导众生，而教化之。已能精进，如是化者，入于佛慧，心性行道，以不退转，修众德本，勤求殊特正真法矣"；《大哀经》，唱导：解发诸法之义。"……导御一切诸定意乘，入于一乘无毁法界，说众生性根原所趣，为之唱导解发诸法。"

可见，"唱导"之名，从语言内容上讲，指的是以"善权方便"为主要特点，以引入佛法为主要目的的语言方式；从音乐上讲，由于它的内容主要是"赞叹"，它的音乐也就是"赞颂"的音乐，音乐性很强，这点可从善和比丘擅长唱导的记载看出。所以，"唱导"是梵呗从功能上的另一种称呼，而不是一种独特的梵呗。

由仪式的导引到"引入佛法"之义，"唱导"的内涵有着引申的过程。这种"导引"的含义在早期佛教时期就已经引申为"引入佛法"的意义了，如《根本说一切有部毗奈耶杂事》中的"唱导"就有"以声引入佛法"之义。在大乘经典中，广泛地提到菩萨是大众唱导师，是说菩萨能够引导众生入佛法，大乘经典对"唱导"一词的应用着重指称菩萨化众的能力，概念抽象化了，既不再是特定的仪式，也不着重于指称它的

---

① 《大宝积经》，《大正藏》卷11，第231页下。

具体音乐性（虽然它的音乐性仍然是极强的）。

而且众多应用都表明，不论早期佛教还是大乘经典，"唱导"与"说法"都并不同义，"唱导"是一种"引入"的工作，具有"导引"的作用，作为仪式的唱导，借由它来引入"说法"的正题，在"引入"的过程中，它所涉及的内容也具有说法的内涵，但它并不等同于说法。

3. 另一个词语——"唱说"

印度佛典中的"唱导"并无说法的意思，是不是就没有那种兼具故事性与声音魅力的说法呢？会不会也有，只不过应用的不是"唱导"一词？在《佛说因缘僧护经》中笔者看到使用了"唱说"一词，是僧护讲他所见的地狱因缘，地狱中的种种景象，作为世尊为大众说法的辅助：

> 尔时僧护比丘与诸弟子共诣祇桓精舍，到于佛所，头面礼足，却住一面。尔时世尊慰劳诸比丘，汝等行路不疲苦耶，乞食易得不，尔时僧护白佛言，我等行路不大疲苦，乞食易得不生劳苦，得见世尊。尔时世尊为大众说法，僧护比丘在大众中高声唱说已先所见地狱因缘。佛告僧护，汝先所见比丘浴室，此非浴室，是地狱人，此诸罪人，迦叶佛时，是出家比丘不依戒律，顺己愚情，以僧浴具及诸器物，随意而用，持律比丘常教轨则，不顺其教，从迦叶佛涅盘已来，受地狱苦，至今不息。……①

那么，这里的"唱说"会不会是后来《高僧传》所论述的"唱导"的前身呢？

笔者考察了"唱说"在佛典中一百余例的全部应用，发现它要么为赞叹，与上文中探讨的"唱导"同义，要么为大声宣唱。所以，这仅有的一例僧护比丘"唱说"地狱因缘，只能理解为僧护比丘在众人中大声宣唱而已，与后来中土的需要"声、辨、才，博"的"说法唱导"并不是同类。

（二）汉地的转化：从"唱导"到"讲导"

1. 中土的"唱导"

对"唱导"在中土的发展，已有观点大致有三类，一者根据《高僧传》

---

① 《佛说因缘僧护经》，《大正藏》卷17，第568页上一中。

中慧皎的论述，认为"唱导"为慧远创始，是一种情节性很强的说法，对
"变文""俗讲"影响甚大，一度达到技艺的鼎盛，并于梁陈期间开始衰落；
二者根据赞宁《大宋僧史略》的材料，以及其他文献中保存的导文，对
《大宋僧史略》总结的四种中土"唱导"分别作以论述，认为其是初传期的
"唱导"，而之后仍以慧远所创立的"说法唱导"为主；三者通过对敦煌文
献的考察，认为"唱导"并非说法，从始至终只有"表白"一项意义，而
只是在运用于说法时才跟它产生了关联，对它产生影响。①

　　众多研究运用的材料综合在一起，已经相当丰富，笔者并没有新的材
料，不过结合本章第一节对"唱导"在印度指称的探讨以及《法苑珠
林·奖导篇》的编撰，对众人已应用的材料提出一种新的视角。

　　首先，笔者认为，各家论述都有可借鉴之处，但由于对"唱导"一
词在印度佛教中的应用缺少相应的辨析，导致在看待中土"唱导"含义
时出现了偏颇。如果参考本章第一节笔者的辨析——印度佛教的"唱导"
是指以赞叹为主，以"善权方便"为主要特点，以引入佛法为主要目的
的语言演唱，其音乐是"呗"，再看慧皎的论述②，又鉴于《续高僧传》
虽未再设"唱导"为一科，但仍然论述了慧皎所论"说法唱导"的

---

① 鲁立智：《"唱导"辨章》，《宗教学研究》2012 年第 1 期；侯冲：《中国佛教仪式研究：以
斋供仪式为中心》，博士学位论文，上海师范大学，2009 年，第 203—204 页。

② "论曰：唱导者，盖以宣唱法理开导众心也。昔佛法初传，于时齐集，止宣唱佛名依文
致礼，至中宵疲极，事资启悟，乃别请宿德升座说法，或杂序因缘，或傍引譬喻。其后庐山释慧
远，道业贞华风才秀发，每至斋集，辄自升高座躬为导首，先明三世因果，却辩一斋大意，后代
传受遂成永则。故道照昙颖等十余人，并骈次相师各擅名当世。夫唱导所贵，其事四焉，谓声辩
才博，非声则无以警众，非辩则无以适时，非才则言无可采，非博则语无依据。至若响韵锺鼓则
四众惊心，声之为用也；辞吐后发适会无差，辩之为用也；绮制雕华文藻横溢，才之为用也；商
榷经论采撮书史，博之为用也。若能善兹四事，而适以人时，如为出家五众则须切语无常苦陈忏
悔，若为君王长者则须兼引俗典绮综成辞，若为悠悠凡庶则须指事造形直谈闻见，若为山民野处
则须近局言辞陈斥罪目，凡此变态与事而兴，可谓知时知众，又能善说，虽然故以恳切感人倾诚
动物，此其上也。昔草创高僧本以八科成传，却寻经导二技，虽于道为末，而悟俗可崇，故加此
二条足成十数。何者？至如八关初夕，旋绕行周烟盖停氛，灯惟靖耀四众专心叉指缄默，尔时导
师则擎炉慷慨，含吐抑扬辩出不穷言应无尽，谈无常则令心形战栗，语地狱则使怖泪交零，征昔
因则如见往业，核当果则已示来报，谈怡乐则情抱畅悦，叙哀戚则洒泪含酸，于是阖众倾心举堂
恻怆，五体输席碎首陈哀，各各弹指人人唱佛，爰及中宵后夜钟漏将罢，言星河易转胜集难留，
又使迟迟怀抱，载盈恋慕，当尔之时导师之为用也。"（梁）慧皎《高僧传》，《大正藏》卷 50，
第 417 页下—418 页上。

衰落。《弘明集》中无"唱导"一词。《广弘明集》中出现的七次"唱导",要么指的是唱颂,如"见学问诵经人,自无此行不使彼作,见围绕礼拜者,自懒惰故嫉令不行,见有唱导梵音者,自不及彼愿不为之"①;要么指的是宣唱,宣唱忏悔文,令人忏悔,如"问诸学人实时忏悔不,故如弟子请诸法师动至千数,导师唱导令忏悔者,于时诸法师忏悔以不,答那得不忏悔"②。还有梁简文帝的唱导文,也不是那种"声、辩、才、博"的唱导,而是一种简短的表白唱导文,其内容也主要是赞叹。③ 这里笔者想指出,有学者将忏悔也归为一种唱导形式,但是流传下来的忏悔文从来都没有名为"唱导文",因此那种指称宣唱忏悔文的唱导,用的是"唱导"最原始的动词意义,就是"宣唱",而非是作为名词的"唱导"的某种形式。在《高僧传·唱导师》的记载中,对"唱导"一词的应用有时也只是"宣唱"之义,如昙宗为孝文帝"唱导"行菩萨五法的忏悔文。《大宋僧史略》中所归纳的唱导,除慧皎所述之外的其他三种都属印度时期便具有的赞叹唱导。④

　　综合文献中所出现"唱导"一词的种种含义,我们看到,将中土"唱导"仅仅理解为"说法唱导"是不全面的,因为对"唱导"一词的应用,始终都有着多种含义,梁《高僧传》中虽着重编排了说法性的"唱导"为一科,但"唱导"一词的使用中,也存在表示印度传统的表白

---

① 《广弘明集》,《大正藏》卷 52,第 314 页下—315 页上。

② 《广弘明集》,《大正藏》卷 52,第 300 页下。

③ 《广弘明集》,《大正藏》卷 52,第 205 页上—下。

④ "唱导者,始则西域上座凡赴请,咒愿曰,二足常安,四足亦安,一切时中皆吉祥等,以悦可檀越之心也。舍利弗多辩才,曾作上座,赞导颇佳,白衣大欢喜,此为表白之椎轮也。梁高僧传论云,夫唱导所贵,其事四焉,一声也,二辩也,三才也,四博也,非声则无以警众,非辩则无以适时,非才则言无可采,非博则语无依据,此其大体也。据寄归传中云,焚香胡跪,叹佛相好,合是导师胡跪尔,或直声告或诘曲声也。又西域凡觐国王,必有赞德之仪,法流东夏,其任尤重,如见大官谒王者,须一明练者通暄凉序情意赞风化,此亦唱导之事也。齐竟陵王有导文,梁僧佑齐主赞叹缘记及诸色咒愿文,陈隋世高僧真观深善斯道,有道文集焉,从唐至今,此法盛行于代也。"《大宋僧史略》,《大正藏》卷 54,第 242 页上—中。

唱导的情况①；而那种认为并没有一种"说法唱导"存在，所有"唱导"都是"表白"的看法也是有偏颇的。应该说，慧远创立的这种"唱导"的确是中土的特殊产物，是一种"说法"的形式，只是这种"说法唱导"并非中土"唱导"的唯一内容，印度佛教的"唱导"传统还在继续——即单纯的赞叹、咒愿，也可以说是"表白"。而且，中土的说法唱导虽然具有相对独立的说法意义，这种说法仍然是一种引入性的导悟性的说法，主要是讲故事，重在渲染，重在"引入"。

　　2. 当"唱导"变成"讲导"

　　"唱导"来到中土，除了持续印度的原义之外，另有了中土极具表现力的"说法唱导"，继而又很快衰落，研究者多认为其衰落的原因是"说法唱导"慢慢变成了照本宣科的"俗讲"，继而促进了"俗讲"与"变文"的产生，对此笔者也深为认同。而至于如何变成了"俗讲"，众家多以《续高僧传》中"杂科声德"一科的编撰为证，认为"说法唱导"与"经师科"合流，而渐渐成为"俗讲"，笔者是不认同的。

　　笔者认为，首先，唱导师以及经师，这两种功能兼具于一人之身的情况，从两科分设时就有，如"时灵味寺复有释僧意者，亦善唱说，制睐经新声，哀亮有序"②。而《续高僧传》只是将二者放在一科中，仍然各为功能，并没有更多的兼具一人之身的记述，看不到所谓的"合流"于一人的趋势，《续高僧传》的编排并不足以为据。③ 且即便"经师"与"唱导"兼具于一人之身，对"俗讲"的产生就有促进么？这两种艺术形式是各自独立的，故事性世俗性的"说法唱导"与经典性的"经师科"从内容上没有相混合相杂糅的可能性，即使在众集诵经前进行唱导，也只

---

　　① "……须臾见一寺甚光丽，多是七宝庄严，见有十余僧，皆是石人不动不摇，乃共礼拜还反，行步少许闻唱导声，还往更看，犹是石人，灵期等相谓，此是圣僧"。《大正藏》卷50，第391页中—下。"释昙宗，姓虢，秣陵人，出家止灵味寺，少而好学博通众典，唱说之功独步当世，辩口适时应变无尽，尝为孝武唱导行菩萨五法礼竟，帝乃笑谓宗曰，朕有何罪而为忏悔？……"《大正藏》卷50，第416页上。这两处的"唱导"都是表白唱导，而非说法唱导。

　　② 《大正藏》卷50，第416页中。

　　③ "释道显亦指出：'在该传中的〈诵经〉，〈经师〉，〈唱导〉，三科有交集之虚，事实上也很难明确地划分界限，'"侯冲亦指出："把合经师，唱导为一的'杂科声德'作为经师与唱导合流的论据，属于理解上的偏误。"侯冲：《中国佛教仪式研究：以斋供仪式为中心》，博士学位论文，上海师范大学，2009年。

是仪式程序放在一起，仍然是两种艺术形式，因此那种二者放在一起产生了俗讲的观点也是难以成立的。笔者认为，"说法唱导"之成为"俗讲"，应该从它自身艺术形式的变化上去考虑，这中间，《法苑珠林·奖导篇》中"奖导"（讲导）的概念值得重视，正是由于"说法唱导"渐渐变成了"讲导"，才进而成为"俗讲"。

《法苑珠林》全书无"唱导"一词，亦无使用了其异体字的词"倡导"，更无"唱导"之篇，这足以说明在道世编撰此书时，中土特色的说法"唱导"已经不存在，但这并不代表它消失了，它只是变化了形式，不再是"唱导"，而是"讲导"。我们来看《法苑珠林·奖导篇》的"述意部"：

夫贵贱靡常贫富无定，譬水火更互寒暑递来，故见有财富室温衣丰人足不劳营觅自然而至，复见有贫苦饥弊役力驰求，晨起夜寐形骸为之沮悴，心情为之劳扰，纵有所获百方散失，终日愿于富饶未尝暂有，以此苦故所以劝奖，令其惠施力厉修福。若复有人衣裘服玩鲜华香洁，春秋气序寒温冷暖，四时变改随须无阙，而复见有尺布不完丈帛残弊，垢秽尘墨臭腻朽烂，炎暑不识絺绤，冰雪不知缯纩，乃至形骸不蔽，男女恶露非唯可耻实亦惭怍，若见此苦岂可不远？所以劝奖令其修福，应施衣服及以室宇，岂不见众人皆有而我独无？是故应须勇猛修习。若复有人，食则甘味并荐珍羞备举，连机重案满床巨席，芳脂芬馥馨香具列，而复有脱粟之饭不充，藜藿之羹常乏，盐梅早自两无，鱼菜久已双阙，乃至并日而餐糜粥相系，杂以水果，加以草菜，萎黄困笃自济无方，若见此苦岂可不远？所以劝奖令其修福，应施饮食及以水浆，岂可众人皆足而我独困？是故应须勇猛修习。若复有人，荣位通显乘肥衣轻适意自在，行则天人瞻仰，住则鬼神敬贵，而复见有卑鄙猥贱人所不齿，生不知其生，死不知其死，涂炭沟渠之侧，坐卧冀壤之中，虽有叱咄之声，反致捶扑之苦，非唯神鬼不敬，乃亦狗犬加毒，若见此苦岂可不远？所以劝奖令其修福，应灭憍慢奉行谦敬，岂可他人常贵而我常贱，是故应当勇猛修习。若复有人，形貌端正言音风吐，常存广利，仁慈博爱语不伤物，而复有人而状痤丑所言崄暴，唯知自利不计念彼，彼忍辱故所以致胜，多瞋恚故所以招

恶，若见此苦岂可不远？所以劝奖令其修福，应灭瞋恚奉行忍辱，岂
可以令众人常处胜地而我永隔净缘，是故应须勇猛修习。若复有人意
力强干少有疾病，常堪行道无有障碍，而复有人羸瘵多患气力弊劣，
动辄增困眠坐不安，见有此恶实宜舍远，所以劝奖令其修福，应施医
药随时赈救，岂可众人常无疾顿，而我永婴沈滞，是故应须勇猛修
习。凡是如此之事，实最应劝，若不相劝，则学者不勤也。①

　　首先我们看到，"述意部"对篇目"讲导"所做出的述意，从目的上
看是让俗人领悟法理，发愿修福，除了多出"劝其布施"外，与前代说
法唱导之"宣唱法理，开导众心"基本一致。除了"述意部"直接阐释
"讲导"，其他几部并没有对"讲导"行为的再描述，"引证部"是引用
经典中对人生之苦的陈述，"生信部"是引用经典中能够激发对人世学道
升起信心的语言，"业因部"是引用《佛说太子刷护经》中的佛本生故
事，"感应缘"中三则至信观音而终获福报的故事。既然它们都不是对
"讲导"行为的再描述，我们只能分别视其为"讲导"的几项内容，我们
发现，这几部引用的内容虽然不多，但从描述人生之苦，到激发人生学道
的信心，再到以佛本生来作例子，再到现实中因崇信而获福的故事，其取
择面之广，以及内容的意义，正与前代说法唱导之"谈无常""语地狱"
"征昔因""核当果""谈怡乐""叙哀戚"相应。且道世于"业因部"结
尾所作的"颂"云："茫茫荒宇，蠢蠢迷昉。居苦谓乐，靡勤靡奖。不遵
厥理，空传妄想。外顺情尘，内乖心朗。慈诱返迷，扣诚发爽。灵通吐
曜，冥资妙响。归心正觉，津悟福赏。抚之有会，功超由曩。"② 再次明
确"讲导"为劝俗导悟之用，且提到"灵通吐曜，冥资妙响"，仍依稀是
前代说法唱导对技巧与声音的高度追求。那么，"讲导"这个词语也就可
确定地视为说法性"唱导"的发展了。这个词语从前并不是没有，而是
仅表师徒间的讲授，但此时又扩充了意义，作为说法性"唱导"的延续。
我们看到，在《续高僧传》中对"讲导"一词的应用也不再是师徒间的
讲授，而是化俗之用：

---

① 《法苑珠林校注》，第 737 页。
② 《法苑珠林校注》，第 746 页。

……还从和公剃落，授以正法。景晨霄思择，统解玄微，遭周灭法，逃潜林薄，又以禅道内外相融，开皇初年就缘讲导，仪设华约事事翘心，故二时法会必香汤洒地，熏炉引导前经后景初无一绝。①

又闻江表大弘三论，既是本愿不远而归，正值长干辩公当涂首唱，预从听受一悟欣然，文义重深遂多时载，后还汉阴镇常讲导，化行江浍善生道俗。②

由此我们可以看到，由"唱导"变成"讲导"，一唱一讲的区别才是关键，才是说法性唱导衰落的根源所在。而"讲导"又还未是俗讲，因为正如道世所颂，它仍然是讲究"灵通吐曜，冥资妙响"的。而"唱导"变为"讲导"的原因，一方面由于"说法唱导"本子渐渐固定化，僧人们的唱导失去了随才取择，旁征博引的魅力；另一方面，"说法唱导"影响扩展后，形式民间化，民间艺人也参与进来，而民间艺人更难达到高僧们"声辩才博"的高度，由"唱"变"讲"，势在必然。

由于"唱导"的引入功能，以及声乐的魅力，它演变为"讲导"继而成为"俗讲"之后，也就给中土带来了一种于故事之中频频表白以增强引入的文学形式，是为"变文"。"变文"中韵文的存在作用也是渲染"表白"，如果没有佛教的"唱导"，的确很难说为何中国会有"变文"的形式，因为之前的中国文体没有先例。

---

① 《续高僧传》，《大正藏》卷50，第569页中一下。
② 同上书，第502页下。

结　语

一　《法苑珠林》与晋唐佛教的文化整合

（一）在以《法苑珠林》为中心的探讨中我们看到，在佛教文化与中土文化的互动、冲突、转化中，主要有这样几个层面。

第一，由于中土祭祀的重要性，由"国"至"家"都以祭祀作为意义的最高体现，佛教在中土不可避免地参与到了与"祭祀"的互动中。其互动又可分为两个层面：一是理论观念上的"形神之辨"，这一层面主要由学者来完成；一是现实活动层面，对国家祭祀与家族祭祀的参与，这一层面是由学者、帝王、寺院、民间等共同完成的。在"形神之辨"中，佛教由被动地加入，站到了"有神"一方，随着对自己理论的深入认知，虽又不断进行调整，深入解说自己的"神"观念，但是，由于辩论的二元对立基调从伊始就被奠定，很难改变"有神"的印象。在现实的祭祀活动中，由于国家祭祀系统严密、审慎，充满象征意味，佛教可参与的空间不大，但一直力图反对血祀，以蔬食改祭，并在梁代一度实行，时间未久便废除。蔬食改祭之外，还有国忌行香，以及武后短暂的明堂政治，其中以国忌行香影响力为最大，这一帝王家族的祭祀，由于其家族的特殊性，也是国家祭祀的一部分，佛教也由国祀活动深入地参与到国家正典中。佛教对民间祠祀是持收编、改变的态度，直接将不在国家正典的神灵收归佛教。对于中国民间祭祀，佛教以"七七斋"以及"盂兰盆节"的营建来积极参与，其中又以"盂兰盆节"的营建为要，影响甚大。在这一层面，总体看来，佛教是以参与、融入为主的，虽从未放弃调整，但只能够在力所能及的范围内尽量调整。大乘佛教本已具有神异特征，在中土要获得发展又必须以融入祭祀文化为前提，这造成佛陀对于中土民众（也包括帝王）来讲，很难扭转的"神灵"印象。

第二，泛布在中土生活中的巫术，有求雨、占梦、占相、咒术等等，由于它们对中土生活影响之深刻，佛教于中土传播中与它们之间的关系也就关涉到佛教的发展。在此过程中，佛教依然展现了其印度时期便展现出的极具包容性的理性品质——不排斥它们，将它们融摄入自身，赋予它们新的意义，展现给它们新的态度。以求雨为例，中土本来的"求雨"，虽兼具"巫""德""礼"三种因素，但最主要的还是巫术，为了求雨，无所不用其极。佛教与雨的关系，在传入中土之前便已由早期佛教的修行力感雨，降服龙王以龙降雨，发展到秘密佛教时期修行力、咒语、龙、雨的结合。晋唐高僧的实际求雨行为有诵经、服龙、结坛、持咒等种种，且多是在国家祀典了无效用的情况下进行，它契合的是中土祈雨理念中的"德"层面，将一切秘密行为都依托于高僧之"德"，增益了中土祈雨的理性色彩，丰富了"龙"的形象并提高了其地位，而祈雨之于佛教也巩固了佛教的地位，佛教仪式被纳入国家祀典。而佛教关于梦的理论，是独创的，自成系统的，它视梦的根本属性为无明，视产生梦的"睡眠"为修道的障碍，且对梦境有自己的解释方式，反对杀害生命祭祀以攘却噩梦，既支撑对梦的解析，又支撑梦在哲学层面意义的升华，给予了中国本土"梦"的解析一个更具哲学高度的空间。对于占相、咒术等活动，早期佛教曾明确反对，但在印度时期的发展中，亦已融摄，又由于知识的易于杂糅，佛教入华至《法苑珠林》成书期间，僧人占卜、作谶、应用咒术显示神通之例不在少数，且对于佛教的传播至关重要。

第三，在治世之道的层面，佛教一直处于与儒治社会伦理的积极互释中。"互释"，意味着不仅仅是从自身挖掘各种有资于治道的资源，也包括以自身的思想去影响，去规范。佛教对政治的要求是至高之德与至善之治的完美统一，以"轮王"的理想来作王者的典范，并对王者的行事作以多方的具体要求，可谓与先秦儒家"内圣外王"的理想有同工之处，而且更加的完美。但是，佛教对王者的福德与责任的诸多规范中，又时刻不忘对修行的警策——王者的福报也是会衰颓的，是不能避免痛苦的，王者也需要修行。在对"人"的培养中，佛教亦紧扣儒治社会对"君子"的期望，从自身思想资源中多方挖掘与君子人格相呼应的资源，如：以菩萨修行之"勇猛精进"与君子之"至诚"进行互释；以佛教之"息欲"与君子之"俭约"进行互释；以佛教"妙观察智"与君子之"审察"进行互释；以佛教之"忍辱柔和"与君子之"和顺"的互释；以佛教修行之"戒"与君子之"戒惧谨慎"进行互释。

第四，在"普遍观念"的层面，即一个社会中人们对事物发生的规律、规则如何认知的层面，佛教"因果论"带给中土以重大的刺激和改变，将事物之间的联系运行至"因果"的精密齿轮。中土善恶观的根本是"秩序"，而佛教因果论的根本是"业"，二者是有冲突的。在论辩中，由于佛教支持者一再应用中土善恶报应的理论为其作证明，与其会通，致使中国式的混然的因果论的出现，其表现便是民众同时相信"因果"与"天"，因果在中土的承受单位即包括个人，也包括家族。佛教将"礼制"作为"因果"的结果，将"教化"作为"因果"的意义，将社会现象因果化，并突出因果的惩戒意义，以"五戒"与"仁义礼智信"会通，更加巩固了因果论的深入程度。

（二）从文化的展现看《法苑珠林》的编撰，我们看到这部类书有以下特点。

第一，问题意识。对于佛教原本知识的呈现来说，道世的编撰是非常值得作为依据的，他择取经论范围广阔，对有争议的知识点重视问题的辨析，比如我们分析过的《业因篇》《受报篇》，业报因果理论是佛教非常核心的理论，相关经论的阐释很多，相关研究也有一些。但从道世的编撰中，我们还是可以依据他编撰的问题性看到这一理论的一些比较细微的地方。对于佛教在其时代所存在的一些问题，道世的编撰也能够提供珍贵的信息，例如本书分析的《祭祠篇·献佛部》，道世对于当时盂兰盆节存在问题的解答让我们看到唐代佛教以盂兰盆节参与中土祭祖文化的努力，以及盂兰盆节的佛教原义在这一过程中正在被改变的过程。由于道世在编撰中的这种问题意识，《法苑珠林》一些知识点的呈现能够为某些问题的辨析提供新的空间，如佛教音乐在中土发展中的几个概念："转读""唱导""讲导"，这一空间之前是为学者忽视的。

第二，融会贯通但立场明确。《法苑珠林》对文化融合结果的着意体现，决定了道世编撰的态度首先是"融会贯通"，但是该"融会贯通"又以"立场明确"为前提，非常灵活。不论是具体知识点还是感应缘选取，道世会在编撰中尽量展现佛教与中土文化相通的意义，尽量会通至最大程度，但凡需表明立场之处，则一直是鲜明的佛教立场，且又注重立足于中土信仰的实际情况和需要。

第三，"文化关系"意识。《法苑珠林》编撰的一个特点便是注重"关系"，注重展现大背景之下佛教与本土儒家文化的关系，以及佛教与道教在宗教层面上的关系，前者是亲和的，后者是相斥的，《法苑珠林》以知识的形式将这些不同层面的关系提点出来，表现出来，甚至一个知识点篇幅的长短，内容的丰富程度也是依赖它对于中土秩序影响的大小。由于时间限制，本文尚未对体现佛教与道教关系的《破邪篇》作以研究，在今后的研究工作中会加以补充。

（三）从《法苑珠林》看文化的走向，我们看到道世把握的佛教与君子人格互释的内容，也恰是后来理学于君子心性修养方面尤为重视的"心性"，表明其对于佛教与儒学在其后发展态势的前瞻。另外我们看到，对文化融合性的强调，某种程度上消解了知识的专门性。论者多以为从《经律异相》至《法苑珠林》，体现了佛教从力图保持印度文化传统到着力融合于中土的变化，但从另一个角度看，佛教的唯识理论、中观理论，无论在《经律异相》还是在《法苑珠林》中，都未得到专门体现。从这个角度我们也可以说，从《经律异相》开始，在佛教类书编撰中便存在一种文化本位意识，只不过《经律异相》是去凸显文化的新鲜与不同，而《法苑珠林》是去凸显文化的融合与会通。而这种文化本位意识，某种程度上消解了知识的独特性，唐代以后，几个注重义理的宗派的衰落，于此也可视端倪。

二　从印度佛教到中国佛教：佛教在中国

印度佛教史一般写到那烂陀的毁灭为止，在 13 世纪，穆斯林一度几近摧毁印度文化。在废墟之上，在较长期的外族统治中，印度教以其反抗精神保存着印度文化与精神，这一阶段，佛教始终是沉默无抵抗的，印度独立之后，佛教再也没能在印度这片土地扮演重要角色。

但是，其实从外族入侵向前追溯，"那时在印度广大地区，印度教以其多种形式到十二世纪已经是比佛教更风行得多的宗教"[①]。一方面因为当时的佛教已非常经院化，而民众是不易懂得深奥的哲学的；另一方面，

[①]　[英] 渥德尔：《印度佛教史》，王世安译，商务印书馆 1987 年版，第 515 页。

主张社会等级制度的印度教与中世纪封建主义潮流很调和，与之相比，主张无阶级社会与民主制度的佛教，与当时社会制度并不是那么合拍。再接着向前追溯，阿育王时期佛教曾被定为国教，随着孔雀王朝的覆灭，这一尊崇地位也结束。印度再次四分五裂，各个小的政权对宗教都有不同的主张，之后，贵霜王朝与案达罗王朝分立，贵霜王朝重视佛教，而案达罗王朝以婆罗门教相抗衡。案达罗王朝覆灭后，一度又政权割据，直到笈多王朝建立，占领印度的大部分地区，笈多王朝以婆罗门教为国教，只是不排斥佛教，并在后期对佛教有所重视。

可以说，诞生并发展于印度的佛教，其在印度的影响从来没能越过婆罗门教文化体系，即使在它最辉煌的时期。可是，在它所传入的地区，却获得了空前的发展。在南传路线中的斯里兰卡、缅甸、泰国等地，上座部佛教得到很好的保存和发展，被奉为国教，全民信仰；在北传路线中的中国藏地地区，发展出藏传佛教，全民信奉的热情持续到今天，深刻影响了藏民族的文化进程；在中国汉地地区发展着的大乘佛教产生了印度时期所没有的宗派，虽然并没有成为汉地的统治思想，但是与儒、道并列为中国思想血脉的组成部分，成为士人思想不可能脱离的底色之一，同时也在民众观念中获得自然的传承，中国化了的佛教又传播到日本、朝鲜等地，对这些国家也影响重大。这是值得思考的现象，究其根本，笔者以为还是要追溯到伦理层面。

印度的伦理基本上是由宗教提供的，或者说，是由婆罗门教提供的。诞生在印度环境中的佛教，虽然从哲学思想到伦理思想，到信仰的外在形态，无不与印度文化的整体息息相关，比如，它对元素的认识就借鉴了沙门思潮，它的否定型认识与婆罗门教哲学有渊源关系，它的"五戒"与耆那教有四条都是重合的，大乘理论以及一些具体的修持方法都对古老的奥义书有借鉴与吸收，但是，在婆罗门教所提供的"吠陀天启，祭祀万能，婆罗门至上"这样一种根本伦理上，佛教是不可能与婆罗门教有调和。虽然出于民众信仰的需要，它也发展出了具有神异特征的佛菩萨形象，也发展出了表面上易与婆罗门教之"我"相混淆的"如来藏"思想，又融入了大量的陀罗尼，但是，四法印始终不变，四谛、八正道、十二因缘的基本理论始终不变，它所说的轮回，也始终不是婆罗门教所说的那样一个实体，无法支持种姓制度，而且自始至终，佛教都对祭祀持明确反对的态度。

　　而在它所到达并获得良好发展的异国，却非如此。关于斯里兰卡，由于其在人种上与印度人的渊源，[①] 我们可以将它对佛教的选择理解为类似于印度本土邦国在宗教信仰上所做出的选择；而缅甸、泰国这些国家在佛教到达之前，只有原始的神灵崇拜，既没有可与佛教相抗衡的信仰体系，也没有系统的伦理学说，佛教到来之后，恰好直接应用佛教的伦理，并以这一强大的信仰体系支撑国家的精神层面；中国藏地在佛教到来之前影响最大的苯教，则是一种巫教，是神灵与咒术的集成，并无伦理构建，甚至苯教的咒术，很多都是恶咒，是最基本的伦理道德也不讲的，佛教的到来恰好全盘输出佛教的伦理，又融合苯教的形式；然而在中国汉地，这个已经有儒家伦理、道家思想，以及道教本土信仰形式的地方，佛教又是如何从异质成为血脉中必不可少的成分的呢？笔者以为，本书所探讨的几个问题能够给出一定的答案。

　　佛教入传时，中国已有一套系统的、发达的伦理体系，这套伦理是由儒家提供的，从具体社会关系讲就是君臣、忠孝以及纲常所约束的其他关系；从人的培养理想上来讲就是要塑造"君子"；从基本行为观念上讲，是以礼制秩序为本的善恶罪福观。我们分析这样一个伦理系统，它所重视的归纳起来有两点，这两点又彼此相依：第一，秩序；第二，秩序中的关系。我们在第二章探讨过，它也重视"祭祀"，"祭祀"在这个伦理体系中也非常重要，既以其为本源产生了思想，又与思想不断整合而产生宗教，但是，与"祭祀"对秩序与关系的象征意义相比，行为的本身还是退居次要（与婆罗门教文化中以祭祀行为本身为最重要相比，便可得知二者的不同），韦伯说中国人的信仰附着在"祭祀"当中，但也仅仅是"附着"而已[②]。原儒所奠定的理性路线，虽然并没有被完全地发展，但始终以强大的生命力存在于儒家思想生命，这使得经过汉儒演说后的

---

　　① 印度是斯里兰卡的唯一近郊，斯里兰卡的两大民族——僧伽罗人和泰米尔人都起源于印度。

　　② 韦伯也认为中国的神祇是没有人格的，如"以此，中国的神祇，特别是那些最强有力且最广泛的受人信仰的神祇，逐渐具有一种非人格化的特性。"见［德］马克斯·韦伯《儒教与道教》，洪天富译，江苏人民出版社2008年版，第25页；他这句话的注释中提到另一位研究者李格（Legge）的意见，也认为中国所祭祀的"皇天厚土"是没有人格的。中国神祇的这种特点是为研究者所公认的。

"天"，虽然也能赐予祸福，但更重要的，是它对道德的象征性，以及对秩序的象征性。中国这种以"秩序"以及"秩序中的关系"为根本的伦理体系与世界上很多国家都不同，它不是一神造物，一神至上，一神主宰的，因而不是绝对排他的，它的兼容性在于：只要能辅以这种"秩序"，以及"秩序中的关系"，便可立足。

那么，还有一个问题：佛教既然诞生在印度，孕育在婆罗门文化的土壤中，并生存发展许久，说明婆罗门教的文化也必然不是绝对排他。

为了尽量客观，也由于宗教间、文化间的关系本身的复杂性，笔者在此引入一位英国学者的眼光，他以西方人的视角，站在一种与西方比较的立场，来看佛教与婆罗门教的差异，以及东方与西方的差异：

> 在中国，"上帝"不是象神那样明确，而且他也好像并不认为是世界和人类灵魂的创造者。甚至比较伟大的印度的神祇也不是神，因为过较高生活的人可以忽视而且几乎可以轻视这些神祇，而不否认它们的存在。另一方面，"梵"是印度的万神之神，虽然和基督教的神同样尊严，而实际上是另外一个概念，因为它不是普通意义所说的创造者。它不具有人性，它本身虽然不恶，但是它超乎善恶之上。如果不是有许多虔诚的人以默思梵为职业，以与梵接合为目的，那末梵就可能只是一种力量，更适合为科学讨论的题材而甚于是宗教的题材。甚至印度神祇最具人性之时，例如各种毗瑟纽教派的情况，我们通常也会发现这些神祇和世界以及灵魂的关系不是基督教的神所具有的那种关系。①

作为一个西方人，查尔斯·埃利奥特敏锐地看到了东方的相似，它们的"神"与西方的不同，无论是中国的"天"还是印度的"梵"，都与西方的"上帝"是不同的，这也帮助笔者避免了只去发现中国与印度的不同，而且帮助笔者更准确地去理解佛教在印度，佛教在中国的两种遭遇。

---

①　［英］查尔斯·埃利奥特：《印度教与佛教史纲》，李荣熙译，商务印书馆1982年版，第107页。

的确，婆罗门教的"梵"是属于东方的，在造物的意义之外，它同时代表最高的道德，最高的哲思，本原的本原，这些都与西方的"上帝"是不同的，教徒们对"梵"终日默想，期待着与它的合而为一，正是在这种文化环境中诞生了佛教，这也是佛教最终沉寂于印度的关键：

> 婆罗门教和佛教的发展是平行的，如果其中之一出现有吸引人的新奇事物，另一则立刻提出一个与其相似的事物。①
>
> 你不能把印度教从佛教中分开，因为没有佛教，印度教就不能具有它的中古形式……②
>
> ……佛教否认婆罗门的权威，这是最重要之事。这是佛教在印度国外获得成功的原因之一，而佛教在印度国内的消失则意味它不能维持这种态度。③

这两种源于同一片土地，同一种文化的宗教，由于其本质的亲和，在表现形式上越来越相似，又由于其有无法妥协的不同，形式上的相似与内里中无法妥协的因素会形成深刻的矛盾，这一矛盾的结果便是：佛教的形式几乎迷失在婆罗门教当中，它只好另谋出路。

而中国汉地，却是一个非常不同的空间。这个空间之所以不同，首先在于我们上文说过的，儒家伦理系统同属东方，不是二元排他的，兼容性很强，只要能够对"秩序"与"关系"起到辅助作用，便可立足，而儒家伦理对"秩序"的表述是充满阐释空间的"礼"，这是个有弹性的概念，佛教可以充分地利用自身资源去调适，这与面对婆罗门教提倡的刚性的种姓制度是不同的；其次，中国本土的哲学思辨，主要是道家的哲学思辨，具有切入佛教哲学思辨的特质，它们哲学层面上的交涉已有众多研究者研究过，在此不再多述；最后，作为宗教系统本身来讲，儒道二教间的关系在当时死气沉沉，道教的神祇，道教的巫术，只要有用的，儒教全纳入自己的体系中，在汉儒的不断整合与阐释中，只留给道教一些细枝末节

---

① ［英］查尔斯·埃利奥特：《印度教与佛教史纲》，李荣熙译，商务印书馆1982年版，第21页。

② 同上书，第1页。

③ 同上书，第133页。

的东西，也恰好需要一种新鲜力量的刺激，"正是由于佛教的介入和影响，道教才在汉末魏晋崛起，并在南北朝以后具备了一个上层大教的规模和面貌"①。虽然释道二教之间持续存在夷夏正邪之争，其实却互相影响至深。

这样一来，佛教传入中国，对于在各个国家都广泛存在的巫术传统（当然在中国的又具有着中国特色），它有从前的印度基础，能够适应；在伦理的层面，能够调适辅助儒家伦理，使礼制更具合理性；在哲学的层面，能够被汉民族理解，并使汉民族的哲学更有生命力；在宗教的层面，能够带来新鲜血液，形成相对稳定的格局。前两点是狭义的文化整合，也是本文所探讨的，后面二者在宽泛的意义上，也都属于文化的整合，佛教在隋唐能够开创印度时期所没有的"宗派"，正显示了文化整合之后，已经完成中国化的佛教所迸发的全新生命力，儒、释、道，三者已经构建了一个相当稳定的文化体系，共同代表着中国的文化，也是中国区别于世界其他国家的所在，无论其后佛教兴衰，这个文化体系的构成始终是稳定的。佛教，尤其是大乘佛教的中心在中国，这是自唐代以来延续至今的事实，也是我们在建设当今文化时可以运用的一种优势。

---

① 任继愈：《中国道教史》，上海人民出版社 1990 年版，第 19 页。

致　谢

　　要把一段个人的光阴即时拿来评判，也远远不是现在能做到的，仿佛应该留给漫长又漫长的未来。而未来又有未来的事，别的可以留着慢慢认知，惟有感谢，不需要迟疑：

　　感谢恩师湛如，师之学，于授课际，信息量极广，要据点极高，总是将课程之最开阔深广处展示给我们，我每每惊讶于仿佛未有师未记得之书，未关注之学问家，未捕捉之新信息；师之德，见者皆以师事；师之慈，于忙碌多勤、耕耘维劳间，待学生如爱子，因材施教，未肯偏废，多方帮助，务要成就其材。而有幸如我，得闻师教，又蒙师诲，再沐师恩，景行昭范，历历在目，可供一生之学仰，何其幸也！

　　师的许多话语，我是于很长时间后才领悟的。犹记第一次课间，师提问辨析"密教、密宗、藏传佛教"这样几个易混淆的概念，我于课后问师为何他们自身也混淆着使用，师说：你是一个学者。又记一次师门喝茶，师将读书问学中的注意事项一一总结成条，讲解甚详，我将其记录之后，回南开后又分享给别的同学，抄录者甚众。师说：要做好一方面，至少要有三种知识构架作为基础。师展现给我们一种极为开阔的人生境地，除了问学之外，于师处，我也重新补得了人生中本应具有的一种教养与礼仪。

　　感谢陈洪先生，先生之学问、睿智、情怀，是我南开生涯的另一座灯塔。先生于忙碌辛劳中于晚辈之问题，不嫌愚钝，不问亲疏，皆有问必答，有答必详，极尽爱护长养。问了一个值得讨论的小问题，或者说了一句稍切中的认识，或者见到我们有了一篇稍中意的小论文，都可见到先生的喜悦溢于言表。不仅是读书，先生于人生感悟间也将人生智慧很大方地教导分享于晚辈。论文前期的思路，后期的修改，都蒙先生的有力点拨。

　　南开的宁静，四月暮春中植物的香味，以及十月仲秋时旷野般的味道，犹如能够使人能量振发的安憩一般，她的植物，天空，少年的人群，都有使人复原的能力，就好像一觉醒来，换了一双眼睛。感谢南开，祝南开永远年轻！

参考文献

经典文献:

[1] (周) 左丘明传, (晋) 杜预注, (唐) 孔颖达正义:《春秋左传正义》, 北京大学出版社 1999 年版。

[2] (汉) 班固, (唐) 颜师古注:《汉书》, 中华书局 1962 年版。

[3] (汉) 班固:《白虎通义》,《文渊阁四库全书》本, 上海古籍出版社 1987 年版。

[4] (汉) 赵岐注, (宋) 孙奭疏, 廖明春、刘佑平整理, 钱逊审定:《孟子注疏》, 北京大学出版社 1999 年版。

[5] (汉) 孔安国传, (唐) 孔颖达疏:《尚书正义》, 北京大学出版社 1999 年版。

[6] (汉) 郑玄注, (唐) 贾公彦疏、赵伯雄整理, 王文锦审定:《周礼注疏》, 北京大学出版社 1999 年版。

[7] (汉) 毛亨传, (汉) 郑玄笺, (唐) 孔颖达疏:《毛诗正义》, 北京大学出版社 1999 年版。

[8] (宋) 沈约:《宋书》, 中华书局 1974 年版。

[9] (梁) 僧佑:《弘明集》,《大正新修大藏经》本, (台北) 财团法人佛陀教育基金会出版部 1990 年版。

[10] (梁) 宝唱等:《经律异相》,《大正新修大藏经》本, (台北) 财团法人佛陀教育基金会出版部 1990 年版。

[11] (梁) 慧皎撰, 汤用彤校注:《高僧传》, 中华书局 1992 年版。

[12] (唐) 释道世:《法苑珠林》,《大正新修大藏经》本, (台北) 财团法人佛陀教育基金会出版部 1990 年版。

[13] (唐) 释道世, 周叔迦、苏晋仁校注:《法苑珠林》, 中华书局

2003 年版。

[14]（唐）道宣：《续高僧传》，《大正新修大藏经》本，（台北）财团法人佛陀教育基金会出版部 1990 年版。

[15]（唐）道宣：《广弘明集》，《大正新修大藏经》本，（台北）财团法人佛陀教育基金会出版部 1990 年版。

[16]（唐）姚思廉：《梁书》，中华书局 1973 年版。

[17]（唐）李隆基注，（宋）邢昺疏：《孝经注疏》，北京大学出版社 1999 年版。

[18]（唐）房玄龄：《晋书》，中华书局 1974 年版。

[19]（唐）欧阳询等编：《艺文类聚》，上海古籍出版社 1999 年版。

[20]（后晋）刘昫等：《旧唐书》，中华书局 1975 年版。

[21]（宋）朱熹：《四书章句集注》，中华书局 1983 年版。

[22]（清）王先谦，沈啸寰、王星贤点校：《荀子集解》，中华书局 1988 年版。

[23]（清）苏舆，钟哲点校：《春秋繁露义证》，中华书局 1992 年版。

[24] 吴毓江，孙启治点校：《墨子校注》，中华书局 1993 年版。

[25] 何宁：《淮南子集释》，中华书局 1998 年版。

[26] 周勋初整理：《韩非子校注》，江苏人民出版社 1982 年版。

[27] 周振甫：《周易译注》，中华书局 1991 年版。

现代论著：

[1] 冯友兰：《中国哲学史》，商务印书馆 2011 年版。

[2] 钱穆：《中国思想史》，九州出版社 2012 年版。

[3] 吕思勉：《理学纲要》，江苏文艺出版社 2008 年版。

[4] 熊十力：《原儒》，上海书店出版社 2009 年版。

[5] 余英时：《士与中国文化》，上海人民出版社 2003 年版。

[6] 陈来：《古代宗教与伦理——儒家思想的根源》，生活·读书·新知三联书店 1996 年版。

[7] 朱义禄：《儒家理想人格与中国文化》，复旦大学出版社 2006 年版。

［8］陈劲松：《儒学社会通论》，中国人民大学出版社 2007 年版。

［9］徐儒宗：《人和论——儒家人伦思想研究》，人民出版社 2006 年版。

［10］查国昌：《先秦"孝""友"观念研究——兼汉宋儒学探索》，安徽大学出版社 2006 年版。

［11］吾淳：《中国社会的伦理生活——主要关于儒家伦理可能性问题的研究》，中华书局 2007 年版。

［12］杨国荣：《善的历程——儒家价值体系研究》，华东师范大学出版社 2009 年版。

［13］张德胜：《儒家伦理与社会秩序——社会学的诠释》，上海人民出版社 2008 年版。

［14］梁韦弦：《中国传统伦理思想研究》，黑龙江人民出版社 2008 年版。

［15］方立天：《方立天文集》（全十卷），中国人民大学出版社 2012 年版。

［16］严耀中：《佛教与三至十世纪中国史》，宗教文化出版社 2007 年版。

［17］何锡荣：《佛教与中国哲学的双向构建》，上海社会科学出版社 2004 年版。

［18］姚卫群：《佛教思想与文化》，北京大学出版社 2009 年版。

［19］李四龙：《中国佛教与民间社会》，大象出版社 1997 年版。

［20］刘淑芬：《慈悲清净——佛教与中古社会生活》，三民书局 2001 年版。

［21］葛兆光：《思想史研究课堂讲录》，生活·读书·新知三联书店 2005 年版。

［22］葛兆光：《屈服史及其它：六朝隋唐道教的思想史研究》，生活·读书·新知三联书店 2003 年版。

［23］周一良：《周一良集》，辽宁教育出版社 1998 年版。

［24］杨伯峻：《孟子译注》，中华书局 1960 年版。

［25］唐长孺：《魏晋南北朝史论丛》，河北教育出版社 2000 年版。

［26］万绳楠：《陈寅恪魏晋南北朝史讲演录》，贵州人民出版社

2007 年版。

　　[27] 严可均辑:《全上古三代秦汉三国六朝文》,中华书局 1958 年版。

　　[28] 谢重光:《中古佛教僧官制度和社会生活》,商务印书馆 2009 年版。

　　[29] 荣新江:《唐代的宗教信仰与社会》,上海辞书出版社 2003 年版。

　　[30] 梁漱溟:《梁漱溟先生论儒佛道》,广西师范大学出版社 2004 年版。

　　[31] 刘文英:《梦的迷信与梦的探索》,中国社会科学出版社 1989 年版。

　　[32] 刘文英:《中国古代的梦书》,中华书局 1990 年版。

　　[33] 宋兆麟:《巫与巫术》,四川民族出版社 1989 年版。

　　[34] 梁漱溟:《中国文化要义》,学林出版社 1987 年版。

　　[35] 徐复观:《两汉思想史》,华东师范大学出版社 2001 年版。

　　[36] 詹鄞鑫:《巫术与中国巫术文化》,上海教育出版社 2001 年版。

　　[37] 梁钊韬:《中国古代巫术——宗教的起源与发展》,中山大学出版社 1999 年版。

　　[38] 姚卫群:《佛教思想与文化》,北京大学出版社 2009 年版。

　　[39] 湛如:《净法与佛塔:印度早期佛教史研究》,中华书局 2006 年版。

　　[40] 姚卫群:《印度宗教哲学概论》,北京大学出版社 2006 年版。

　　[41] 曹聚仁:《中国学术思想史随笔》,生活·读书·新知三联书店 2012 年版。

　　[42] 严耕望:《佛学与隋唐社会》,上海古籍出版社 2007 年版。

　　[43] 张国刚:《佛学与隋唐社会》,河北人民出版社 2002 年版。

　　[44] 《季羡林全集》第 15、16 卷,外语教学与研究出版社 2010 年版。

　　[45] 周予同:《周予同经学史论著选集》,上海人民出版社 1983 年版。

　　[46] 阎步克:《士大夫政治演生史稿》,北京大学出版社 1996 年版。

［47］蒲慕州：《追寻一己之福——中国古代的信仰世界》，允晨文化公司 1995 年版。

［48］释印顺：《印度之佛教》，中华书局 2009 年版。

［49］王青：《西域文化影响下的中古小说》，中国社会科学出版社 2006 年版。

［50］孟慧英：《中国原始信仰研究》，中国社会科学出版社 2010 年版。

［51］项楚：《敦煌变文选注》，中华书局 2006 年版。

［52］李申：《儒学与儒教》，四川大学出版社 2005 年版。

［53］胡道静：《古籍整理研究》，上海人民出版社 2011 年版。

［54］高华平：《凡俗与神圣——佛道文化视野下的汉唐之间文学》，岳麓书社 2008 年版。

［55］［德］马克斯·韦伯：《儒教与道教》，洪天富译，江苏人民出版社 2008 年版。

［56］［英］哈玛拉瓦·萨达提沙：《佛教伦理学》，姚治华、王晓红译，上海译文出版社 2007 年版。

［57］［英］查尔斯·埃利奥特：《印度教与佛教史纲》，李荣熙译，商务印书馆 1991 年版。

［58］［德］马克斯·韦伯：《中国的宗教、宗教与世界》，康乐、简惠美译，广西师范大学出版社 2004 年版。

［59］［美］倪德卫：《儒家之道——中国哲学之探讨》，周炽成译，江苏人民出版社 2006 年版。

［60］［美］本杰明·史华兹：《古代中国的思想世界》，刘东校，程刚译，江苏人民出版社 2004 年版。

［61］［日］坂本广博：《経律異相の研究——梁代の仏教文化》，京都河北印刷株式会社 2005 年出版。